¿Cómo se dice?

Lernwörterbuch

Dr. Benedikt Model

Mit Illustrationen
von Laurent Lalo

Inhaltsverzeichnis

Vorwort

¿Cómo se dice? ist ein thematisches Wörterbuch für Schülerinnen und Schüler. Es ist ein Hilfsmittel, um systematisch Vokabeln zu lernen. Zu diesem Zweck haben wir das Wörterbuch in vierzehn **Themenbereich** gegliedert, die wiederum in mehrere **Sachgebiete** unterteilt sind. Beispielsweise besteht der Themenbereich **3 Natur** aus den Sachgebieten 3.1 Weltall und Erde, 3.2 Wetter, 3.3 Licht und Farbe, 3.4 Tiere und 3.5 Pflanzen. Die Vokabeln innerhalb eines Sachgebiets sind in kleinere **Sinngruppen** unterteilt.

Des Weiteren enthält das Wörterbuch zwei Register (ab S. 231 und S. 253), in denen die spanischen Vokabeln und die deutschen Übersetzungen alphabetisch aufgelistet sind. Auf diese Weise kannst du mit *¿Cómo se dice?* auch gezielt auf konkrete Fragen eine Antwort finden.

Themenbereich

Natur

3

Sachgebiet

3.1 Weltall und Erde
3.2 Wetter
3.3 Licht und Farbe
3.4 Tiere
3.5 Pflanzen

3.1 Weltall und Erde

1	el **universo**	Weltall	
2	**universal** (*ser*)	allgemeingültig; universell	los principios universales de la física / un símbolo universal
3	el espacio	All, Weltraum	
4	espacial	Weltraum-	una misión espacial, la estación espacial
5	la **tierra**	Erde (*Planet*)	
6	terrestre	irdisch; Erd-	en la vida terrestre; la superficie terrestre
7	el **mundo**	Welt	en todo el mundo, en el mundo globalizado
8	**real** (*ser*)	echt, wirklich	Después de la Campus Party los chicos vuelven al mundo real.
9	**mundial** (*ser*)	weltweit; Welt-	una organización mundial / el mercado mundial

Hinweis auf den Themenbereich

3 Natur

Welche Informationen findest du bei den einzelnen Einträgen?

Das spanische Stichwort ist entweder dunkelblau **(Grundwortschatz)** oder hellblau (Erweiterungswortschatz) gedruckt. Beim Stichwort befinden sich außerdem die grammatischen Angaben, die du brauchst, um das Wort nicht nur zu verstehen, sondern es auch richtig in einem Satz verwenden zu können:

Grundwortschatz

Erweiterungswortschatz

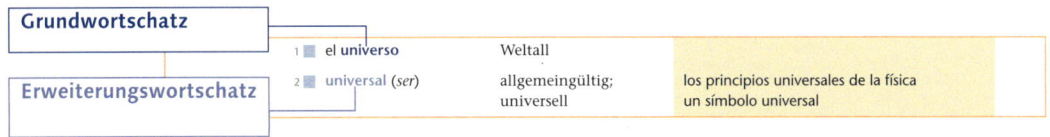

1	el **universo**	Weltall	
2	universal (*ser*)	allgemeingültig; universell	los principios universales de la física / un símbolo universal

Vor **Substantiven** steht der <u>Artikel</u>, durch den man erkennt, ob ein Wort männlich oder weiblich ist. Er steht nicht bei solchen Substantiven, die in der Regel ohne Artikel verwendet werden (z. B. *Internet*). Dann ist bei dem Stichwort das <u>Geschlecht</u> mit *m* bzw. *w* angegeben. Das weibliche Geschlecht ist auch dann vermerkt, wenn das Wort einen maskulinen Artikel besitzt (z. B. beim weiblichen *el águila*). Weiterhin werden unregelmäßige und schwierige <u>Pluralformen</u> genannt.

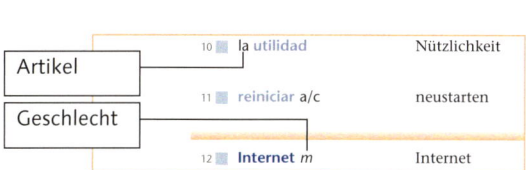

Bei Adjektiven nennen wir auch die weibliche Form, sofern sie sich von der männlichen unterscheidet. Wenn ein Adjektiv (in der beschriebenen Bedeutung) nur mit <u>ser</u> oder <u>estar</u> verwendet wird, ohne dass sich diese Verwendung über die allgemeinen Regeln erklären ließe, steht das entsprechende Verb in Klammern dahinter.

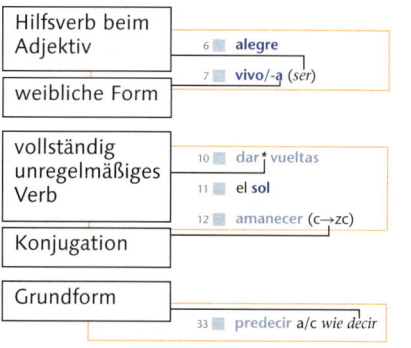

Bei unregelmäßigen **Verben** geben wir eindeutige Hinweise zur <u>Konjugation</u>, die im Anhang ausführlich beschrieben wird. Kürzel wie *c → zc* stehen bei den Gruppenverben (S. 221 ff); das Sternchen bedeutet, dass ein Verb vollständig unregelmäßig ist. Diese Verben sind

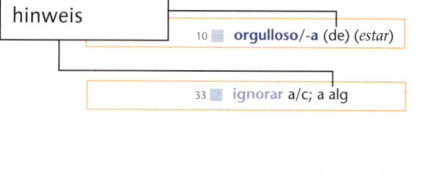

ebenfalls im Anhang aufgeführt (S. 224 ff). Bei unregelmäßigen abgeleiteten Verben (wie z. B. *predecir*) verweisen wir auf die Grundform (z. B. *decir*).

Häufig erfordert ein Wort bestimmte <u>Präpositionen</u>, <u>Konjunktionen</u> oder auch eine bestimmte Verbform wie den <u>Indikativ</u> oder <u>subjuntivo</u>. In diesen Fällen haben wir die entsprechenden Konstruktionshinweise hinter das Stichwort geschrieben. Sie sind eingeklammert, wenn man das Stichwort auch allein verwenden kann, wie z.B. bei *orgulloso (de)* ('stolz' oder 'stolz auf'). In einigen Fällen wird ein Wort je nach Bedeutung unterschiedlich verwendet. So heißt beispielsweise *ignorar a/c* im Deutschen 'etwas nicht wissen', während man *ignorar a alg* mit 'jemanden ignorieren' übersetzt. In solchen Fällen geben wir beide Konstruktionen an und trennen sie durch ein Semikolon.

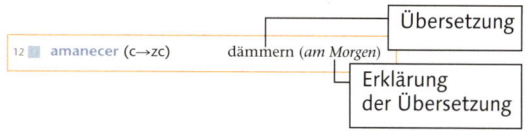

Einige Wörter gehören einer bestimmten <u>Stilschicht</u> an oder werden nur in <u>Lateinamerika</u> oder <u>Spanien</u> verwendet. Auch solche Fälle markieren wir durch die entsprechenden Abkürzungen beim Stichwort.

In der zweiten Spalte findest du die <u>Übersetzungen</u>. Sie werden häufig durch kursiv gedruckte <u>Erklärungen</u> ergänzt.

In der rötlich unterlegten dritten Spalte findest du Beispiele für typische Verwendungen des Stichworts. Sie sind beim Vokabellernen sehr hilfreich, denn man behält ein Wort leichter, wenn man seinen typischen Kontext kennt. In vielen Fällen führen wir dort auch Synonyme, Gegenteile oder Definitionen des Stichworts auf.

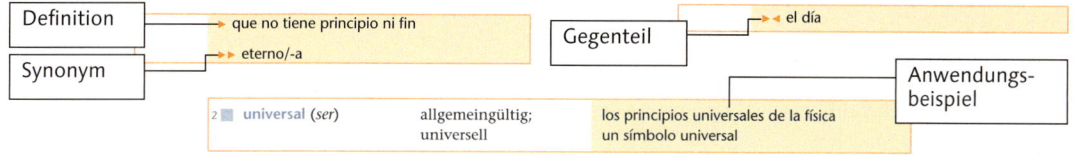

Erklärung der Abkürzungen und Symbole

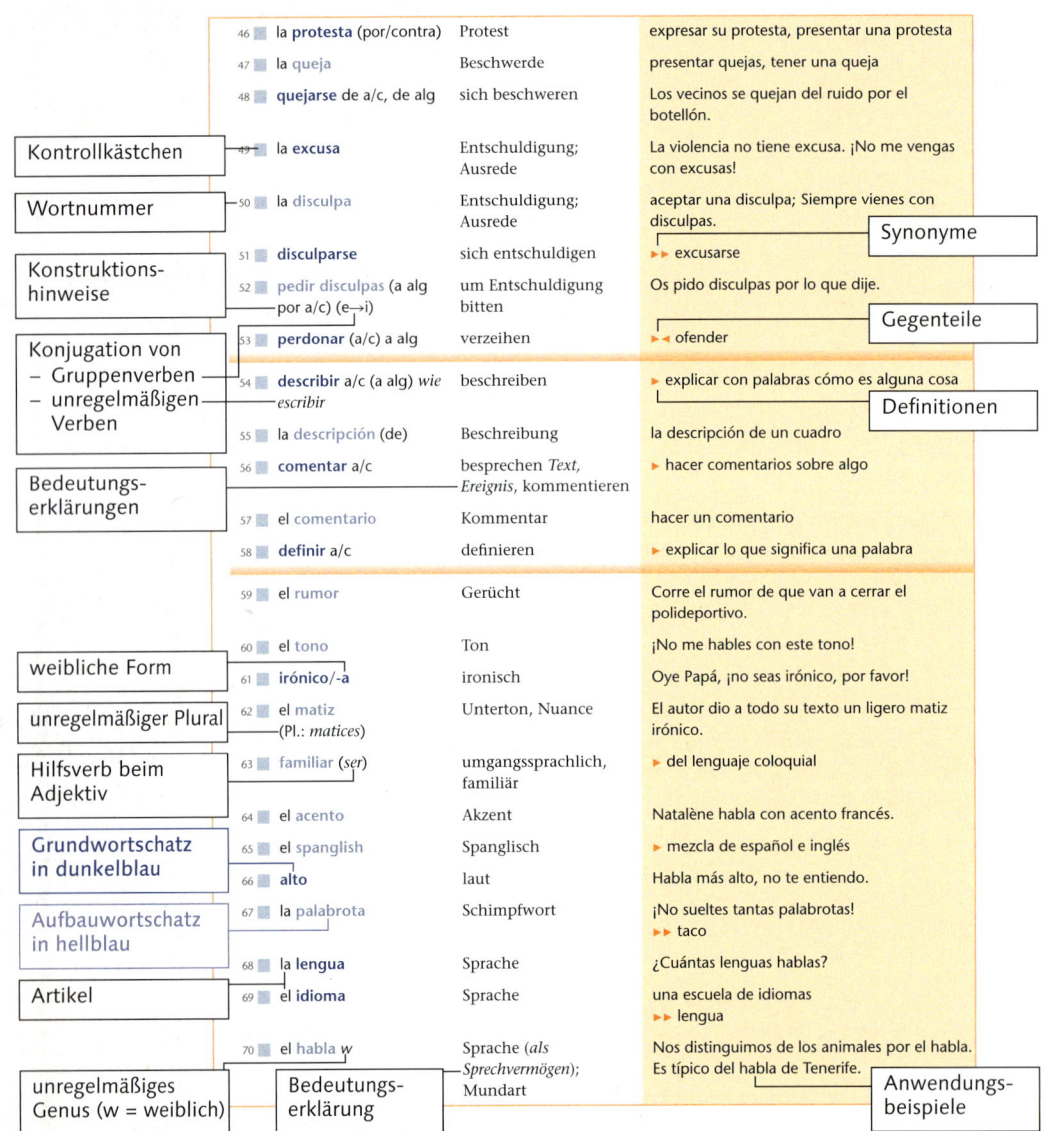

46 ▦	la **protesta** (por/contra)	Protest	expresar su protesta, presentar una protesta
47 ▦	la queja	Beschwerde	presentar quejas, tener una queja
48 ▦	**quejarse** de a/c, de alg	sich beschweren	Los vecinos se quejan del ruido por el botellón.
49 ▦	la **excusa**	Entschuldigung; Ausrede	La violencia no tiene excusa. ¡No me vengas con excusas!
50 ▦	la **disculpa**	Entschuldigung; Ausrede	aceptar una disculpa; Siempre vienes con disculpas.
51 ▦	**disculparse**	sich entschuldigen	▶▶ excusarse
52 ▦	**pedir disculpas** (a alg) por a/c) (e→i)	um Entschuldigung bitten	Os pido disculpas por lo que dije.
53 ▦	**perdonar** (a/c) a alg	verzeihen	▶◀ ofender
54 ▦	**describir** a/c (a alg) *wie escribir*	beschreiben	▶ explicar con palabras cómo es alguna cosa
55 ▦	la descripción (de)	Beschreibung	la descripción de un cuadro
56 ▦	**comentar** a/c	besprechen *Text, Ereignis*, kommentieren	▶ hacer comentarios sobre algo
57 ▦	el comentario	Kommentar	hacer un comentario
58 ▦	**definir** a/c	definieren	▶ explicar lo que significa una palabra
59 ▦	el rumor	Gerücht	Corre el rumor de que van a cerrar el polideportivo.
60 ▦	el tono	Ton	¡No me hables con este tono!
61 ▦	**irónico/-a**	ironisch	Oye Papá, ¡no seas irónico, por favor!
62 ▦	el matiz (Pl.: *matices*)	Unterton, Nuance	El autor dio a todo su texto un ligero matiz irónico.
63 ▦	familiar (*ser*)	umgangssprachlich, familiär	▶ del lenguaje coloquial
64 ▦	el acento	Akzent	Natalène habla con acento francés.
65 ▦	el spanglish	Spanglisch	▶ mezcla de español e inglés
66 ▦	**alto**	laut	Habla más alto, no te entiendo.
67 ▦	la palabrota	Schimpfwort	¡No sueltes tantas palabrotas! ▶▶ taco
68 ▦	la **lengua**	Sprache	¿Cuántas lenguas hablas?
69 ▦	el idioma	Sprache	una escuela de idiomas ▶▶ lengua
70 ▦	el habla *w*	Sprache (*als Sprechvermögen*); Mundart	Nos distinguimos de los animales por el habla. Es típico del habla de Tenerife.

Labels:
- Kontrollkästchen
- Wortnummer
- Konstruktions-hinweise
- Konjugation von – Gruppenverben – unregelmäßigen Verben
- Bedeutungs-erklärungen
- weibliche Form
- unregelmäßiger Plural
- Hilfsverb beim Adjektiv
- Grundwortschatz in dunkelblau
- Aufbauwortschatz in hellblau
- Artikel
- unregelmäßiges Genus (w = weiblich)
- Bedeutungs-erklärung
- Synonyme
- Gegenteile
- Definitionen
- Anwendungs-beispiele

Abkürzungen und Symbole

a/c	alguna cosa		*vulg.*	vulgär
alg	alguien		*w*	weiblich (Femininum)
fam.	familiär		*	Verb mit unregelmäßiger Konjugation (ab Seite 224)
lat. am.	nur im amerikanischen Spanisch gebräuchlich		▶	*steht vor Definitionen*
m	männlich (Maskulinum)		▶▶	*steht vor Synonymen (gleichbedeutenden Wörtern)*
Pl.	Plural (Mehrzahl)		▶◀	*steht vor Gegenteilen*
umgs.	umgangssprachlich			

Zeit

1

1.1 Zeit allgemein

1 ¿A qué hora... ?	Um wie viel Uhr ...?	Mamá, ¿a qué hora vuelves a casa?
2 el **tiempo**	Zeit	en tiempos pasados, tener tiempo para hacer algo
3 **habitual** (*ser*)	häufig	una pregunta habitual, un cliente habitual
4 **pasar**	vorbeigehen; verbringen	Las vacaciones pasaron rápidamente. Quiero pasar un año en Europa.
5 al revés	andersherum; rückwärts	Primero estudias, después puedes jugar, ¡y no lo hagas al revés!
6 coincidir (con a/c)	zusammenfallen, gleichzeitig sein	Este año, Semana Santa coincide con mi cumpleaños.
7 el **horario**	Öffnungszeiten; Sprechzeiten; Arbeitszeit	El horario de la oficina es de 8.00 h a 17.00 h.
		VISITA A LA BODEGA VENTA DE VINOS Horario: Laborables de 10:00 a 14:00 h. 16:00 a 19:00 h. SÁBADOS Y FESTIVOS LLAMAR PREVIAMENTE AL TEL: 639 318 790
8 la interrupción	Unterbrechung	
9 **quedar** (de a/c)	übrigbleiben	Este trozo es todo lo que queda de la tarta.
10 actualmente	zur Zeit	Actualmente vivo en casa de mis abuelos. ▶▶ de momento
11 justamente	gerade; genau	Justamente cuando venía a casa... Esto es justamente lo que pienso.
12 **a veces**	manchmal	▶▶ a ratos, de vez en cuando
13 continuo/-a	ständig, ununterbrochen	lluvias continuas, sus continuas preguntas
14 duradero/-a (*ser*)	dauerhaft; langanhaltend	una amistad duradera, un efecto duradero buscar la paz duradera
15 **corto/-a** (*ser*)	kurz	un viaje corto
16 frecuente	häufig	En Galicia, los días de lluvia son frecuentes.
17 **permanente**	ständig, dauerhaft	▶▶ continuo/-a
18 la rutina	Routine	hacer algo por rutina, romper con la rutina
19 vigente	geltend, gültig *Gesetze*; derzeitig *Titel*	Según la ley vigente... el presidente vigente, el campeón vigente
20 **seguir** (e→i)	weitermachen	Ya hemos jugado mucho, no quiero seguir.
21 **soler hacer** a/c (o→ue)	normalerweise etw tun, etw zu tun pflegen	En el metro suelo leer el periódico. En verano no suele llover aquí.
22 **levantarse**	aufstehen	Cada día me levanto a las siete.
23 aplazar a/c	verschieben (auf)	Se aplaza el examen hasta la semana que viene.

24	la prisa	Eile	Tengo mucha prisa.
25	**tener* prisa**	es eilig haben	No puedo esperar, tengo prisa.
26	**darse* prisa**	sich beeilen	Date prisa, la clase está a punto de empezar.
27	**esperar** a/c, a alg	warten auf; erwarten	¡Espérame! Se esperan fuertes lluvias en los próximos días.
28	**deprisa**	eilig, schnell	No tengo tiempo, voy deprisa a casa.
29	**urgente** (*ser*)	dringend; Eil-	un problema urgente recibir una carta urgente
30	retrasarse	sich verspäten	El autobús se retrasó media hora.
31	**tocarle** a alg (hacer a/c)	dran sein, tun müssen	

Vorsicht Konstruktion:

Hoy **le toca a Bernal** poner la mesa y fregar.

– ¿A quién le toca? – A mí.

Heute **ist Bernal** mit dem Tischdecken und dem Abwasch **dran**.

– Wer ist dran? – Ich.

32	la **situación**	Situation	
33	predecir a/c *wie decir*	vorhersagen	▶ avisar lo que va a ocurrir en el futuro
34	inclusive	einschließlich; inbegriffen	Hay clase hasta el 20 de julio, inclusive.

Unveränderliches inclusive *oder veränderliches* incluido/-a?

de lunes a viernes, **ambos inclusive**
una visita por 10 € **con la entrada incluida**

von Montag bis Freitag, **beide inbegriffen**
eine Führung für 10 € **inklusive Eintrittskarte**

| 35 | **fijar** a/c | festlegen *Datum; Preis* | fijar la fecha de una cita; fijar un impuesto |

1.2 Zeiteinteilungen

1	**de ... a ...**	von ... bis ... (*Zeitraum*)	de lunes a viernes, de las ocho de la mañana a las tres de la tarde
2	el **día**	Tag	Un día tiene 24 horas.
3	diario/-a	täglich	
4	cotidiano/-a	alltäglich	▶▶ habitual, diario/-a
5	la **madrugada**	früher Morgen	
6	la **mañana**	Morgen; Vormittag	▶ las horas del día entre la salida del sol y el mediodía
7	el mediodía	Mittag	

8	la **tarde**	Nachmittag, früher Abend	Hoy a las seis de la tarde juego al fútbol con mis compañeros de clase.
9	la **noche**	Nacht	No pude dormir en toda la noche. ►◄ el día
10	la **medianoche**	Mitternacht	► las doce de la noche
11	la **semana**	Woche	► período de siete días

No tenemos clase **los sábados**.
Wir haben **samstags** keinen Unterricht.

Pablo vuelve **el jueves**.
Pablo kommt (**am**) **Donnerstag** zurück.

El miércoles que viene vamos a…
Nächsten Mittwoch fahren wir nach …

Salimos **el domingo pasado**.
Wie sind **letzten Sonntag** ausgegangen.

¡**Todos los lunes** el mismo rollo!
Jeden Montag der gleiche Ärger!

¿Qué haces **el viernes por la tarde**?
Was machts du (**am**) **Freitag Nachmittag**?

12	**lunes** m (Pl.: *los lunes*)	Montag	
13	**martes** m (Pl.: *los martes*)	Dienstag	
14	**miércoles** m (Pl.: *los miércoles*)	Mittwoch	
15	**jueves** m (Pl.: *los jueves*)	Donnerstag	
16	**viernes** m (Pl.: *los viernes*)	Freitag	
17	**sábado** m	Samstag	
18	**domingo** m	Sonntag	► el día de la semana que es día festivo
19	el **fin de semana**	Wochenende	► la parte de la semana que forman el sábado y el domingo
20	el **finde** *umgs.*	Wochenende	► palabra coloquial para el fin de semana
21	el **mes**	Monat	Un año tiene doce meses.
22	**enero** m	Januar	► el primer mes del año
23	**febrero** m	Februar	
24	**marzo** m	März	

Vendrá **a principios de marzo**.
Trabajarán **hasta mediados de julio**.
La vi **a finales de abril**.
Ya no hay nieve **en mayo**.
Nací **el 9 (= nueve) de junio de 1993**.
Libramos **el 1 (= uno)** de mayo.

Er kommt **Anfang März**.
Sie arbeiten **bis Mitte Juli**.
Ich habe sie **Ende April** gesehen.
Im Mai liegt kein Schnee mehr.
Ich bin **am neunten Juni 1993** geboren.
Wir haben **am ersten** Mai frei.

Beim jeweils ersten eines Monats sagt man – besonders in Lateinamerika – auch el primero de… *statt* el uno de…

25	**abril** m	April	Semana Santa se celebra en abril.
26	**mayo** m	Mai	

27	**junio** *m*	Juni
28	**julio** *m*	Juli
29	**agosto** *m*	August
30	**septiembre** *m*	September
31	**octubre** *m*	Oktober
32	**noviembre** *m*	November
33	**diciembre** *m*	Dezember

En agosto, toda España tiene vacaciones.

▶ el último mes del año

34	la **estación**	Jahreszeit

▶ los cuatro períodos del año
La primavera es mi estación favorita.

35	el **invierno**	Winter

▶◀ verano

36	la **primavera**	Frühling

Semana Santa se celebra en la primavera.

37	el **verano**	Sommer

en invierno	im Winter
en verano	im Sommer
en otoño	im Herbst ▶ *aber*: en **la** primavera im Frühjahr

38	veranear	den Sommer verbringen

Siempre veraneamos en el mismo pueblo de la costa.

39	el **otoño**	Herbst

40	el **segundo**	Sekunde

Sesenta segundos son un minuto.

41	el **minuto**	Minute

Una hora tiene sesenta minutos.

42	la **hora**	Stunde; Uhrzeit

Hace más de una hora que te estoy esperando. ¿Qué hora es?

43	el trimestre	Trimester

Tres meses en la escuela son un trimestre.

44	el **año**	Jahr

El año tiene cuatro estaciones.

45	el año bisiesto	Schaltjahr

▶ un año con 366 días en vez de 365

46	la década	Jahrzehnt

▶ un período de diez años

47	el **siglo**	Jahrhundert

Vivimos en el siglo XXI (= veintiuno).

48	el milenio	Jahrtausend

▶ período de mil años

49	la **vez** (Pl.: *veces*)	Mal

¿Es la primera vez que lo haces? Estuve dos veces en Murcia.

50	el **momento**	Moment, Augenblick

▶ período breve de tiempo

51	un **rato**	eine Weile

Cuando la veo siempre hablamos un rato.

52	la **parte**	Teil

la parte más interesante de la película

53	la fase	Phase

la última fase, la fase final

54	el **paso**	Schritt	El trabajo se hace en varios pasos.
55	la **etapa**	Abschnitt	La niñez es la primera etapa de la vida.
56	el **período**	Zeitabschnitt, Zeitraum	El presidente es elegido por un período de 4 años.
57	la época	Epoche; Zeit(abschnitt)	la época de la guerra; en esta época del año
58	la era	Zeitalter	la era de los dinosaurios
59	**cada** +Subst	jede/r, jedes	Cada sábado vamos al fútbol.
60	el calendario	Kalender	
61	el día festivo	Feiertag	►◄ el día laboral
62	el día laboral	Werktag	► los días de lunes a viernes
63	la fecha	Datum	
64	el **pasado**	Vergangenheit	
65	el **presente**	Gegenwart	
66	el **futuro**	Zukunft	► el tiempo que está por venir

el pasado   el presente

1.3 Anfang und Ende

1	el **principio**	Anfang	
2	inicial	anfänglich, Anfangs-	la idea inicial, la escena inicial ►◄ final
3	estar* a punto de hacer a/c	kurz davor sein, etwas zu tun	Estoy a punto de terminar la escuela.
4	el amanecer	Morgendämmerung	Trabaja del amanecer hasta el atardecer.
5	Año Nuevo *m*	Neujahr	► el primer día del año
6	volver* a hacer a/c (o→ue)	wieder tun, noch einmal machen	La conocí en junio y volvimos a vernos en julio. ¡No vuelvas a decirme esto!
7	**a partir de**	ab	A partir de octubre viviré en Barcelona.
8	al principio	am Anfang	Al principio todo estaba bien, pero luego…
9	dar* la bienvenida a alg	willkommen heißen	El presidente les da la bienvenida a los invitados.
10	**comenzar** a hacer a/c (e→ie)	beginnen	Comenzó a llover cuando llegamos.
11	**empezar** (a/c) (e→ie)	anfangen, beginnen	La película empieza a las nueve.
12	empezar a hacer a/c (e→ie)	anfangen etw zu tun	Empezó a llover y fuimos al cine.
13	ponerse* a hacer a/c	anfangen etw zu tun	¡No te pongas a llorar!
14	**faltar** (para a/c)	noch dauern (bis)	Faltan dos semanas para las vacaciones.

#			
15	entrar en juego	ins Spiel kommen	►► intervenir
16	primero	zuerst	Primero haces tus deberes y después puedes salir a jugar.
17	por primera vez	zum ersten Mal	¿Cuándo viniste a España por primera vez?
18	inaugurar a/c	einweihen, eröffnen	Inauguraron el museo con una fiesta.
19	repetir a/c (e→i)	wiederholen	No hace falta que repitas siempre lo que dice la profesora.
20	todavía no	noch nicht	Todavía no lo entiendo.
21	aún no	noch nicht	– ¿Ya te vas a casa? – Aún no.
22	ya no	nicht mehr	Me dijo su nombre pero ya no lo recuerdo.
23	la repetición	Wiederholung	
24	seguir haciendo a/c (e→i)	weiterhin etw tun	Ya son las nueve y sigo trabajando.
25	continuar haciendo a/c (u→ú)	weiterhin etw tun	Luisa continúa leyendo, aunque es muy tarde.
26	prolongar a/c +Zeitangabe	verlängern (um)	La profesora prolongó la clase un cuarto de hora.
27	el fin	Ende	el fin del verano, llegar al fin
28	el final	Ende	el final de una historia ►► el fin
29	final	letztendlich; Schluss-	estar en la fase final, el capítulo final
30	al final	am Ende, zum Schluss	
31	eterno/-a (ser)	ewig	► que no tiene principio ni fin
32	interminable (ser)	unendlich	►► eterno/-a
33	la ruina	Zerfall, Ruin	la ruina del imperio, acabar en la ruina
34	acabar a/c	beenden	¿Ya has acabado tus deberes?
35	acabar de hacer a/c	gerade etw getan haben	Todavía estoy cansado, acabo de levantarme.
36	dejar de hacer a/c	aufhören, bleiben lassen	Debes dejar de fumar, ya tienes los dientes amarillos.
37	parar	aufhören	Cuando Míriam habla de Valencia no para.
38	parar de hacer a/c	aufhören etw zu tun	Parad de escribir, el tiempo se ha acabado.
39	poner* fin a a/c	beenden	Los golpistas quisieron poner fin al sistema democrático.
40	salir* bien/mal	gut/schlecht ausgehen, enden	A pesar de todos los problemas, la historia salió bien.
41	ser* el último/la última en hacer a/c	als letzte/r etw tun	Fue la última en llegar y tuvimos que esperarla solamente a ella.

42	**terminar** (a/c)	beenden; zu Ende sein	¿Ya has terminado tu trabajo? El verano termina a finales de septiembre.
43	atardecer (c→zc)	dämmern (*nur abends*), dunkel werden	Aquí atardece a eso de las seis de la tarde. ►◄ amanecer
44	completar a/c	abschließen; vervollständigen	completar un trabajo; completar una colección
45	concluir (i→y)	enden, zu Ende gehen	La película concluyó con un final feliz.
46	**despedirse** (de alg) (e→i)	sich verabschieden	Se despidió de todos sus colegas.
47	enterrar a alg (e→ie)	begraben, bestatten	
48	al fin y al cabo	schließlich, letztendlich	►► finalmente
49	en definitiva	letztendlich, letzten Endes	Hablan mucho pero en definitiva no deciden nada.
50	salir* haciendo a/c	schließlich etw tun, am Ende etw tun	Discutieron y salieron peleándose.
51	**finalmente**	schließlich	Llovió todo el día pero finalmente salió el sol.

1.4 Alt, jung und neu

1	**nuevo/-a**	neu	►◄ viejo/-a
2	la novedad	Neuigkeit	► lo que es nuevo o lo que ha sido desconocido hasta el momento
3	**moderno/-a** (*ser*)	modern	el arte moderno
4	**recién** +Partizip Perfekt	gerade, neu, soeben	
5	**reciente**	neuste/r, neustes (*letzte*), jüngste/r, jüngstes (*vor Kurzem geschehen*)	

IVAM: Instituto Valenciano de Arte Moderno

Recién oder *reciente*?

► *Substantiv* + reciente:

Ocurrió en un **pasado reciente**. — Das ist in **jüngster Vergangenheit** geschehen.
La actriz dijo en su **reciente entrevista**… — Die Schauspielerin sagte in ihrem **letzten Interview** …

► recién + *Partizip Perfekt*:

un bebé **recién nacido** — ein **neu geborenes** Baby
el gimnasio **recién estrenado** — die **gerade erst eingeweihte** Turnhalle

6	**anterior** (a) (*ser*)	frühere/r, früheres	Tomó un tren anterior al nuestro.
7	**posterior** (a) (*ser*)	spätere/r, späteres	Pascua es posterior a Semana Santa.

8	pasajero/-a (*ser*)	vorübergehend	►◄ duradero/-a
9	recuperar a/c	nachholen	Tendrás que recuperar el examen.
10	suceder a a/c; a alg	folgen auf; Nachfolger von jdm werden	Lunes sucede a domingo. ¿Quién sucederá al Rey Juan Carlos I?
11	siguiente	folgend, nächste/r, nächstes	en la página siguiente, el día siguiente
12	próximo/-a	nächste/r, nächstes	¿Qué vas a hacer el próximo fin de semana?
13	entonces	dann; damals	Entonces, ¡hasta mañana! Entonces no teníamos televisión.
14	futuro/-a	zukünftig, kommend	las generaciones futuras
15	otra vez	noch einmal	¿Quieres que te lo explique otra vez?
16	antiguo/-a (*nachgestellt*)	sehr alt, antik	Los Mayas fueron una civilización muy antigua.
17	antiguo/-a (*vorgestellt*)	ehemalig	mi antiguo profesor de inglés
18	pasado/-a	vergangen	en tiempos pasados
19	el pasado	Vergangenheit	
20	tardío/-a	spät	Tuvimos retraso por la llegada tardía del tren.
21	la antigüedad	Altertum, Antike	la antigüedad clásica
22	histórico/-a (*ser*)	historisch	un momento histórico, el centro histórico de una ciudad
23	últimamente	in letzter Zeit	Últimamente practico mucho deporte.

1.5 Zeitangaben

1	ayer	gestern	Hoy no he visto a Carlos, pero ayer lo ví.
2	anoche	gestern abend	¿Saliste anoche?
3	previo/-a	frühere/r, früheres, vorhergehend	La conocí en una visita previa. ►► anterior
4	de antemano	im Voraus	pagar de antemano
5	la víspera	Vortag; Vorabend	Nochevieja es la víspera de Año Nuevo.
6	la semana pasada	letzte Woche, vergangene Woche	

Nochevieja en Madrid

7	por aquel entonces	damals	Por aquel entonces no había autopistas.
8	desde	seit	Mi familia vive aquí desde 1999.
9	desde hace	seit	Son amigos desde hace muchos años.

Desde *oder* desde hace?

Ich bin **seit acht Uhr** hier. (=Konkreter Zeitpunkt)	Estoy aquí **desde las ocho**.
Spanien ist **seit 1986** Mitglied der EU.	España es miembro de la UE **desde 1986**.
Ich bin **seit drei Stunden** hier. (= Zeitraum)	Estoy aquí **desde hace tres horas**.
Wir sind **seit über zehn Jahren** Freunde.	Somos amigos **desde hace más de diez años**.

10	hace +*Zeitangabe*	vor (*zeitlich*)	Hablé con Paula hace una semana.
11	hará +*Zeitangabe*	vor ungefähr	Estuvimos juntos en el cine hará tres semanas.
12	antes	früher; vorher	Antes, todo era mejor. Necesito ir al baño antes.

13	ahora	jetzt	
14	ahora mismo	auf der Stelle, jetzt sofort	¡Ven aquí! ¡Ahora mismo!
15	hoy	heute	
16	hoy (en) día	heutzutage	Hoy en día la vida en el campo es diferente.
17	cuanto antes	sofort, so früh wie möglich	Necesito tu ayuda cuanto antes.
18	de momento	zur Zeit	▶▶ ahora
19	enseguida, en seguida	sofort	Oye, Pepe, ¡ven aquí enseguida!
20	llevar +*Zeitangabe*	schon ... sein	Carlos lleva tres semanas en Córdoba.
21	llevar +*Zeitangabe* haciendo a/c	schon ... etw tun	Llevo dos años trabajando en este café.
22	ya	schon	Ya es tarde. Ya lo sé.
23	todavía	noch; immer noch	¿Todavía vas a la escuela? Todavía pienso en tí.
24	aún	noch; immer noch	▶▶ todavía

25	mañana	morgen	¿Nos vemos mañana?
26	luego	nachher, später	Primero estudias, y luego puedes salir a jugar.
27	a tiempo	rechtzeitig	Llegas a tiempo. Estamos a punto de empezar.
28	continuar (a/c) (u→ú)	fortsetzen; weitergehen	Todo continúa como antes.
29	dentro de	innerhalb von; binnen	Dentro de dos semanas iremos de vacaciones. Habrá muchos cambios dentro de dos años.

30	a la hora de +Inf	beim +Verb	A la hora de hacer un examen siempre me pongo nervioso.
31	**pronto**	bald	¡Hasta pronto! Nos vemos pronto.
32	**siempre**	immer	Siempre me levanto a las ocho. ►◄ nunca
33	a cada rato	andauernd	¡Me fastidia que cambies de plan a cada rato!
34	cada dos por tres	andauernd, immer wieder	Blanca quiere ir al baño cada dos por tres.
35	**cada vez que**	jedes Mal wenn	Cada vez que la veo me pregunta lo mismo.
36	a menudo	oft, häufig	
37	**muchas veces**	oft	►◄ raras veces
38	**a diario**	täglich	►► cada día
39	**de vez en cuando**	manchmal, ab und zu, hin und wieder	►► a veces
40	a ratos	manchmal	►► a veces, de vez en cuando
41	raras veces	selten	Raras veces hay nieve en Sevilla.
42	(no ...) nunca	niemals	Se fue y nunca volvió.
43	jamás	niemals	Jamás dije esa tontería. ►► nunca
44	**durar**	dauern	Una hora de clase dura 45 minutos.
45	**tardar ... en hacer** a/c	(*Zeitangabe*) brauchen, um etw zu tun	Tardaron seis años en construir esta casa.
46	a lo largo de	im Laufe (+*Gen*)	a lo largo del día, a lo largo del viaje
47	**durante**	während	Nos gusta hacer excursiones durante el verano.
48	**todo el día**	den ganzen Tag	Nos relajamos todo el día en la playa.
49	en todo momento	jederzeit	► en cualquier momento
50	en medio de	mitten in	En medio de la película hubo un corte de luz.
51	temporalmente	vorübergehend	Vivo temporalmente en casa de un amigo.
52	**¿Qué hora es?**	Wie spät ist es?	– ¿Qué hora es? – Son las ocho y media.
53	**Es la una.**	Es ist ein Uhr.	
54	**a las ...**	um ... Uhr	Nos vemos a las cinco.
55	**a eso de** +*Uhrzeit*	gegen, ungefähr um	Por las mañanas me levanto a eso de las ocho.
56	**sobre** +*Uhrzeit*	gegen, ungefähr um ... Uhr	Llegarán sobre las diez.
57	**alrededor de** +*Uhrzeit*	gegen, ungefähr um	El avión llega alrededor de las ocho.

17

58	¿cuándo?	wann?	¿Hasta cuándo tenemos tiempo?
59	cuando	wenn; immer wenn; als	

Cuando mit Indikativ oder *subjuntivo*?

▶ *Der Nebensatz bezieht sich auf etwas Zukünftiges:*

Cuando venga mi abuela, vamos al zoológico.	**Wenn (sobald)** meine Oma kommt, gehen wir in den Zoo.

▶ *Der Nebensatz bezieht sich auf etwas Regelmäßiges:*

Cuando viene mi abuela, vamos al zoológico.	**Immer wenn** meine Oma kommt, gehen wir in den Zoo.

▶ *Der Nebensatz bezieht sich auf etwas Vergangenes:*

Cuando vino mi abuela, fuimos al zoológico.	**Als** meine Oma kam, sind wir in den Zoo gegangen.

60	después	danach, später	Lo haré después.
61	después de	nach	Después de la clase, vamos a la piscina.
62	todos los/todas las +Subst	jeden/jede +Subst	Me levanto todos los días a las ocho. Todas las semanas me dice lo mismo.
63	por la madrugada	früh morgens	¡Cada noche sales y vuelves a casa por la madrugada!
64	por la mañana	morgens	¿A qué hora te levantas por la mañana?
65	la siesta	Mittagsruhe	▶ las horas libres al mediodía
66	temprano	früh	Mañana tenemos que levantarnos temprano. ▶◀ tarde
67	tarde	spät; zu spät	Sonia llega tarde. Ahora es tarde para pedir comida.
68	de repente	plötzlich (*Adverb*)	De repente empezó a llover.
69	repentino/-a	plötzlich (*Adjektiv*)	Sintió un dolor repentino en la rodilla.
70	¡Hasta mañana!	Bis morgen!	

ORIGEN DE LAS CARRETERAS RADIALES

Km. 0.

Raum

2

2.1 Position und Richtung

1	**aquí**	hier	▶◀ allí
2	**ahí**	da, da hinten	▶◀ aquí
3	**allí**	dort	
4	a cualquier sitio	irgendwohin	
5	**a la derecha**	rechts, auf der rechten Seite	conducir a la derecha
6	**a la izquierda**	links	Los ingleses conducen a la izquierda.
7	**derecho/-a**	rechte/r, rechtes; aufrecht	escribir con la mano derecha ponerse derecho
8	**izquierdo/-a**	linke/r, linkes	escribir con la mano izquierda
9	**adelante**	vorwärts	
10	**atrás**	hinten; hinterher	
11	**arriba**	oben	
12	**abajo**	unten	Yo vivo en el segundo piso y abajo hay una tienda.
13	**debajo**	unten; darunter	Vivimos en el primer piso. Debajo hay una panadería.
14	**debajo de**	unter	El gato está debajo de la mesa.
15	**encima**	oben, darüber	▶◀ debajo
16	**encima de**	auf	– ¿Dónde está el libro? – Está encima de la cama.
17	**en casa de**	zu Hause bei	En casa de Roberto hay una fiesta.
18	más allá de	jenseits *(+Gen)*	Desde Argentina, Chile está más allá de los Andes.
19	**delante**	davor; vorn	una casa con un jardín delante
20	**delante de**	vor	Delante de la casa hay un jardín.
21	**tras**	hinter	El chico se esconde tras la puerta.
22	**detrás**	dahinter; hinten	Estamos en la primera fila, mis padres están detrás.
23	**detrás de**	hinter	Juan se esconde detrás de la puerta.
24	**enfrente**	gegenüber	El supermercado está enfrente.
25	enfrente de	gegenüber von	África está enfrente de Gibraltar.
26	la distancia	Entfernung	La explosión aún se oyó a varios kilómetros de distancia.
27	**cerca**	nah	La escuela no está lejos, está muy cerca.

28	cerca de	in der Nähe von, nahe bei	Vivimos en un pueblo cerca de Santiago.
29	lejos	weit weg	Mis padres viven lejos.
30	lejos de	weit weg von	Chile está muy lejos de España.
31	lejano/-a	fern; entfernt	en un futuro lejano; familiares lejanos
32	por aquí cerca	hier in der Nähe	El instituto está por aquí cerca.
33	la cercanía	Nähe	Se nota la cercanía del mar.
34	remoto/-a	weit entfernt (*örtlich*); fern (*zeitlich*)	un pueblo remoto en la provincia en un futuro remoto
35	al fondo de +Subst	am Ende (+*Gen*)	El baño está al fondo del pasillo.
36	desde	von ... aus (*örtlich*)	Te llamo desde la estación.
37	último/-a	letzte/r, letztes	La última casa de esta calle es nuestra.
38	el espacio	Raum, Platz	el espacio aéreo, el espacio público
39	por todas partes	überall	¡Uf! En Madrid hay gente por todas partes.
40	dentro	drinnen	Juan está en el jardín pero Inés está dentro.
41	dentro de	in, innerhalb von	No hay nadie dentro de la casa.
42	adentro	darin; hinein	Vamos adentro.
43	el interior (de)	das Innere	▸ lo que está dentro de algo
44	interior	innere/r, inneres	la puerta interior, un diálogo interior
45	el orden (Pl.: *órdenes*)	Reihenfolge; Ordnung	en orden alfabético poner algo en orden
46	el medio (de)	Mitte	en el medio de la mesa ▸▸ centro
47	en medio de	mitten in	Me gusta vivir en medio de la ciudad.
48	fuera	draußen; raus	Chicos, ¡jugad fuera, por favor!
49	ser* de un lugar	kommen aus	Me llamo Jordi y soy de Barcelona.
50	exterior	äußere/r, äußeres, Außen-	la temperatura exterior
51	en el exterior	außen	
52	alrededor de	um ... herum	Alrededor de la casa hay varios árboles.
53	el margen (Pl.: *márgenes*)	Rand	al margen de la sociedad, escribir en el margen del papel
54	el límite	Grenze; Ende	¡No cruces los límites de mi paciencia!
55	contener a/c *wie tener*	enthalten	Esta maleta solamente contiene ropa sucia.

| 56 | caber* (en a/c) | Platz haben, hineinpassen | En este coche caben cinco personas. |
| 57 | vaciar a/c (i→í) | entleeren, leer machen | Vacía la botella antes de abrir otra. |

58	situar a/c (u→ú)	platzieren	▶ poner algo en un lugar concreto
59	el **norte**	Norden	El norte de España es más frío que el sur.
60	septentrional	nördlich	▶◀ austral
61	el **este**	Osten	Bulgaria está en el este de Europa.
62	oriental	östlich; orientalisch	
63	el **sur**	Süden	Andalucía está en el sur de España.
64	austral	südlich	El punto más austral de América es el Cabo de Hornos.
65	el **oeste**	Westen	Bonn fue la capital de la antigua Alemania del Oeste.
66	occidental	westlich	▶ situado en el oeste

Los puntos cardinales – *Himmelsrichtungen*

Francia está **al norte de** España.	Frankreich liegt **nördlich von** Spanien.
El País Vasco está **en el norte de** España.	Das Baskenland liegt **im Norden** Spaniens.
Caminamos **rumbo norte**.	Wir wandern **Richtung Norden**.

67	orientarse	sich orientieren	
68	vertical	senkrecht	▶◀ horizontal
69	horizontal	waagerecht	▶◀ vertical
70	paralelo/-a (a)	parallel	una calle paralela a la nuestra
71	la flecha	Pfeil	seguir una flecha
72	**encontrarse** en (o→ue)	sich befinden	Andorra se encuentra en los Pirineos.
73	el **sitio**	Platz, Ort	La escuela está en un sitio céntrico de la ciudad.

74	la dirección	Richtung	un autobús con dirección al centro
			▶▶ destino
75	¿**dónde**?	wo?	– ¿Dónde vives? – En Madrid.
76	¿**adónde**?	wohin?	¿Adónde quieres ir de vacaciones?

Statt adónde *wird im Spanischen häufig einfach nur* dónde *gesagt:*

¿Dónde te vas?   Wohin gehst du?

▶ *Stilistisch ist das aber nicht zu empfehlen.*

| 77 | ¿**de dónde**? | woher? | – ¿De dónde eres? – De Buenos Aires. |

78 ▦ **indicar** a/c (a alg)	zeigen, hinweisen	Juan le indica el camino a Laura.
79 ▦ **todo recto**	geradeaus	Para ir al centro hay que caminar todo recto.
80 ▦ **seguir** a/c, a alg (e→i)	folgen; verfolgen	El perro sigue a los niños.
81 ▦ **directo/-a** (*ser*)	direkt	Yo creo que los alemanes son muy directos.
82 ▦ **a través de**	durch	Vine a través del parque. Me enteré a través de Jorge.
83 ▦ **al lado**	daneben; nebenan	El señor García vive al lado.
84 ▦ **al lado de**	neben	El piso del señor García está al lado del nuestro.
85 ▦ **al otro lado de**	auf der anderen Seite von	Viven en el barrio al otro lado del río.
86 ▦ **junto a**	nahe bei	Vivimos junto a la estación.
87 ▦ **dejar atrás** a/c, a alg	zurücklassen, hinter sich lassen	Cuando llegó a Europa había dejado atrás a toda su familia.
88 ▦ **ir*** a un lugar	gehen; fahren	ir al cine; ir a Madrid
89 ▦ **el recorrido**	Strecke; Gang (*Laufen*)	un recorrido largo; hacer un recorrido
90 ▦ **retroceder**	zurückgehen	▶ ir hacia atrás
91 ▦ **el trayecto** (a)	Strecke; Fahrt	El trayecto a la escuela no es muy largo.
92 ▦ **el tramo**	Abschnitt, Strecke	Están construyendo otro tramo de metro.
93 ▦ **llegar** (a)	ankommen; kommen	El tren llega a las seis. ¿Cuándo llegas?
94 ▦ **meterse** en a/c	sich einmischen	¡No te metas en mis asuntos!
95 ▦ **¿Dónde te has metido?**	Wo steckst du?	Te estoy buscado todo el día, ¿dónde te has metido?
96 ▦ **hundirse** (en a/c)	sinken; versinken	En 1912 se hundió el Titanic.
97 ▦ **tirar**	ziehen	Para abrir la puerta tienes que tirar. ▶◀ empujar
98 ▦ **llenar** a/c (de a/c)	füllen	llenar una olla de agua
99 ▦ **lleno/-a** (de) (*estar*)	voll (*besetzt*); gefüllt	El hotel está lleno. La maleta está llena de ropa.
100 ▦ **llevar** a un lugar	führen	¿Adónde nos lleva esta carretera? ▶▶ conducir
101 ▦ **la apertura**	Öffnung	la apertura de España hacia la democracia tras la dictadura
102 ▦ **la expansión**	Ausbreitung, Verbreitung	Hay que evitar la expansión de la enfermedad.
103 ▦ **extender** a/c (e→ie)	ausbreiten, verbreiten	
104 ▦ **extenso/-a** (*ser/estar*)	weit, weitläufig	una llanura extensa

105	el **lado**	Seite	Al otro lado de la calle hay un supermercado.
106	**ocupar**	belegen *Raum*	El escritorio ocupa mucho espacio.
107	**hondo/-a** (*ser*)	tief	un plato hondo, un lago hondo
108	**profundo/-a** (*ser*)	tief (*auch übertragen*)	un lago profundo; dolores profundos

2.2 Bewegung

1	**mover** a/c (o→ue)	bewegen	►◄ parar
2	**moverse** (o→ue)	sich bewegen	¡Muévete! Que tenemos prisa.
3	el **movimiento**	Bewegung	
4	**andar** *	gehen	► ir a pie
5	**caminar** (por)	laufen; wandern; spazieren	caminar por la montaña; caminar por la ciudad
6	**correr**	laufen, rennen	Tuvimos que correr para llegar al autobús.
7	**a pie**	zu Fuß	La plaza está cerca, puedes ir a pie.
8	**pisar** a/c; a alg	betreten; auf den Fuß treten; treten auf	¿Jamás has pisado un museo? Cuando bailamos, siempre me pisas. ¡Pisa el freno!
9	el **paso**	Schritt (*beim Gehen, auch Tanzen*); Gangart	
10	**dar** * **un paso**	einen Schritt machen, einen Schritt gehen	¡No des ni un paso más que te vas a caer al agua!
11	**dar** * **un paseo** (por)	einen Spaziergang machen	Ayer, Toña y yo dimos un paseo por la ciudad.
12	**doblar la esquina**	um die Ecke biegen	Choqué con un señor al doblar la esquina.
13	**entrar** en un lugar	hineingehen; einsteigen; eintreten	entrar en casa, entrar por la ventana
14	**atravesar** a/c (e→ie)	durchqueren, überqueren	Luis atraviesa el parque y llega al cole.
15	**pasar** (por)	hereinkommen; vorbeifahren	¿Puedo pasar? Mañana paso por tu casa, ¿vale?
16	**quitarse del medio**	aus dem Weg gehen	
17	**darse** * **la vuelta**	sich umdrehen	Date la vuelta para ver cómo te queda la chaqueta.
18	**acompañar** a alg	begleiten	Te acompaño hasta el autobús.
19	**venir** * (a un lugar)	kommen; herkommen	¿Cuándo vienes a casa? Ven aquí, por favor.
20	**acudir** a a/c, a alg	hingehen	Muchos acudieron a la manifestación.
21	**traer** * a/c (a alg)	bringen; mitbringen	¡Tráeme el libro, porfa! Mi tía siempre me trae regalos.

22	**acercarse** a a/c, a alg	sich annähern	Nos acercamos a la costa.
23	**tropezar** con a/c (e→ie)	stolpern über	Tropecé con una piedra y me caí.
24	**volver*** (a) (o→ue)	zurückkommen, zurückkehren	Por la tarde Roberto vuelve a casa. ►► regresar
25	**quedarse** (en)	bleiben	Esta noche me quedo en casa.
26	**irse***	weggehen	Ya es tarde, me voy. Laura se ha ido.
27	**marcharse** (de)	weggehen; verlassen *Ort*	Me marcho a la una. Se marchó de su pueblo.
28	**largarse** (de) *fam.*	abhauen, verduften	¡Largaos de aquí!
29	**salir*** (de)	abfahren; herauskommen	El autobús sale de la estación central. Los niños no quieren salir de su escondite.
30	**alejarse** de a/c	sich entfernen	►◄ acercarse a a/c
31	**escaparse** (de a/c, de alg)	flüchten; ausbrechen	El loro se escapó de su jaula.
32	**retirarse** (a)	sich zurückziehen	► irse a un lugar para estar solo
33	**empujar** (a/c)	drücken; stoßen; schubsen	¡Empuja la puerta, por favor!
34	**bajar**	runtergehen; sinken *Temperaturen*	En invierno la temperatura baja.
35	**subir** a/c; a un lugar	hinaufgehen; hinaufklettern	subir la escalera subir a un árbol
36	**aterrizar**	landen *Flugzeug*	El avión aterrizó con retraso.
37	**despegar**	abheben, starten *Flugzeug*	►◄ aterrizar
38	**sentarse** (en a/c) (e→ie)	sich setzen	¡Toma una silla y siéntate! Nos sentamos en el suelo.
39	**levantarse** (de a/c)	aufstehen	¡Levántate del sillón!
40	**saltar** (a, de)	springen	saltar al agua, saltar de una silla
41	**caer*** (de a/c)	fallen, runterfallen	Cayó de la bici y se rompió el brazo.
42	la **caída**	Fall	Se rompió el brazo en la caída.
43	**nadar**	schwimmen (*Bewegung*)	Nadamos en la piscina.
44	**flotar** (en a/c)	schwimmen *Gegenstände*; schweben	La madera flota en el agua. Los globos flotan en el aire.
45	**emerger**	auftauchen (*aus dem Wasser*)	El submarino tuvo que emerger.
46	la **travesía**	Überfahrt, Überquerung	Muchos inmigrantes mueren durante la travesía.

47 ▪ **penetrar** (en a/c)	eindringen	
48 ▪ **cruzar** a/c	überqueren	cruzar una frontera, cruzar un río
49 ▪ **girar** (alrededor de a/c)	sich drehen (um)	La tierra gira alrededor del sol.
50 ▪ **rodear** a/c	umgeben	Los árboles rodean el campo.
51 ▪ **dirigirse** a	sich begeben	Me dirijo a mi habitación.
52 ▪ **volar** (a) (o→ue)	fliegen	► moverse por el aire
53 ▪ la **procedencia**	Herkunft	►► el origen
54 ▪ **rápido/-a**	schnell	►◄ lento/-a
55 ▪ **móvil**	beweglich	► que puede moverse
56 ▪ **lento/-a**	langsam (*Adjektiv*)	Las tortugas son muy lentas. ►◄ rápido/-a
57 ▪ **despacio**	langsam (*Adverb*)	Las tortugas se mueven muy despacio.
58 ▪ **vagar** (por)	umherwandern, herumstreichen	vagar por la ciudad
59 ▪ **quieto/-a**	ruhig, still	► sin movimiento
60 ▪ **inmóvil**	bewegungslos	Está sentada inmóvil en el sillón.
61 ▪ **estar* sentado/-a**	sitzen	

Natur

3

3.1 Weltall und Erde

1	el **universo**	Weltall	
2	**universal** (*ser*)	allgemeingültig; universell	los principios universales de la física un símbolo universal
3	el espacio	All, Weltraum	
4	espacial	Weltraum-	una misión espacial, la estación espacial
5	la **tierra**	Erde (*Planet*)	
6	terrestre	irdisch; Erd-	en la vida terrestre; la superficie terrestre
7	el **mundo**	Welt	en todo el mundo, en el mundo globalizado
8	**real** (*ser*)	echt, wirklich	Después de la Campus Party los chicos vuelven al mundo real.
9	**mundial** (*ser*)	weltweit; Welt-	una organización mundial el mercado mundial
10	dar* **vueltas**	sich drehen	La tierra da vueltas alrededor del sol.
11	el **sol**	Sonne	
12	amanecer (c→zc)	dämmern (*am Morgen*)	En verano amanece muy temprano.
13	**solar**	solar, Sonnen-	la energía solar, el sistema solar
14	la **luna**	Mond	una noche en la playa a la luz de la luna
15	el **planeta**	Planet	Nuestro sistema solar tiene ocho planetas.
16	la **estrella**	Stern	una noche de estrellas, una estrella luminosa
17	la estrella fugaz (Pl.: *estrellas fugaces*)	Sternschnuppe	A principios de agosto se pueden observar muchas estrellas fugaces.
18	el cometa	Komet	Los Reyes Magos siguieron el cometa.
19	la gravedad	Schwerkraft	
20	el cohete	Rakete	Soñé que iba en cohete a la luna.
21	la nave espacial	Raumschiff	
22	la atmósfera	Atmosphäre	
23	la **geografía**	Geographie	
24	el **continente**	Kontinent	La Antártida es el séptimo continente.
25	el polo norte	Nordpol	
26	el polo sur	Südpol	Diego quiere irse en un barco al polo sur.
27	el relieve	Relief	

28	el altiplano	Hochebene; Altiplano (*Hochland in den Anden*)	
29	la montaña	Berg; Gebirge	subir una montaña; perderse en la montaña
30	el valle	Tal	▶ el terreno entre dos montañas
31	el monte	Berg	▶▶ montaña
32	la sierra	Gebirge	▶▶ montaña
33	la cumbre	Gipfel	La cumbre más alta de los Andes es el Aconcagua.
34	dar* nombre a a/c, a alg	Namen geben; benennen	El ecuador les dio nombre a estados como Ecuador y Guinea Ecuatorial.
35	el pico	Bergspitze	subir al pico
36	la colina	Hügel	
37	peligroso/-a (*ser*)	gefährlich	Bañarse en el mar puede ser peligroso. ▶◀ seguro/-a
38	la llanura	Ebene	
39	el desierto	Wüste	El Atacama es un desierto en Chile.
40	subterráneo/-a	unterirdisch	▶ bajo tierra El metro es un medio de transporte subterráneo.
41	la cueva	Höhle	En esta cueva viven muchos murciélagos.
42	la roca	Fels; Gestein (*Material*)	
43	solitario/-a	einsam, verlassen	▶ sin gente y sin compañía
44	el cañón	Schlucht	El río pasa por un cañón muy estrecho.
45	la evolución	Evolution	
46	el terremoto	Erdbeben	El terremoto solamente provocó daños materiales.
47	el volcán (Pl.: *volcanes*)	Vulkan	El Irazú es un volcán activo de Costa Rica.

Volcán Irazú

48	el fuego	Feuer	encender un fuego, apagar un fuego
49	la llama	Flamme	La vieja fábrica está en llamas.
50	la chispa	Funke	
51	quemar (a/c)	heiß sein; verbrennen	Cuidado, el plato quema. Los ex alumnos quemaron sus cuadernos.
52	quemarse (a/c)	sich verbrennen	Me quemé el dedo en la cocina.
53	el incendio	Brand	Los bomberos extinguieron el incendio.
54	el humo	Rauch	Sale humo del volcán.

55	la **gota**	Tropfen	gota de lluvia, gota de sangre, gota de vino
56	el **chorro**	Strahl	un chorro de agua, un chorro de luz
57	el **océano**	Ozean	Los cuatro océanos son el Atlántico, el Pacífico, el Índico y el Ártico.
58	el **horizonte**	Horizont	▶ línea donde se encuentran el cielo y la tierra o el mar
59	el/la **mar**	Meer	

Das Substantiv mar *ist männlich. In Küstengegenden und im literarischen Gebrauch wird es jedoch meist als Femininum gebraucht:*

Me encanta la mar.   Ich liebe das Meer.

60	**marino/-a**	See-, Meeres-	un ave marina, agua marina
61	la **costa**	Küste	Salango es una ciudad en la costa de Ecuador.
62	el **cabo**	Kap	El punto más austral de América es el Cabo de Hornos.
63	la **red**	Netz	pescar con una red; la red de carreteras
64	la **marea alta**	Flut	
65	la **marea baja**	Ebbe	
66	la **isla**	Insel	Mallorca es una isla.
67	la **península**	Halbinsel	la Península Ibérica
68	el **archipiélago**	Inselgruppe, Archipel	Las Islas Canarias son un archipiélago.
69	la **bahía**	Bucht	
70	**pintoresco/-a** (*ser*)	malerisch	un paisaje pintoresco
71	el **estrecho**	Meerenge	el estrecho de Gibraltar
72	el **río**	Fluss	un puente sobre el río
73	la **fuente**	Quelle	▶ el lugar de donde sale agua
74	la **corriente**	Strömung; Luftzug	El Guadalquivir no tiene mucha corriente.
75	**desbordarse**	über das Ufer treten *Fluss*; überlaufen *Wanne, Waschbecken usw.*	Con tanta lluvias, el río se va a desbordar.
76	el **delta**	Delta	▶ el conjunto de los brazos de un río antes de que llegue al mar
77	**desembocar** en	münden *Fluss*; einmünden *Straße*	El Amazonas desemboca en el Océano Atlántico.
78	el **vapor**	Dampf	una locomotora de vapor, un barco de vapor

79	la **agricultura**	Landwirtschaft	Los incas eran expertos en la agricultura.
80	**biológico/-a** (ser)	biologisch	
81	el **molino**	Mühle	Don Quijote luchó contra los molinos de viento.
82	la granja	Bauernhof	►► finca
83	la hacienda	Landgut	►► finca
84	el tractor	Trecker, Traktor	
85	el terrateniente	Großgrundbesitzer	► dueño de mucho terreno
86	la hierba	Gras; Kraut	
87	productivo/-a (ser)	produktiv	Tiene campos muy productivos.
88	fértil	fruchtbar	una tierra fértil
89	la **cosecha**	Ernte	En otoño se recoje la cosecha.
90	la mina	Bergwerk, Mine	una mina de carbón
91	**natural** (ser)	natürlich; Natur-; Umwelt-	el tamaño natural de algo; las ciencias naturales; una catástrofe natural
92	**agrícola**	landwirtschaftlich; Landwirtschafts-	productos agrícolas
93	**cultivar** a/c	anbauen *Pflanzen*; bearbeiten *Land*; züchten *Tiere*	cultivar café cultivar un campo cultivar peces
94	el cultivo	Anbau	el cultivo de naranjas

Don Quijote, Picasso

95	el **medio ambiente**	Umwelt	proteger el medio ambiente
96	la **naturaleza**	Natur	proteger la naturaleza
97	la protección	Schutz	
98	el **parque nacional**	Nationalpark	► terreno protegido donde no se influye en la naturaleza

Parque Nacional de Doñana

99	la **selva**	Urwald	► bosque de grandes dimensiones
100	el/la ecologista	Öko(loge/-in)	El ecologista protege la naturaleza.
101	el **ambiente**	(natürliche) Umgebung	La ciudad es el ambiente ideal para las palomas.
102	el rastro	Spur	En la playa no ves ni rastro de la ciudad. ►► huella
103	el smog	Luftverschmutzung	► contaminación del aire

104	el **mapa**	Landkarte	Busca Valencia en el mapa de España.
105	el **plano**	Stadtplan	leer el plano, consultar el plano
106	la **forma**	Form, Gestalt	
107	el triángulo	Dreieck	▶ una superficie limitada por tres líneas
108	el círculo	Kreis	
109	redondo/-a (*ser*)	rund	
110	el cuadrado	Quadrat	

triángulo   círculo   cuadrado

3.2 Wetter

1	la **temperatura**	Temperatur	temperaturas altas, temperaturas bajas
2	el grado centígrado	Grad Celsius	Estamos a 35 grados centígrados.
3	la temperatura mínima	Tiefsttemperatur	
4	la temperatura máxima	Höchsttemperatur	
5	el **tiempo**	Wetter	Ayer hizo mal tiempo.
6	el **clima**	Klima; Wetter	El clima de la costa me sienta muy bien.
7	el rayo	Blitz; Strahl	No me asustan los rayos.
8	el **calor**	Hitze	▶◀ el frío
9	**hacer* calor**	heiß sein	En verano en Analucía hace calor.
10	**hacer* buen tiempo**	gutes Wetter sein	Dicen que mañana hará buen tiempo. ▶◀ hacer mal tiempo
11	**hacer* sol**	sonnig sein	En verano siempre hace sol.
12	favorable (para)	günstig	un clima favorable para la agricultura
13	cálido/-a	warm	▶◀ fresco/-a
14	**seco/-a**	trocken	▶◀ húmedo/-a
15	la sequía	Dürre, Trockenheit	La sequía se convierte en un problema.
16	la **lluvia**	Regen; Regenfall	No me gustan los días de lluvia.
17	**llover** (o→ue)	regnen	En otoño llueve mucho.
18	la **humedad**	Feuchtigkeit	
19	húmedo/-a	feucht	▶◀ seco/-a
20	mojado/-a (*estar*)	nass, feucht	El suelo está mojado porque ha llovido.
21	el chubasco	Regenschauer	Anunciaron chubascos para el fin de semana.
22	la **nube**	Wolke	una nube de lluvia, una nube de polvo
23	la niebla	Nebel	La niebla densa nos impide la vista.

24 ▦ el **viento**	Wind	
25 ▦ el **aire**	Luft	
26 ▦ la tormenta	Gewitter; Sturm	Fue una tormenta fuerte.
27 ▦ el huracán (Pl.: *huracanes*)	Orkan; Hurrikan	en el ojo del huracán
28 ▦ la inundación	Überschwemmung	
29 ▦ la ola (de)	Welle	una ola de calor, una ola de frío
30 ▦ arrastrar a/c	mit sich reißen; schleifen (*auf dem Boden*)	Las fuertes lluvias arrastraron coches y árboles.

31 ▦ el **frío**	Kälte	►◄ el calor
32 ▦ **hacer*frío**	kalt sein (*Wetter*)	A pesar de la primavera hace un frío extremo.
33 ▦ **fresco/-a**	frisch, kühl	►◄ cálido/-a
34 ▦ descender (e→ie)	fallen *Temperatur; auch Quoten*, sinken	
35 ▦ **frío/-a**	kalt	agua fría ►◄ caliente
36 ▦ **nevar** (e→ie)	schneien	Quiero que nieve en Navidad.
37 ▦ la **nieve**	Schnee	La nieve suele caer en invierno.
38 ▦ el **hielo**	Eis	Quiero un agua con hielo.
39 ▦ helado/-a (*estar*)	eisig	Tengo las manos heladas.

3.3 Licht und Farbe

1 ▦ el **color**	Farbe	El verde es mi color favorito.
2 ▦ **blanco/-a**	weiß	una paloma blanca
3 ▦ **negro/-a**	schwarz	►◄ blanco/-a
4 ▦ **gris**	grau	
5 ▦ marrón	braun	un pantalón marrón, una chaqueta marrón
6 ▦ morado/-a	violett	
7 ▦ **rojo/-a**	rot	
8 ▦ rosado/-a	rosafarben	►► rosa
9 ▦ **rosa**	pink, rosa	una camisa rosa, un coche de color rosa
10 ▦ **naranja**	orange	Tiene un coche de color naranja.
11 ▦ dorado/-a	golden; vergoldet	► del color de oro
12 ▦ **amarillo/-a**	gelb	

13	**verde**	grün	
14	**azul**	blau	El cielo sin nubes es azul.
15	el **matiz** (Pl.: *matices*)	Farbton; Nuance	
16	el **arcoíris** (Pl.: *los arcoíris*)	Regenbogen	

17	la **luz** (Pl.: *luces*)	Licht	la luz artificial, la luz del día, una fuente de luz
18	**luminoso/-a**	hell, leuchtend	ojos luminosos, un día luminoso
19	la **raya**	Strich	►► línea
20	la **mancha**	Fleck	Tengo una mancha de vino en el pantalón.
21	la **sombra**	Schatten	►◄ la luz
22	**oscurecer** (a/c) (c→zc)	dunkel werden; verdunkeln	En invierno oscurece temprano. La cortina oscurece el dormitorio.
23	**oscuro/-a**	dunkel	Esta habitación es muy oscura. ►◄ claro/-a
24	la oscuridad	Dunkelheit	► ausencia de luz

3.4 Tiere

1	el **animal**	Tier	
2	el **animal doméstico**	Haustier	► un animal que vive en casa con sus dueños
3	el **gato**	Katze	

Die allgemeine Übersetzung von Katze *ist* gato:

"Prefiero los gatos a los perros." – „Ich mag Katzen lieber als Hunde."

Die zoologisch korrekten Übersetzungen sind allerdings: el gato – der Kater; la gata – die Katze.

4	**rascar** a/c, a alg	kratzen	
5	el **perro**	Hund	El perro ladró toda la noche.
6	el **conejo**	Kaninchen	Los conejos de mi hermana se han escapado.
7	el **hámster**	Hamster	
8	el **caballo**	Pferd	Los incas no conocían los caballos.
9	el **burro**	Esel (*Tier*)	
10	la **mula**	Maultier	► mezcla de burro y caballo
11	la **vaca**	Kuh	
12	el **buey**	Ochse	

13	el toro	Stier	
14	el ganado	Vieh	una granja con mucho ganado
15	la oveja	Schaf	queso de oveja
16	el rebaño (de)	Herde	un rebaño de ovejas
17	la cabra	Ziege	
18	el cerdo	Schwein	
19	el gallo	Hahn	El gallo nos despertó con su quiquiriquí.
20	la gallina	Huhn	
21	el **huevo**	Ei	Las gallinas ponen huevos.

22	el **pájaro**	Vogel (*kleinere*)	▶ animal con pico y plumas que pone huevos
23	el **ave** *w*	Vogel (*größere*)	▶ un pájaro muy grande
24	el **ala** *w*	Flügel	¿Conoces un pájaro sin alas?
25	la **pluma**	Feder	
26	el pico	Schnabel	▶ la boca de los pájaros
27	el nido	Nest	
28	la **paloma**	Taube	
29	el **pato**	Ente	
30	el **águila** *w*	Adler	
31	el murciélago	Fledermaus	

La paloma, Picasso

32	el **pez** (Pl.: *peces*)	Fisch	
33	la estrella de mar	Seestern	
34	la ballena	Wal(fisch)	Las ballenas no son peces sino mamíferos.
35	el calamar	Tintenfisch	▶▶ pulpo
36	el delfín (Pl.: *delfines*)	Delfin	
37	el pulpo	Tintenfisch	El pulpo es una especialidad en toda España.
38	la tortuga	Schildkröte	
39	el pingüino	Pinguin	

40	salvaje	wild	El león es un animal salvaje.
41	el monstruo	Ungeheuer; Unmensch	
42	el zoológico	Zoo	▶ lugar donde se muestran animales
43	el **lobo**	Wolf	
44	el coyote	Kojote	

45	el **oso**	Bär	
46	el tigre	Tiger	
47	el **león**	Löwe	
48	**devorar** a/c	fressen, reißen	En el documental mostraron cómo un lobo devoraba una oveja.
49	el elefante	Elefant	
50	el mono	Affe	
51	la llama	Lama	
52	la **culebra**	Schlange	
53	la serpiente	Schlange	▶▶ culebra
54	la huella	Spur	las huellas de un caballo
55	la rata	Ratte	
56	el **ratón**	Maus (*auch beim Computer*)	
57	el zorro	Fuchs	
58	el **insecto**	Insekt	
59	la **mosca**	Fliege	
60	la mariposa	Schmetterling	
61	la **abeja**	Biene	¡Me ha picado una abeja!
62	**picar** (a alg)	stechen *Insekten*	
63	la hormiga	Ameise	
64	el gusano	Wurm	
65	el escorpión	Skorpion	
66	la araña	Spinne	
67	el bicho *fam.*	Viech (*fam. für Tier*); Ungeziefer	Cierra la puerta para que no entren bichos.
68	la criatura	Wesen; Kreatur	la criatura de una película de horror
69	la **especie**	Art	Hay muchas especies en peligro de extinción.
70	el macho	Männchen	El macho de la vaca es el toro.
71	la hembra	Weibchen	La hembra del toro es la vaca.

Wenn es keine eigenen Bezeichnungen für die männlichen und weiblichen Tiere gibt, kann man macho *und* hembra *an den Tiernamen anhängen. Damit wird klar, ob man von einem männlichen oder weiblichen Exemplar spricht:*

la rata **macho**	das Ratten**männchen**
los escorpiones **hembra**	die Skorpion**weibchen**

72	el mamífero	Säugetier	Los delfines y las ballenas son mamíferos.
73	el cuerno	Horn	Los toros tienen cuernos.
74	la pata	Pfote	
75	la cola	Schwanz	Los perros, gatos y caballos tienen cola.
76	la piel	Fell; Haut; Leder	
77	la trampa	Falle	Pusimos una trampa para capturar ratones.
78	capturar a/c	fangen	
79	la jaula	Käfig, Zwinger	▶ caja o casa pequeña para encerrar animales
80	amenazado/-a (estar)	bedroht	▶ en peligro
81	en peligro de extinción (estar)	vom Aussterben bedroht	Muchas ballenas están en peligro de extinción.
82	proteger a/c, a alg	schützen, beschützen	Es importante proteger los animales.
83	adaptarse a a/c	sich anpassen	Las palomas están perfectamente adaptadas a la vida en la ciudad.
84	la diversidad (de)	Vielfalt	La diversidad de especies en la selva es enorme.
85	espantar	verscheuchen	Al perro le gusta espantar las palomas.
86	matar (un animal)	schlachten Tiere	

3.5 Pflanzen

1	la planta	Pflanze	Hay que regar las plantas para que crezcan.
2	plantar	pflanzen, anpflanzen	
3	la vegetación	Vegetation	
4	la flor	Blume; Blüte	El jardinero cuida las flores.
5	florecer (c→zc)	blühen, aufblühen (auch figurativ)	Las rosas florecen en el jardín.
6	regar a/c (e→ie)	gießen Pflanzen; bewässern Felder	▶ echar agua
7	conservar a/c	erhalten	Hay que conservar la selva amazónica.
8	la rosa	Rose	
9	arrancar a/c	herausreißen, jäten Unkraut	▶◀ plantar
10	la raíz (Pl.: raíces)	Wurzel	
11	la lechuga	Salat (nur Gewächs); Salatblatt	Me gusta la ensalada con lechuga y tomate.

12	el **tomate**	Tomate	
13	el trigo	Weizen	
14	el **maíz**	Mais	
15	el maní *lat. am.* (Pl.: *manises*)	Erdnuss	▶▶ el cacahuete
16	la **verdura**	Gemüse	Comer verduras es muy saludable.
17	vegetal (*ser*)	pflanzlich	Esta comida solamente contiene ingredientes vegetales.
18	el tabaco	Tabak; Zigaretten (*als Ware*)	El tabaco daña la salud. En aquella tienda venden tabaco.
19	el jardín botánico	botanischer Garten	▶ un parque con una colección de plantas
20	el **árbol**	Baum	
21	la **rama**	Zweig	
22	el tronco	Stamm	Los chicos grabaron sus nombres en el tronco del árbol.
23	la **fruta**	Obst; Frucht	
24	el **fruto**	Frucht	▶ el producto comestible de las plantas
25	la uva	Weintraube	Las uvas se recogen en otoño.
26	**recoger** a/c	pflücken *Obst*, einholen *Ernte*, ernten	

Lebensraum

4

4.1 Transport

1	el **coche**	Auto, Wagen	Mi padre me lleva en coche.
2	el carro *lat.am.*	Auto	Venimos en carro. ►► el coche
3	**llevar** a alg (a)	mitnehmen	Te puedo llevar en coche, si quieres.
4	**llevar** a/c a alg	bringen	Llévale este libro a tu padre, por favor.
5	**recoger** a/c, a alg	abholen	La madre recoge a los niños del colegio.
6	arrancar (a/c)	starten, anlassen *Motor*	¿Estamos todos? Pues, ¡arrancamos!
7	**conducir*** (a/c, a alg) (c→zc)	fahren; führen	¿Sabes conducir un coche? La guía me condujo al hotel.
8	el permiso de conducir	Führerschein	
9	acelerar	beschleunigen	►◄ frenar
10	adelantar (a alg)	überholen	En esta carretera es peligroso adelantar.
11	el **paso**	Durchfahrt; Überquerung (*Straße, Fluss*)	Aquí está prohibido el paso a camiones.
12	frenar (a/c)	bremsen	►◄ acelerar
13	el freno	Bremse	pisar el freno
14	**parar** (a/c)	anhalten	El tren ha parado. ¡Pare el coche!
15	el aparcamiento	Parkplatz	¡Es imposible encontrar aparcamiento en el centro!
16	el volante	Lenkrad	
17	la **rueda**	Rad, Reifen	
18	el motor	Motor	
19	la marcha	Gang	Nuestro coche tiene cinco marchas.
20	el depósito	Tank	El depósito está medio vacío.
21	la ventanilla	Fenster (*Auto, Zug etc.*)	► ventana de un vehículo, de un avión…
22	el **asiento**	Sitz; Sitzfläche	un coche de cinco asientos
23	el **autobús** (Pl.: *autobuses*)	Bus	Voy en autobús a la escuela.
24	**subir(se)** a a/c	einsteigen	Súbete al coche y te llevo a la escuela. ►◄ bajar de
25	**bajar(se)** de a/c	austeigen	Te bajas del metro en la cuarta estación.
26	perder a/c (e→ie)	verpassen *Bus, Zug usw.*	► no alcanzar a tiempo un medio de transporte
27	el **bus** *fam.*	Bus	►► el autobús

el depósito

el tanque

28	la **parada**	Haltestelle	Me bajo en la próxima parada.
29	el **billete**	Fahrkarte	billete de autobús, billete de tren
30	el vehículo	Fahrzeug	
31	el coche de caballos	Kutsche	Visitamos la ciudad en un coche de caballos.
32	la **bicicleta**	Fahrrad	
33	la **bici** *fam.*	Fahrrad	▶▶ bicicleta
34	el **taxi**	Taxi	ir en taxi, tomar un taxi
35	la **moto** *fam.*	Motorrad	▶▶ motocicleta
36	la motocicleta	Motorrad	
37	el **camión**	Last(kraft)wagen	▶ un vehículo grande para transportar mercancía
38	el **tren**	Zug; Eisenbahn	El AVE es un tren español.
39	el **metro**	U-Bahn	ir en metro, coger el metro
40	**cambiar** de a/c	umsteigen	Cambiamos de metro en la próxima estación.
41	el plano del metro	U-Bahn-Plan	▶ un mapa con las líneas del metro
42	la **estación de metro**	U-Bahn-Station	
43	la **línea**	Linie; U-Bahn-Linie	una línea aérea tomar la línea 10 para ir al centro
44	el tranvía	Straßenbahn	
45	el **horario**	Fahrplan	
46	el ferrocarril	Eisenbahn	
47	la **estación (de trenes)**	Bahnhof	El alcalde inauguró la nueva estación de trenes.
48	la **estación central**	Hauptbahnhof	Este autobús te lleva a la estación central.
49	el túnel	Tunnel	
50	el **barco**	Schiff	Fuimos a Mallorca en barco.
51	el buque	Schiff (*groß*)	Por el Canal de Panamá pasan unos 40 buques al día.
52	el **puerto**	Hafen	En Valencia hay un puerto muy importante.
53	embarcar	an Bord gehen, einsteigen	▶ subir a un barco, a un avión o a un tren
54	navegar (en; hacia)	segeln; mit dem Schiff fahren	navegar en un yate navegar hacia las Islas Canarias
55	el **accidente**	Unfall	Hubo un accidente en la autopista.
56	chocar (contra a/c)	zusammenstoßen; gegen etw fahren	Chocaron dos coches en la autopista. Chocó contra un árbol.
57	el choque	Kollision; Aufprall	un choque entre coches

el tranvía de Sevilla

58	el desastre	Katastrophe (*Unfall*); Desaster (*Chaos*)	un desastre aéreo provocar un desastre ecológico
59	la velocidad	Geschwindigkeit	¡Reduce la velocidad, por favor!
60	el límite de velocidad	Geschwindigkeits-begrenzung	
61	el exceso de velocidad	Geschwindigkeits-überschreitung	Le pusieron una multa por exceso de velocidad.
62	el retraso	Verspätung	Nuestro tren llegó con media hora de retraso.
63	la circulación	Verkehr, Verkehrsaufkommen	Por la mañana, la circulación es intensa.
64	circular	fahren *öffentlicher Verkehr*	Hoy, debido a la huelga, los trenes no circulan.

el metro en Ciudad de México

65	transportar a/c	befördern, transportieren	
66	el transporte	Transport	
67	el tráfico	Verkehr	el tráfico urbano, problemas de tráfico
68	el camino (a)	Weg (nach)	indicar el camino, perderse en el camino
69	la autopista, autovía	Autobahn	

In Spanien gibt es **autopistas** und **autovías**. Der Unterschied ist, dass man auf den **autopistas** eine Maut bezahlen muss, während man die **autovías** gebührenfrei benutzen darf.

70	la carretera (a)	Landstraße (nach)	la carretera a Santiago
71	la curva	Kurve	Tienes que frenar para tomar esta curva.
72	el cruce	Kreuzung	esperar en el cruce, pasar por el cruce
73	el semáforo	Ampel	
74	la señal	Schild (*Verkehrszeichen*)	una señal de tráfico, saltarse una señal de alto
75	el teleférico	Seilbahn	subir a un monte en teleférico
76	el helicóptero	Hubschrauber	Vi aterrizar un helicóptero.
77	el avión	Flugzeug	viajar en avión

el teleférico de Barcelona

4 Lebensraum

4.2 Reisen

1	**viajar**	reisen
2	el **viaje** (a)	Reise
3	el/la **viajero/-a**	Reisende/r
4	**emprender** a/c	unternehmen *Reise etc.*
5	**estar* de viaje**	auf Reisen sein, verreist sein
6	el **turismo**	Tourismus
7	el/la **turista**	Tourist/in
8	**turístico/-a** (*ser*)	touristisch
9	la **ida**	Hinfahrt, Anfahrt
10	la **vuelta**	Rückfahrt
11	la **despedida**	Abschied
12	el **billete de ida y vuelta**	Hin- und Rückfahrtticket
13	la **ruta**	Route, Reiseweg
14	el **destino**	Ziel, Bestimmungsort
15	la **correspondencia** (con)	Anschluss (an)
16	el/la **pasajero/-a**	Passagier
17	**recorrer** un lugar	zurücklegen *Strecke*; ablaufen *Ort*
18	el **atasco**	Stau
19	el **equipaje**	Gepäck
20	la **mochila**	Rucksack
21	la **maleta**	Koffer
22	la **consigna**	Gepäckaufbewahrung
23	la **llegada**	Ankunft
24	**regresar** (a)	zurückkehren
25	la **estancia** (en)	Aufenthalt
26	la **reserva**	Reservierung
27	**reservar** a/c	reservieren; buchen

1 ▶▶ estar de viaje

2 ¡Buen viaje! Hicieron un viaje a Brasil.

3 ▶ persona que está de viaje

4 Emprendimos una expedición por la selva.

6 el turismo de masas

8 Barcelona es una ciudad de interés turístico.

10 Hicimos la vuelta en tren.

GIRONA General Ida
HOSTALRIC Válido:27-FEB-09
Nº TREN TIPO TREN SALIDA LLEGADA CLASE COCHE PLAZA
15812 REGIO 15:32 16:02 -
PRECIO: ✱✱✱2.75€
IVA: ✱✱✱✱0.19€
771LPZ7KJ F.Pago:METÁLICO
renfe

13 ▶ camino que uno sigue para llegar a su destino

14 un tren con destino a Santiago

15 En la estación Puerta del Sol tienes correspondencia con la línea 3.

16 ▶ persona que viaja a bordo de un avión, barco, tren o autobús

17 Recorrimos el camino en quince minutos. Recorrí todo el aeropuerto para buscarte.

18 un atasco de 15 kilómetros en la autopista

20 ¿Qué lleva usted en la mochila?

21 hacer la maleta, llevar algo en la maleta

22 Antes de buscar un hostal, dejamos el equipaje en la consigna.

23 ▶◀ salida

24 ▶▶ volver

25 una estancia de dos semanas en Tenerife

26 Quiero hacer una reserva para tres personas.

4 Lebensraum

28	completo/-a	ausgebucht	El hotel está completo.
29	el hotel	Hotel	hotel de lujo, alojarse en un hotel
30	la recepción	Empfang; Rezeption (*Hotel*)	Pedimos la llave en la recepción.
31	la habitación doble	Doppelzimmer	► una habitación para dos personas
32	la habitación individual	Einzelzimmer	► una habitación para una persona
33	la pensión	Pension	alojarse en una pensión
34	la pensión completa	Vollpension	alojamiento con pensión completa
35	el hostal	einfaches Hotel, Pension	► alojamiento más barato y más sencillo que un hotel
36	el albergue juvenil	Jugendherberge	
37	el camping	Zeltplatz; Camping	Nuestro camping está al lado de la playa.
38	la tienda	Zelt	Dormimos en una tienda en la playa.
39	el apartamento	Ferienwohnung	¡En las vacaciones estuvimos en un apartamento muy guay!

40	el aeropuerto	Flughafen	El aeropuerto de Madrid se llama Barajas.
41	aéreo/-a	Luft-, Flug-	compañía aérea, seguridad aérea
42	el vuelo	Flug	Los niños disfrutaron del vuelo.
43	la aduana	Zoll	pasar por la aduana
44	declarar a/c	verzollen	¿Tiene algo que declarar?
45	exótico/-a (*ser*)	exotisch	►◄ conocido/-a, familiar
46	ajeno/-a (a) (*ser*)	fremd, andersartig	una cultura ajena a la nuestra
47	la agencia de viajes	Reisebüro	
48	hacer* puente	einen Arbeitstag zwischen zwei Feiertagen frei nehmen	**Viapolis** Agencia de Viajes grupo glauka
49	la temporada	Saison	En agosto estamos en temporada alta.

50	la oficina de turismo	Fremdenverkehrsamt	► lugar donde los turistas reciben información
51	el folleto	Broschüre; Prospekt	Aquí tienes un folleto y un plano de la ciudad.
52	gratis	kostenlos, gratis	¡Las visitas son a pie y gratis! Nos lo dio gratis.
53	el/la visitante	Besucher/in	
54	visitar a/c	besichtigen	En Santiago visité la catedral.
55	el monumento	Monument; Sehenswürdigkeit	
56	cerrado/-a por obras	wegen Renovierung geschlossen	El museo está cerrado por obras.

57	por cabeza	pro Kopf	La excursión cuesta 10 euros por cabeza.
58	el patrimonio	Kulturerbe, Erbe	Las muralles de Ávila pertenecen al patrimonio de la humanidad.
59	inolvidable (ser)	unvergesslich	
60	la guía	Reiseführer (Buch)	Antes del viaje leímos muchas guías turísticas.
61	el/la guía	Reiseführer/in (Person)	El guía va con los turistas por la ciudad.
62	guiar a alg (i→í)	führen, leiten	
63	la gira (por)	Rundreise (durch)	Haremos una gira por el Caribe.
64	la expedición (a)	Expedition	una expedición al interior de la selva
65	el/la expedicionario/-a	Expeditionsteilnehmer/in	
66	¡Adiós!	Tschüs!	
67	¡Buen viaje!	Gute Reise!	

Stadtmauer von Ávila

4 Lebensraum

4.3 Stadt und Land

1	el lugar	Ort (allg.)	un lugar en el campo
2	la localidad	Ort (Siedlung)	una pequeña localidad a dos kilómetros de aquí
3	la aldea	Dorf	►► pueblo
4	el pueblo	Dorf	►► aldea
5	el pueblo	Volk	El pueblo de Perú es de origen inca.
6	el/la habitante	Einwohner/in	un pueblo con setecientos habitantes
7	la población	Bevölkerung	► conjunto de personas que viven en un lugar
8	el municipio	Gemeinde	En España hay más de 8000 municipios.
9	municipal	städtisch, Stadt-	la biblioteca municipal, el parque municipal
10	la ciudad	Stadt	En las ciudades hay demasiados coches.
11	el/la ciudadano/-a	Bürger/in	Los ciudadanos de Madrid se llaman ‚madrileños'.
12	los alrededores	Umgebung	Paseamos por los alrededores de la ciudad.
13	la provincia	Provinz	Castellón es una provincia de Valencia.
14	la región	Region	
15	la zona	Gebiet; Zone; Gegend	una zona verde; la única tienda de la zona
16	la capital	Hauptstadt	Buenos Aires es la capital de Argentina.
17	la megalópolis (Pl.: las megalópolis)	Millionenstadt	► ciudad de dimensiones enormes
18	el centro	Zentrum	Hay muchos bares en el centro de la ciudad.
19	céntrico/-a (ser)	zentral	un piso céntrico, una calle céntrica

20	la **plaza**	Platz	Hay un concierto en la plaza de la catedral.
21	la **calle**	Straße	Vivimos en una calle muy tranquila.
22	la acera	Bürgersteig, Gehweg	Los peatones caminan por la acera.
23	la **esquina**	Ecke (*nur äußere*)	
24	el **rincón**	Ecke (*nur innere*); Ort	estar sentado en el rincón un rincón olvidado en la montaña
25	el paso de cebra	Zebrastreifen	
26	el/la peatón/peatona	Fußgänger/in	▶ persona que va a pie
27	la avenida	Allee	▶ una gran calle en las ciudades
28	la manzana	Häuserblock	Mi escuela está a tres manzanas de aquí.
29	el **parque**	Park	pasear por el parque
30	el **banco**	Bank (*zum Sitzen*)	Nos sentamos en un banco en la plaza.
31	el espacio verde	Grünfläche	El ayuntamiento crea nuevos espacios verdes.
32	el cementerio	Friedhof	▶ el lugar donde están enterrados los muertos
33	el **barrio**	Stadtviertel	En mi barrio hay muchas tiendas.
34	el canal	Kanal; Fahrrinne	▶ un río artificial
35	el **puente**	Brücke	Encima del río hay un puente.
36	la arquitectura	Architektur	
37	el **edificio**	Gebäude	La Torre Picasso es el edificio más alto de Madrid.
38	derribar a/c	abreißen *Gebäude*	▶◀ construir
39	el castillo	Schloss; Burg	El Alcázar es un castillo árabe.
40	la fortaleza	Festung, Burg	
41	el **muro**	Mauer	
42	la muralla	Stadtmauer	▶ muro defensivo alrededor de una ciudad
43	el palacio	Palast	
44	la **torre**	Turm	Tienes una vista preciosa desde la torre de la catedral.
45	la cúpula	Kuppel	
46	el **acceso** (a)	Zugang (*auch rechtlich*); Zufahrt	tener acceso a informaciones un acceso al castillo
47	la **finca**	Bauernhof; Plantage	
48	el pozo	Brunnen; Quelle	extraer agua del pozo un pozo de petróleo
49	el aire acondicionado	Klimaanlage	El metro en Valencia tiene aire acondicionado.

el rincón

la esquina

50	el **paisaje**	Landschaft	en medio de un paisaje romántico
51	el **campo**	Feld; Land (*i. Ggs. zur Stadt*)	campo de maíz vivir en el campo
52	el **bosque**	Wald	Este parque casi es un bosque.
53	la **tierra**	Erde; Land	el centro de la tierra; tierra fértil
54	la **arena**	Sand	una playa de arena blanca
55	la **playa**	Strand	
56	el **lago**	See	
57	la **orilla**	Ufer; Rand (*Straße, Weg*)	
58	la **ola**	Welle (*Wasser*)	
59	**fluir** (por) (i→y)	fließen (durch) *Flüssigkeiten; Verkehr*	

una playa en Cancún, México

60	la **elevación**	Erhebung, Anhebung	La ciudad está situada en una elevación en la costa.
61	el **eco**	Echo	
62	el **desierto**	Einöde	▶ terreno con poca actividad humana
63	**desierto/-a** (*estar*)	menschenleer	En agosto, Madrid está desierta.
64	**poblado/-a** (*estar*)	bevölkert	▶◀ abandonado/-a
65	**poblar** a/c (o→ue)	bevölkern	
66	el **panorama**	Panorama	
67	el **cielo**	Himmel	
68	**vecino/-a**	benachbart	Vivo en un pueblo vecino.
69	**situado/-a** (en) (*estar*)	gelegen	un pueblo situado en la costa
70	el **caos**	Chaos	A las 6.00 h la ciudad se convierte en un caos.
71	**iluminar** a/c	beleuchten	▶ dar luz a algo
72	**extinguir** a/c	löschen (*Feuer*)	Los bomberos extinguieron el incendio.
73	**urbano/-a**	städtisch; Stadt-	un problema urbano; el centro urbano
74	**rural**	ländlich; Land-	una zona rural; la población rural
75	**tradicional** (*ser*)	traditionell	Las Fallas son una fiesta tradicional.
76	**explorar** a/c	erforschen *Gegend*	

4.4 Wohnen

1	la **casa**	Haus; Zuhause	La casa de mis sueños tiene un jardín.
2	el **piso**	Wohnung; Stockwerk	Vive en un pequeño piso. Vive en el sexto piso.

3	el domicilio	Wohnsitz	una persona sin domicilio fijo
4	a casa	nach Hause	Me voy a casa.
5	la cabaña	Hütte	▸ una construcción de madera en el campo
6	la vivienda	Wohnung; Wohnsitz	Tienen una vivienda céntrica.
7	la planta	Stockwerk	
8	accesible	zugänglich	▸ adonde se puede acceder
9	construir a/c (i→y)	bauen	Calatrava construye edificios muy modernos.
10	la construcción	Bau; Bauwesen; Konstruktion	la construcción de la Torre Mayor; trabajar en la construcción; una construcción de acero
11	el cuarto	Zimmer	el cuarto de baño, limpiar el cuarto
12	la habitación	Zimmer	▸▸ cuarto
13	el salón	Wohnzimmer	▸ habitación principal de una vivienda
14	el dormitorio	Schlafzimmer	▸ la habitación para dormir
15	la cocina	Küche	▸ la habitación donde se prepara la comida
16	el baño	Bad(ezimmer)	El baño está ocupado.
17	el servicio	Toilette	El servicio está ocupado.
18	ocupado/-a (estar)	besetzt	
19	el sótano	Keller	bajar al sótano, guardar algo en el sótano
20	la sala	Saal; Wohnzimmer	una sala de fiestas; cenar en la sala
21	el pasillo	Flur, Gang	Los servicios están al final del pasillo.
22	la escalera	Treppe; Leiter	subir/bajar la escalera
23	la entrada	Eingang	▸◂ salida
24	la salida	Ausgang	
25	la puerta	Tür	abrir/cerrar la puerta, la puerta de atrás
26	el ascensor	Fahrstuhl	El ascensor está fuera de servicio.
27	la ventana	Fenster	abrir/cerrar la ventana
28	la pared	Wand	colgar un póster en la pared
29	la columna	Säule	esconderse tras una columna
30	el pilar	Pfeiler	
31	el suelo	Boden	caer al suelo, recoger algo del suelo
32	el tejado	Dach	
33	el techo	Zimmerdecke; Dach	
34	la fachada	Fassade	▸ el exterior de un edificio
35	el balcón	Balkon	
36	la terraza	Terrasse; Dachterrasse	comer en la terraza; subir a la terraza

| 37 | el **patio** | Innenhof, Hof | |
| 38 | el **jardín** (Pl.: *jardines*) | Garten | Los chicos juegan en el jardín. |

39	la **tarea doméstica**	Hausarbeit	Bajar la basura es una tarea doméstica.
40	**doméstico/-a**	häuslich, Haus-	animales domésticos, la violencia doméstica
41	**fregar** (a/c) (e→ie)	abwaschen *Geschirr*	Yo preparo la cena, pero tú friegas los platos.
42	**recoger** a/c (de un lugar)	wegräumen aufheben	Recoge tus cosas. Recogió el billete del suelo.
43	la **limpieza**	Sauberkeit; Säuberung	productos de limpieza
44	**limpio/-a**	sauber; reinlich *Personen*	La casa está limpia. Es un chico muy limpio.
45	**sucio/-a** (*estar*)	schmutzig	►◄ limpio/-a
46	**ensuciar** a/c	verschmutzen	►◄ limpiar
47	**limpiar** (a/c)	putzen, säubern	Tengo que limpiar mi habitación.
48	el **polvo**	Staub	
49	**barrer**	fegen	► limpiar el suelo con una escoba
50	**lavar** a/c	waschen	No quiero repartir publicidad o lavar coches.
51	**secar** a/c	trocknen	► quitar el agua
52	la **basura**	Müll	bajar la basura, tirar algo a la basura
53	**desechar** a/c	wegwerfen *Müll*	►► echar
54	la **porquería** *fam.*	Schweinerei; Dreck	
55	el **desorden**	Unordnung	
56	**ordenar** a/c	ordnen	
57	**guardar** a/c (en)	aufbewahren	Guarda esto en un lugar seguro.
58	el **hogar**	Heim, Zuhause	► lugar donde uno vive y se siente en casa
59	**decorar** a/c	schmücken	El 1. de noviembre, los mexicanos decoran los cementerios.
60	el **póster**	Poster	pegar un póster en la pared
61	**cocinar** (a/c)	kochen	► preparar la comida
62	**coser** a/c	nähen	

63	**gastar** a/c	verbrauchen	Se gasta mucho aceite haciendo una tortilla.
64	el **alquiler**	Miete	El alquiler de este piso es muy caro.
65	**alquilar** a/c	mieten	alquilar un piso, alquilar un coche
66	el **consumo** (de)	Verbrauch *Strom, Benzin*	Hay que reducir el consumo de agua.
67	la **luz** (Pl.: *luces*)	Licht; Strom	apagar/encender la luz la factura de la luz

68	encendido/-a (*estar*)	angeschaltet	con la luz encendida
69	la iluminación	Beleuchtung	
70	luminoso/-a (*ser*)	hell	La cocina es el cuarto más luminoso del piso.
71	el corte de luz	Stromausfall	La central eléctrica anunció un corte de luz.
72	el timbre	Klingel; Klingelton	
73	tocar el timbre	klingeln (*an der Haustür*)	Toca el timbre para que nos abran la puerta.
74	habitar (en)	wohnen; leben in	▶▶ vivir en
75	mudarse	umziehen	▶ ir a vivir a otro sitio
76	juntarse (con alg)	zusammenziehen	Se ha juntado con su novia.
77	quedarse con a/c	behalten	Quédate con el libro, ya lo he leído.
78	cerrar con llave (e→ie)	abschließen	La puerta está cerrada con llave.
79	el terreno	Grundstück; Gebiet	
80	amplio/-a	geräumig, weit, breit	▶▶ ancho/-a
81	práctico/-a (*ser*)	praktisch	Es práctico vivir cerca de la estación.
82	el/la vecino/-a	Nachbar/in	▶ la persona que vive al lado
83	vivir	wohnen	Vivimos en una casa cerca de la ciudad.

4.5 Möbel

1	el mueble	Möbelstück	Mi mueble favorito es la cama.
2	la cama	Bett	irse a la cama
3	hacer* la cama	das Bett machen	Por las mañanas me levanto y hago la cama.
4	irse* a la cama	schlafen gehen	
5	acostarse (o→ue)	ins Bett gehen	▶◀ levantarse
6	el colchón	Matratze	Me duele la espalda porque el colchón es muy duro.
7	la mesa	Tisch	Nuria pone la mesa para cenar.
8	poner* la mesa	den Tisch decken	▶ preparar la mesa
9	el escritorio	Schreibtisch	
10	el armario	Schrank	
11	el sillón	Sessel	
12	cómodo/-a	bequem	Los vaqueros son cómodos.
13	incómodo/-a	unbequem	
14	la silla	Stuhl	

| 15 | la **estantería** | Regal | ▸ mueble donde se colocan libros, discos y otros objetos de tamaño comparable |
| 16 | el espejo | Spiegel | mirarse en el espejo |

17	la alfombra	Teppich	la alfombra roja
18	la cortina	Gardine, Vorhang	retirar la cortina, cerrar la cortina
19	la almohada	Kopfkissen	
20	la sábana	Bettlaken; Bettdecke	
21	la chimenea	Kamin; Schornstein	
22	la cocina	Herd	cocina eléctrica, cocina de gas
23	el horno	Ofen, Backofen	
24	el **microondas** (Pl.: *los microondas*)	Mikrowelle	▸ horno para calentar rápidamente los alimentos
25	la **lavadora**	Waschmaschine	▸ máquina para lavar la ropa
26	el lavaplatos	Spülmaschine	▸ máquina para fregar
27	la **lámpara**	Lampe	▸ objeto que da luz

4.6 Materialien

1	el **material**	Material	
2	el **metal**	Metall	
3	el acero	Stahl	un puente de acero
4	**duro/-a** (*ser*)	hart	▸◂ blando/-a
5	sólido/-a (*ser*)	fest, solide	una base sólida, una construcción sólida
6	el **hierro**	Eisen	
7	el cobre	Kupfer	Las monedas de cinco céntimos son de cobre.
8	el plomo	Blei	
9	el hormigón	Beton	
10	el cemento	Zement	
11	la piedra	Stein	lanzar una piedra, una estatua de piedra
12	el ladrillo	Ziegelstein; Bauindustrie (*übertragen*)	un muro de ladrillo la crisis del ladrillo
13	la madera	Holz	
14	la espuma	Schaum	
15	el vidrio	Glas	Los vasos son de vidrio.
16	el cristal	Glas; Kristall	El vaso es de cristal. Contiene cristales de sal.

obras de la Sagrada Familia, Barcelona

17	frágil	zerbrechlich	▶ que se rompe fácilmente
18	la cera	Wachs	▶ el material de las velas
19	caliente (estar)	heiß	Ten cuidado, el plato está caliente.
20	el carbón	Kohle	
21	la ceniza	Asche	Con el incendio todo se convirtió en cenizas.
22	la materia	Materie	
23	la materia prima	Rohstoff; Grundstoffe	La materia prima de la gasolina es el petróleo.
24	el petróleo	Erdöl	Venezuela exporta mucho petróleo.
25	la gasolina	Benzin	
26	el gas	Gas	
27	la sustancia	Substanz	
28	el líquido	Flüssigkeit	
29	líquido/-a	flüssig	El agua es líquida.
30	el agua w	Wasser	No hay vida sin agua.
31	el barro	Schlamm; Ton	▶ una mezcla de tierra y agua
32	el oxígeno	Sauerstoff	
33	el plástico	Kunststoff, Plastik	una bolsa de plástico
34	el ácido	Säure	
35	endurecer (c→zc)	hart werden	El pan se endureció.
36	la corteza	Schale (Obst); Schwarte (Fleisch)	quitar la corteza
37	el cuero	Leder	una chaqueta de cuero
38	la goma	Gummi; Gummiband	
39	el algodón	Baumwolle	
40	la lana	Wolle	
41	el cartón	Pappe	una caja de cartón
42	el tejido	Stoff; Gewebe	
43	la tela	Stoff	▶▶ tejido
44	el papel	Papier	En la ciudad hay contenedores especiales para tirar el papel.
45	los desperdicios	Reste; Abfall	desperdicios reciclables
46	recliclable (ser)	wiederverwertbar	▶ lo que puede volver a usarse
47	el oro	Gold	un anillo de oro
48	la plata	Silber	

49	el **bronce**	Bronze; Bronzestatue	
50	la **cualidad**	Eigenschaft	Ser líquida es una cualidad del agua.
51	la **pureza**	Reinheit	
52	**material** (*ser*)	materiell	el valor material de algo, bienes no materiales
53	el **diamante**	Diamant	un anillo de diamantes
54	el **mármol**	Marmor	
55	la **seda**	Seide	un vestido de seda
56	**tierno/-a**	weich; zart (*Fleisch*)	▶◀ duro/-a

4.7 Gegenstände

1	el **vaso**	Glas	¿Me das un vaso de agua, por favor?
2	la **taza**	Tasse	¿Te apetece tomar una taza de té?
3	la **copa**	Weinglas, Sektglas	Se han roto nuestras copas.
4	la **caja**	Kiste; Karton; Schachtel	una caja de metal; una caja de bombones
5	el **recipiente**	Behälter	¿Tienes algún recipiente para la leche?
6	la **tapa**	Deckel; Verschluss	
7	la **etiqueta**	Etikett	– ¿Esta bebida contiene alcohol? – A ver lo que dice la etiqueta.
8	el **contenido**	Inhalt	el contenido de una caja
9	la **pila**	Becken; Batterie	La pila está llena de platos sucios. No funciona, tenemos que recargar las pilas.
10	la **toalla**	Handtuch	secarse las manos con una toalla
11	el **fósforo**	Streichholz; Phosphor	una caja de fósforos
12	la **balanza**	Waage	▶ un instrumento para pesar
13	la **bandeja**	Tablett	poner vasos en la bandeja
14	el **cuchillo**	Messer	cortar con un cuchillo, un cuchillo de cocina
15	el **plato**	Teller	
16	el **sartén** (Pl.: *sartenes*)	Pfanne	freír patatas en el sartén

17	la **herramienta**	Werkzeug	una caja de herramientas
18	el **martillo**	Hammer	▶ herramienta para poner clavos en la pared
19	el **hacha** *w*	Axt	
20	el **palo**	Stock	el martillo
21	la **barra**	Stange	el hacha

22	la **aguja**	Nadel	
23	la navaja	Taschenmesser	Se cortó con su navaja.
24	la **tijera**	Schere	
25	la **cuerda**	Schnur	atar algo con una cuerda
26	estropear a/c	kaputt machen	►► destruir a/c
27	ligero/-a (ser)	leicht *Gewicht; Essen*	
28	la **llave**	Schlüssel	Necesitas la llave para abrir la puerta.
29	la escoba	Besen	barrer con la escoba
30	el abanico	Fächer	
31	**fijo/-a**	fest	► que no puede ser movido
32	la **manta**	Decke	cubrirse con la manta
33	**conservar** a/c	aufbewahren; erhalten	conservar en la nevera; conservar la cultura
34	apoyar a/c (en a/c)	anlehnen	apoyar la bicicleta en la pared
35	agitar a/c	schütteln	Agitar antes de usar.
36	la **vela**	Kerze	
37	**corto/-a** (ser)	kurz	►◄ largo/-a
38	encender a/c (e→ie)	anschalten; anzünden	►◄ apagar
39	apagar a/c	ausschalten	apagar la luz, la música, el ordenador ►◄ encender
40	conectar a/c	anschließen	
41	la batería	Batterie	►► pila
42	el **despertador**	Wecker	He puesto el despertador a las nueve.

Mensch

5

5.1 Leben allgemein

1	la **identidad**	Identität	Es importante tener una identidad europea.
2	el **nombre**	Name, Vorname	¿Cuál es tu nombre?

In den spanischsprachigen Ländern hat man in der Regel zwei Nachnamen.
Die Kinder erhalten den jeweils ersten Nachnamen ihrer Eltern. Auf diese Weise haben in einer Familie nur die Geschwister dieselben Nachnamen.

3	el **apellido**	Nachname	Mis apellidos son González Rodríguez.
4	**llamarse**	heißen	¡Hola! Me llamo Felipe. Y tú, ¿cómo te llamas?
5	el **sexo**	Geschlecht	
6	**masculino/-a**	männlich; Männer-	un cuerpo masculino; moda masculina
7	**femenino/-a**	weiblich; Frauen-	►◄ masculino/-a
8	el **hombre**	Mensch (*allgemein*); Mann	El hombre es mortal. Los hombres no pueden quedar embarazados.
9	la **mujer**	Frau	
10	la **persona**	Person	►► el ser humano
11	el **señor**	Herr	Se comporta siempre como un señor.
12	la **señora**	Frau; Dame	

Vor señor, señora *und* señorita *steht im Spanischen der bestimmte Artikel:*

¡Póngame con **la señora Castro**, por favor!	Verbinden Sie mich bitte mit **Frau Castro**.
¿Ya le hablaste **al señor Gómez**?	Hast du schon mit **Herrn Gómez** gesprochen?
Busco a **la señorita Hernández**.	Ich suche **Fräulein Hernández**.

Bei der direkten Ansprache fällt der Artikel weg:

Buenas tardes, **señora Castro**.	Guten Abend, **Frau Castro**.
Perdone, **señor Gómez**. Debo decirle algo.	Entschuldigung, **Herr Gómez**. Ich muss Ihnen etwas sagen.
¡Por fín la encuentro, **señorita Hernández**!	Endlich finde ich Sie, **Fräulein Hernández**.

Im Gegensatz zum deutschen Fräulein *ist die Anrede* señorita *für eine junge Frau im spanischen Sprachraum durchaus gebräuchlich.*

14	el caballero	Edelmann	un pacto entre caballeros
15	**don/doña**	Höflichkeitsanrede vor dem Vornamen einer Person, die man siezt	¡Buenos días don Benito y doña Lucía! ¿Qué tal están ustedes?
16	el/la noble	Adelige/r	▶ un miembro de la nobleza

17	el **origen** (Pl.: orígenes)	Ursprung; Herkunft (örtlich, sozial); Anfang	el origen de la vida; vino de origen francés; el origen de una enfermedad
18	procedente de	aus ... stammend	procedente de América, procedente de una familia conocida
19	la raza	Rasse	
20	la nacionalidad	Staatsangehörigkeit	Tiene la nacionalidad chilena.
21	el/la compatriota	Landsmann	▶ una persona del mismo país
22	la fecha de nacimiento	Geburtsdatum	
23	la **dirección**	Adresse	Quise escribirte una postal, pero no sabía tu dirección.
24	el individuo	Individuum	
25	individual	individuell; für eine Person	su carácter individual una habitación individual
26	soltero/-a	ledig	▶ que no está casado
27	anónimo/-a	anonym	
28	quedar embarazada	schwanger werden	
29	embarazada (estar)	schwanger	
30	embarazada de ... meses (estar)	im ... Monat schwanger	Está embarazada de cinco meses pero casi no tiene barriga.
31	parir a alg	gebären, zur Welt bringen	
32	**nacer** (c→zc)	geboren werden	Nací en Buenos Aires pero soy española.
33	el nacimiento	Geburt	▶ el momento cuando un ser vivo nace
34	**crecer** (c→zc)	wachsen	Es posible que crezca más.
35	reproducirse (c→zc)	sich fortpflanzen	

36	**vivir**	leben; wohnen	Su abuelo ya no vive. ¿Dónde vives?
37	la **vida**	Leben	llevar una vida tranquila, salvarle la vida a alguien
38	**sobrevivir** a a/c, a alg	überleben	El conductor sobrevivió al accidente. Mi abuelo nos sobrevivirá a todos nosotros.
39	**vivo/-a** (*estar*)	lebendig, am Leben	La madre de mi abuela, o sea mi bisabuela, aún está viva.
40	desaparecido/-a (*estar*)	vermisst	
41	**muerto/-a** (*estar*)	tot	►◄ vivo/-a
42	mortal (*ser*)	sterblich	Todos somos mortales. Entierran sus restos mortales.
43	**morir** (de a/c) (o→ue/u)	sterben (an)	Muchos murieron trágicamente en esta guerra. Su abuelo murió de cáncer.
44	fallecer *förmlich* (c→zc)	ableben, versterben	►► morir
45	la **muerte**	Tod	►◄ vida
46	el suicidio	Selbstmord	cometer suicidio, un intento de suicidio
47	la mala racha	Pechsträhne	tener una mala racha
48	la lágrima	Träne	No pudo contener las lágrimas y empezó a llorar.
49	la pesadilla	Alptraum	► un sueño horrible
50	el **rollo** *fam.*	Ärger, Mist, Schwierigkeit	Me levanto a las 7.00 h y ya empieza el rollo.
51	Es un rollo.	Das ist echt nervig.	Primero la escuela, después los deberes... Es un rollo.
52	sonreír (a alg) *wie reír*	lächeln, anlächeln	► lanzarle una sonrisa a alguien
53	la sonrisa	Lächeln	
54	**reír(se)***	lachen	►◄ llorar
55	**reírse*** (de a/c, de alg)	lachen über	No te rías de los errores de los demás.
56	la risa	Lachen	Tienes una risa preciosa. No me explico su ataque de risa.
57	el ser humano	Mensch, menschliches Lebewesen	►► persona
58	el/la virgen	Jungfrau	► persona que no ha tenido relaciones sexuales en su vida
59	**despertar** a alg (e→ie)	aufwecken	No grites y no despiertes a tu padre.
60	**despertarse** (e→ie)	aufwachen	No me desperté antes de las diez.
61	despierto/-a (*estar*)	wach	► que no está durmiendo
62	**dormir** (o→ue/u)	schlafen	Maite siempre duerme en clase.

63	**dormirse** (o→ue/u)	einschlafen	►◄ despertarse
64	**soñar** (con a/c, con alg) (o→ue)	träumen von	Anoche soñé contigo. Maite sueña con vivir en la capital.
65	el **sueño**	Traum; Schlaf; Müdigkeit	realizar un sueño; tener un sueño profundo; morirse de sueño
66	**respirar**	atmen	
67	**reaccionar** (a a/c con a/c)	reagieren	¿Tú en mi lugar, cómo reaccionarías a esta pregunta?
68	**pasar** a alg	passieren	Estás llorando, ¿qué te ha pasado?
69	**cuidar** (de) alg	aufpassen; pflegen	Cuida (de) sus hijos.
70	**buscarse la vida**	sich durchschlagen	► ganar el dinero para vivir
71	la **humanidad**	Menschheit	
72	**humano/-a**	menschlich	el cuerpo humano, un fallo humano
73	**sobresalir** (entre) *wie salir*	herausragen	Esta chica sobresale entre sus compañeros por su inteligencia.
74	**gritar** (a/c; a alg)	schreien; anschreien	¡No grites tanto! ¡No me grites, por favor!

5.2 Lebensalter

1	la **niñez**	Kindheit	► período de vida entre el nacimiento y la juventud
2	el **bebé**	Baby	
3	el/la **niño/-a**	Kind; Junge/Mädchen	Había un niño llorando en la puerta del colegio.
4	**pequeño/-a** (*ser*)	klein	Su hermana pequeña se llama Pati. ►◄ mayor
5	**menor** (*ser*)	jünger; klein *Geschwister*	Mi hermana es menor que yo. ¿Tienes hermanos menores?
6	el/la **menor**	der Jüngste/die Jüngste	► el/la que menos años tiene
7	**menor de edad** (*ser*)	minderjährig	Está prohibido vender alcohol a menores de edad.
8	la **edad**	Alter	Mi abuela murió a la edad de 89 años.
9	**infantil**	kindlich, Kinder-	comportamiento infantil, juguetes infantiles, un libro infantil
10	el **crío**	Säugling; kleines Kind (*auch ironisch*)	dar de comer al crío; Te comportas como un crío.
11	**criarse** (i→í)	aufwachsen	Nací en Bilbao pero me crié en Sevilla.
12	el/la **chico/-a**	Junge/Mädchen	

13	el/la muchacho/-a	Junge/Mädchen	▶▶ chico/-a
14	el/la huérfano/-a	Waisenkind	▶ un niño sin padres
15	adoptar a alg	adoptieren	
16	el/la joven (Pl.: *jóvenes*)	Jugendliche/r	
17	la juventud	Jugend	▶◀ la vejez
18	juvenil	jugendlich, Jugend-	un club juvenil, un movimiento juvenil, un albergue juvenil
19	mayor (*ser*)	groß *Alter*; älter *Geschwister*	Cuando sea mayor, quiero ser médico. Mi hermano mayor vive con su novia.
20	mayor de edad (*ser*)	volljährig	Cuando tengas 18 años serás mayor de edad.
21	adulto/-a	erwachsen	– ¿Cuándo somos adultos? – A los 18 años. ▶▶ mayor de edad
22	maduro/-a (*estar*)	reif	
23	la alianza	Ehering	▶ un anillo de boda
24	el/la esposo/-a	Ehefrau	Frida Kahlo es la esposa de Diego Rivera.
25	el cumpleaños (Pl.: *los cumpleaños*)	Geburtstag	¡Feliz cumpleaños!
26	cumplir ... años	... Jahre alt werden	La semana que viene cumplirá 18 años.
27	tener* ... años	... Jahre alt sein	Tengo 17 años. ¿Cuántos años tienes?
28	viejo/-a (*ser*)	alt; langjährig	Mi abuela es muy vieja. Siempre veraneamos en casa de una vieja amiga.
29	la vejez	Alter, Lebensabend	Mi abuela tiene una vejez feliz.
30	el/la anciano/-a	alter Mensch, Greis/in	▶ que tiene muchos años
31	heredar a/c (de alg)	erben	Heredó una fortuna de sus abuelos.
32	la herencia	Erbschaft; Erbe (das)	luchar por la herencia familiar la herencia histórica de una nación
33	el/la heredero/-a (de)	Erbe/-in	▶ persona que recibe la herencia
34	el ataúd	Sarg	
35	el cadáver	Leiche, Leichnam; Kadaver (*Tier*)	▶ cuerpo humano (o de un animal) sin vida
36	el entierro	Begräbnis	
37	el/la familiar	Familienangehörige/r	▶ alguien de la misma familia
38	la tumba	Grab	una tumba familiar, poner flores en la tumba
39	la viuda	Witwe	▶ mujer cuyo marido está muerto

5.3 Körper

1 el **cuerpo**	Körper	el cuerpo humano, un cuerpo sano, un cuerpo sin vida
2 corporal	körperlich; Körper-	daños corporales; el peso corporal
3 la **cabeza**	Kopf	Me duele la cabeza.
4 el coco *fam.*	Schädel, Birne (*umgangssprachlich*)	▶ una palabra coloquial para ‚cabeza'
5 la calavera	Totenkopf	
6 el **pelo**	Haar, Haare	
7 el **cerebro**	Gehirn	
8 la materia gris *fam.*	graue Zellen (*Hirn*)	▶▶ cerebro
9 la frente	Stirn	El pelo le cubre toda la frente y casi no se le ve la cara.
10 la **cara**	Gesicht	
11 la ceja	Augenbraue	▶ el pelo encima de los ojos
12 el **ojo**	Auge	¡Abre los ojos! Me mira con ojos tristes.
13 la **oreja**	Ohr	
14 la **nariz** (Pl.: *narices*)	Nase	▶ el órgano con el que percibimos olores
15 la mejilla	Wange	un beso en la mejilla
16 la barba	Bart	cortarse la barba
17 el labio	Lippe	
18 la **boca**	Mund	No se come con la boca abierta.
19 el **diente**	Zahn	Se le cayó un diente a la niña.
20 la **lengua**	Zunge	▶ órgano dentro de la boca con el que percibimos sabores

> *Im Spanischen meist im Singular:*
>
> „Tiene **el pelo rubio**." –
> „Er/Sie hat **blonde Haare**."

5 Mensch

Bei der näheren Beschreibung von Körperteilen setzt man – anders als im Deutschen – den bestimmten Artikel:

Tengo **los ojos azules**.	Ich habe blaue Augen.
Ambos tienen **el pelo rubio**.	Beide haben blonde Haare.
¿Tienes **las manos limpias**?	Hast du saubere Hände?
Belén tiene **la piel morena**.	Belén hat dunkle Haut.
Tiene **los dientes blanquísimos**.	Er hat strahlend weiße Zähne.
Tengo **la nariz tapada**.	Ich habe eine verstopfte Nase.

21 el **cuello**	Hals; Kragen (*Hemd, Mantel usw.*)	Me duele el cuello. Tienes una mancha en el cuello.

22	el **miembro**	Körperteil	▶ parte del cuerpo
23	el esqueleto	Skelett	▶ conjunto de huesos de un ser vivo
24	el **hueso**	Knochen	
25	el hombro	Schulter	llevar algo sobre los hombros
26	el **brazo**	Arm	
27	el codo	Ellenbogen	
28	la **espalda**	Rücken	Me duele la espalda.
29	el **pecho**	Brust	
30	la **mano**	Hand	
31	el **dedo**	Finger	
32	el puño	Faust	un golpe de puño
33	la uña	Fingernagel; Fußnagel	cortarse las uñas
34	la muñeca	Handgelenk	
35	el trasero *fam.*	Hintern, Po	
36	la **pierna**	Bein	Se ha roto la pierna.
37	la **rodilla**	Knie	
38	el **pie**	Fuß	

corazón
índice anular
meñique
pulgar

la rodilla

39	el órgano	Organ	▶ parte del cuerpo que tiene una función específica, como el corazón, el hígado etc.
40	el **corazón**	Herz	tener problemas de corazón
41	el hígado	Leber	Demasiado alcohol daña el hígado.
42	el pulmón	Lunge	

Im Spanischen meist im Plural:

"Le llegó agua a **los pulmones**." „Er/Sie hat Wasser in **die Lunge** bekommen."

"El tabaco daña **los pulmones**" „Rauchen ist schädlich für **die Lunge**."

43	el estómago	Magen	
44	el ombligo	Bauchnabel	
45	la **piel**	Haut	
46	el músculo	Muskel	
47	el nervio	Nerv (*auch übertragen*)	Aunque estés estresado, ¡no pierdas los nervios!
48	la **sangre**	Blut	una gota de sangre, quitarle sangre a alguien para un análisis
49	el aliento	Atem	Cuando he corrido mucho, me falta el aliento.

50	bostezar	gähnen	
51	el consumo (de)	Konsum, Genuss von *Lebensmittel; auch Zigaretten, Drogen usw.*	El consumo de pescado es muy saludable.
52	la mierda *vulg*	Scheiße, Kacke	
53	la voz (Pl.: *voces*)	Stimme	
54	la constitución	Verfassung *körperlich, geistig,* Zustand	Tiene una constitución muy fuerte.
55	discapacitado/-a	behindert	
56	fuerte (*ser*)	stark, kräftig	►◄ débil
57	fortalecer a/c, a alg (c→zc)	stärken	► hacer más fuerte
58	pesado/-a (*ser*)	schwer (*Gewicht*); schwerfällig (*Bewegung*); tief *Schlaf*	
59	pesar a/c; +*Mengenangabe*	wiegen	La enfermera pesó al bebé. ¿Cuánto pesas?
60	el michelín *fam.* (Pl.: *michelines*)	Speckrolle (*Bauch*)	
61	engordar	zunehmen, dicker werden	► ponerse gordo
62	el vicio	Laster; Sucht	Fumar es un vicio.
63	fumar (a/c)	rauchen	Fumar perjudica gravemente la salud.
64	sentar bien/mal a alg (e→ie)	gut/schlecht bekommen	No bebo alcohol porque me sienta mal.
65	sentirse (e→ie/i)	sich fühlen	¿Cómo te sientes? Me siento muy bien.
66	agotado/-a (*estar*)	erschöpft	Tras un partido de fútbol, estoy agotadísimo.
67	¡Estoy hecho polvo!	Ich bin ganz kaputt!	Ayer corrí una maratón. ¡Estoy hecho polvo!
68	el exterior	das Äußere	No califiques a las personas por su exterior.
69	desnudo/-a (*estar*)	nackt	► sin ropa
70	la lesión	Verletzung	sufrir una lesión, curarse de una lesión
71	matar a/c	stillen *Hunger;* löschen *Durst*	matar el hambre matar la sed
72	la patada	Tritt	darle una patada a alguien

5.4 Gesundheit und Medizin

1	la salud	Gesundheit	Mi abuelo goza de buena salud. Fumar es peligroso para la salud.
2	sano/-a	gesund (*nicht krank*)	►◄ enfermo/-a

3	saludable (para) (*ser*)	gesund (*gesundheitsfördernd*)	◄ perjudicial
4	la **medicina**	Medizin	
5	el medicamento	Medikament	un medicamento eficaz que surte efecto rápidamente
6	tolerar a/c	vertragen *Lebensmittel; Medikamente*	No tolero el café.
7	la dosis (Pl.: *las dosis*)	Dosis	► la cantidad de un medicamento
8	el veneno	Gift	► sustancia que ocasiona daños al cuerpo humano
9	el **efecto**	Wirkung, Effekt	Este medicamento tiene buen efecto.
10	la crema	Creme (*Kosmetik; Essen*); Schuhcreme	El médico me preparó una crema contra los granos.
11	aplicar a/c	anwenden; auftragen (*Creme*)	
12	prevenir a/c *wie venir*	vorbeugen	prevenir una enfermedad
13	descuidar (a/c)	vernachlässigen	No descuides tu salud.
14	**evitar** a/c	vermeiden	El médico me dijo que evitara exponerme al sol demasiado.
15	la precaución	Vorsicht	una medida de precaución
16	el reposo	Ruhe, Erholung	La psicóloga le aconsejó que guardara reposo absoluto.
17	la **clínica**	Klinik	
18	examinar a alg	untersuchen	
19	el remedio	Heilmittel	¿Tiene un remedio contra los dolores de cabeza?
20	aliviar a/c, a alg	erleichtern; lindern *Schmerzen*	► hacer una cosa menos desagradable
21	la pastilla	Tablette	tomar pastillas, una caja de pastillas
22	el tratamiento	Behandlung	Esta enfermedad requiere un tratamiento médico.
23	la revisión	Untersuchung	una revisión médica
24	**salvar** a/c, a alg	retten	Los médicos salvaron la vida del herido.
25	curar (a/c, a alg)	heilen; genesen	
26	superar a/c	überwinden *Krankheit; Hindernisse; Gefühle*	►► vencer
27	recuperarse	sich erholen, genesen	

28	la enfermedad	Krankheit	una enfermedad contagiosa, una enfermedad leve, una enfermedad incurable
29	enfermo/-a (estar)	krank	►◄ sano/-a
30	enfermar	krank werden	► ponerse enfermo
31	no estar* muy católico/-a fam.	nicht ganz auf dem Damm sein	Luisa no viene, hoy no está muy católica.
32	estornudar	niesen	
33	volverse* mareado/-a (o→ue)	schlecht werden; seekrank werden	►► marearse
34	el acné	Akne	Muchos chicos tienen acné durante su juventud.
35	la fiebre	Fieber	► aumento de la temperatura corporal por una enfermedad
36	padecer a/c (c→zc)	leiden an, erleiden	Padezco una enfermedad crónica.
37	pasar hambre	Hunger leiden	Antes, la gente de esta región pasaba hambre en invierno.
38	el malestar	Unwohlsein	No se conoce la causa de su malestar.
39	temblar (e→ie)	zittern	Estoy temblando de frío.
40	el cáncer	Krebs	Fumar puede causar cáncer.
41	el cigarrillo	Zigarette	Por favor, apaga tu cigarrillo antes de entrar.
42	sufrir (a/c)	leiden; erleiden	Tiene dolores y está sufriendo. Sufrió un ataque de nervios.
43	mortal (ser)	Todes-; lebensgefährlich; tödlich	una víctima mortal veneno mortal una enfermedad mortal
44	perjudicar a/c, a alg	schaden, schädigen	►► dañar
45	perjudicial (para) (ser)	ungesund; schädlich	Fumar es perjudicial para la salud.
46	contagioso/-a (ser)	ansteckend	Este virus es altamente contagioso.
47	contagiar a/c a alg	anstecken mit	Me contagiaste la gripe que tenías.
48	el grano	Pickel	Me ha salido un grano en la nariz.
49	salirle* granos a alg	Pickel bekommen	Toma pastillas para que no le salgan tantos granos.
50	picar	jucken; brennen (Haut, Kehle)	
51	debilitar a/c, a alg	schwächen	► quitar fuerzas a alguien o a algo
52	volverse* loco (o→ue)	verrückt werden	►► perder el juicio
53	la psicología	Psychologie	
54	inconsciente (estar)	bewusstlos, ohnmächtig	

55	cansado/-a (*estar*)	müde	Marta ha estudiado mucho y ahora está cansada.
56	el cansancio	Müdigkeit	Bostezar es un signo de cansancio.
57	la **herida**	Wunde, Verletzung	una herida leve, una herida seria, recuperarse de una herida
58	**herido/-a** (*estar*)	verletzt, verwundet	Aunque fue un accidente violento, sólamente hubo dos heridos y ningún muerto.
59	herir a alg (e→ie/i)	verletzen	▶ causar una herida a alguien
60	la desgracia	Unglück	Su error produjo una desgracia terrible.

Für einige Arten von Schmerzen gibt es im Spanischen besondere Ausdrücke:

Me duelen **las muelas**.	Ich habe Zahnschmerzen. (*Wörtlich*: Mir schmerzen die Backenzähne.)
Me duelen **los oídos**.	Ich habe Ohrenschmerzen. (*Wörtlich*: ... das Gehör.)
Me duele **la tripa**.	Ich habe Bauchschmerzen. (*Wörtlich*: ... der Darm.)

61	la emergencia	Notfall	Ha surgido una emergencia y tuvieron que operarla en seguida.
62	cortarse	sich schneiden	Me he cortado con la tijera.
63	el corte	Schnittwunde; Schnitt (*Haare*)	Me hice un corte con la navaja.
64	**leve**	leicht; gering	una herida leve; dolores leves ▶◀ grave
65	**grave** (*ser*)	schwer, ernst	El cáncer es una enfermedad grave.
66	fatal (*ser*)	folgenschwer, schlimm, furchtbar	un accidente fatal, tener consecuencias fatales
67	**doler** a alg (o→ue)	schmerzen, wehtun	Me duele la cabeza.
68	el **dolor**	Schmerz	Toma esta medicina y los dolores desaparecerán.
69	**doloroso/-a** (*ser*)	schmerzhaft	La picadura de un escorpión es extremadamente dolorosa.
70	**hacer daño** a alg	jdm wehtun	¡Déjalo, me haces daño!
71	**ciego/-a** (*ser/estar*)	blind	▶ que no puede ver
72	mudo/-a (*ser/estar*)	stumm	▶ sin palabras
73	sordo/-a (*ser*)	taub	▶ que no oye nada
74	paralizado/-a (*estar*)	gelähmt	
75	el **hospital**	Krankenhaus	La tuvieron que llevar al hospital.
76	ingresar en	eingeliefert werden	Tras el accidente, dos heridos ingresaron en el hospital.

77	la ambulancia	Krankenwagen	La ambulancia la llevó al hospital.
78	la urgencia	Notfall	
79	urgencias	Notaufnahme	Lo tuvimos que llevar a urgencias.
80	la intervención (quirúrgica)	(chirurgischer) Eingriff	practicar una intervención (quirúrgica) complicada
81	operar a alg	operieren	La tuvieron que operar.
82	operarse	sich operieren lassen; operiert werden	Tras el accidente tuve que operarme.
83	el/la paciente	Patient	►◄ médico/-a
84	atender a alg (e→ie)	behandeln *einen Patienten*, betreuen	¿Ya está usted atendido?
85	la consulta	Arztpraxis; Untersuchung; Beratung	

5.5 Aussehen

1	la apariencia	Aussehen	tener buena apariencia
2	el aspecto	Aussehen; Aspekt	un chico de buen aspecto
3	el rasgo	Gesichtszug; Charakterzug	
4	el perfil	Profil	
5	la pinta *fam.*	Aussehen	► aspecto exterior
6	tener* buena/mala pinta	gut/schlecht aussehen	
7	parecer (c→zc)	aussehen, scheinen	Parece que Marta está enferma. Marta parece estar enferma.
8	el/la gigante/giganta	Riese/Riesin	► una persona de gran altura
9	moreno/-a	braun *Haare*; dunkel *Hautfarbe; Typ*	Tiene pelo moreno. Mi hermana es más morena que yo.
10	ponerse* moreno/-a	braun werden (*durch die Sonne*)	Con tanto sol nos pondremos morenos rápidamente.
11	el/la negro/-a	Schwarze/r	El 11 % (= once por ciento) de los cubanos son negros, el 51 % mulatos y el 37 % blancos.
12	suave	weich, zart	colores suaves, una sonrisa suave
13	salir* a alg	jdm ähnlich werden	Cada vez sale más a su madre.
14	maquillarse	sich schminken	Míriam se maquilla antes de salir.
15	disfrazarse (de a/c)	sich verkleiden; sich tarnen	disfrazarse de bruja disfrazarse para no ser visto

16	el piercing	Piercing	hacerse un piercing
17	el disfraz (Pl.: *disfraces*)	Verkleidung; Tarnung	
18	disfrazado/-a (de) (*estar*)	verkleidet (als)	Va disfrazada de princesa.
19	cortarse el pelo	sich die Haare schneiden lassen	¿Te has cortado el pelo?
20	rubio/-a	blond *Haare*	
21	el bigote	Schnurrbart, Schnäuzer	► una barba encima de los labios
22	el brillo	Glanz, Glitzern	Tuvo un brillo en sus ojos.
23	la belleza	Schönheit	¡Qué belleza!
24	atractivo/-a	attraktiv	► de muy bien aspecto
25	guapo/-a	hübsch, gut aussehend	► ◄ feo/-a
26	tener* buen gusto	Geschmack haben	Tiene buen gusto y se viste muy elegante.
27	favorecer a alg (c→zc)	gut stehen *Kleidung, Schmuck, Aufmachung*	Este nuevo corte de pelo te favorece mucho.
28	joven (*ser*)	jung	► ◄ viejo/-a
29	distinguido/-a (*ser*)	vornehm	una señora muy distinguida
30	delgado/-a	dünn, schlank	Alicia practica deporte y está muy delgada.
31	feo/-a	hässlich	► ◄ guapo/-a
32	gordo/-a (*ser*)	dick	
33	ancho/-a	breit	
34	flaco/-a	dürr, dünn	► ◄ gordo/-a
35	bajo/-a (*ser*)	klein (*Körpergröße*), gedrungen	► ◄ grande
36	pálido/-a	bleich	
37	estar* viejo/-a	alt aussehen	Con este abrigo de tu abuela estás muy vieja.
38	débil	schwach	► ◄ fuerte
39	raro/-a	merkwürdig, seltsam	► ► extraño/-a

Bei einigen Adjektiven wie raro *hängt die Bedeutung davon ab, ob sie vor oder hinter dem Substantiv stehen:*

una rara moneda	eine seltene Münze
un libro raro	ein merkwürdiges Buch
mi antiguo profesor	mein ehemaliger Lehrer
una civlización antigua	eine uralte Zivilisation
un simple malentendido	ein bloßes Misverständnis
una tarea simple	eine leichte Aufgabe
un gran deportista	ein großartiger Sportler
un piso grande	eine große Wohung

Zum Unterschied zwischen gran *und* grande *siehe Kasten S. 119*

5.6 Kleidung und Körperpflege

1	la **ropa**	Kleidung; Wäsche	tener ropa elegante poner la ropa sucia en la lavadora
2	el vestuario	Gaderobe; Umkleidekabine	▶ conjunto de toda la ropa de una persona ▶ lugar para cambiar la ropa
3	la prenda	Kleidungsstück	El esmoquin es una prenda muy elegante.
4	la **camisa**	Hemd	Tienes una mancha en la camisa.
5	la talla	Kleidergröße, Konfektionsgröße	
6	la camiseta	T-Shirt	
7	el **jersey** (Pl.: *jerséis*)	Pullover	
8	la manga	Ärmel	▶ la parte de la ropa que cubre el brazo
9	la sudadera	Sweatshirt, Pullover	
10	la **chaqueta**	Jacke	Ponte la chaqueta porque hace frío.
11	el botón	Knopf	
12	el **abrigo**	Mantel	▶ una prenda para el invierno
13	el chándal	Jogginganzug	El regalo para Rándal es un chándal.
14	el **vestido**	Kleid	▶ prenda feminina de una sola pieza
15	el **traje**	Anzug	
16	el uniforme	Uniform	▶ traje para los miembros de un grupo o de una institución
17	la **falda**	Rock	
18	el **pantalón**	Hose	El pantalón es demasiado largo, hay que ajustarlo.
19	apretado/-a (*estar*)	eng *Kleidung*, fest sitzend	un pantalón apretado
20	los **vaqueros**	Jeans	Siempre lleva sus vaqueros viejos.
21	la bota	Stiefel	
22	el **zapato**	Schuh	
23	el **sombrero**	Hut	Con este sol, es mejor llevar sombrero.
24	la **gorra**	Mütze	¡Quitaos las gorras, por favor!
25	el casco	Helm	▶ un objeto para proteger la cabeza contra golpes
26	el guante	Handschuh	ponerse guantes contra el frío

LA CAMISA — el cuello — el botón — la manga

27	las **gafas**	Brille	llevar gafas
28	las gafas de sol	Sonnenbrille	▶ gafas con cristales oscuros

Im Spanischen immer Plural: ¿Dónde **están mis gafas**? – Wo **ist meine Brille**?

29	la corbata	Krawatte	ponerse la corbata
30	el pañuelo	Tuch; Halstuch; Taschentuch	
31	la máscara	Maske	▶ un disfraz para ocultar la cara
32	el bolsillo	Hosentasche	¿Puedo darte mis llaves? No tengo bolsillo.
33	la cartera	Brieftasche	¡Me han robado la cartera!
34	el cinturón	Gürtel	
35	el cordón	Schnürsenkel	atar los cordones
36	la joya	Schmuckstück, Juwel	
37	las joyas	Schmuck	Los ladrones le robaron todas sus joyas.
38	el **reloj**	Uhr	Puedes saber la hora consultando el reloj.
39	el reloj de pulsera	Armbanduhr	
40	el **anillo**	Ring	un anillo de oro
41	el pendiente	Ohrring	
42	el **collar**	Halskette	
43	lucir a/c (c→zc)	austragen, zur Schau stellen	Me parece ridículo que Rosa siempre luzca sus joyas.
44	el perfume	Parfüm	▶ sustancia que desprende un olor agradable
45	la **moda**	Mode	seguir la moda
46	el diseño	Design	¿Qué diseño te gusta más?
47	el **estilo**	Stil	mostrar un estilo elegante, cambiar de estilo
48	apropiado/-a (*ser*)	angemessen *Kleidung, Verhalten usw.*	una respuesta apropiada
49	**ir* bien** con a/c	gut zu etw passen	¡Los vaqueros van bien con todo!
50	la **marca**	Marke; Markenware	ropa de marca, una marca de lujo llevar marca conocida
51	**elegante**	elegant	
52	el esmoquin (Pl.: *esmóquines*)	Smoking	
53	el lazo	Schleife	
54	el nudo	Knoten	hacer un nudo, un nudo de corbata, desatar un nudo

55 ▪ la higiene	Hygiene	artículos de higiene
56 ▪ lavarse (a/c)	sich waschen	¡Vete al baño y lávate! ¿Ya te has lavado las manos?
57 ▪ ducharse	sich duschen	
58 ▪ desnudarse	sich ausziehen, sich entkleiden	Saltó al agua sin desnudarse antes.
59 ▪ quitarse a/c	sich etw ausziehen	

▶ *Das Verb* quitarse a/c *braucht immer ein Objekt:*

"Si tienes calor, quítate el jersey." – „Wenn dir heiß ist, zieh dir den Pulli aus."

▶ *Wenn man ‚ausziehen' im Sinne von ‚alles ausziehen' sagen möchte, muss man* desnudarse *verwenden:*

"Se desnudó y se metió en la ducha." – „Er/Sie zog sich aus und ging unter die Dusche."

60 ▪ **ponerse*** a/c	anziehen	¿Por qué no te pones los vaqueros nuevos? ▶◀ quitarse a/c
61 ▪ probar a/c (o→ue)	anprobieren	Quisiera probar la falda antes de comprarla.
62 ▪ **vestirse** (e→i)	sich anziehen	Ayer se vistió muy deprisa y olvidó ponerse calcetines.
63 ▪ **vestir** (a/c) (e→i)	anhaben	¿Siempre vistes estos viejos vaqueros? ▶▶ llevar
64 ▪ **llevar** a/c	tragen	llevar un sombrero
65 ▪ descalzo/-a (*estar*)	barfuß	▶ sin llevar zapatos

5.7 Essen und Trinken

1 ▪ la **comida**	Essen (*allg*); Mittagessen	
2 ▪ el **hambre** w	Hunger	tener hambre, un hambre terrible, morir de hambre
3 ▪ la **manzana**	Apfel	
4 ▪ la **pera**	Birne	
5 ▪ el **plátano**	Banane	
6 ▪ la cereza	Kirsche	
7 ▪ la **naranja**	Orange	recoger naranjas, pelar una naranja
8 ▪ el melocotón	Pfirsich	
9 ▪ el **limón**	Zitrone	Los limones son muy agrios.
10 ▪ el albaricoque	Aprikose	
11 ▪ **fresco/-a** (*ser*)	frisch	verdura fresca, pescado fresco

12	el pimiento	Paprika	
13	la pimienta	Pfeffer	
14	picar	scharf sein *Suppe, Soße usw.*, brennen	No pongas tanta salsa porque pica mucho.
15	la sal	Salz	A la salsa le falta sal.
16	el chile	Chilischote	Cuidado con el chile. Pica mucho.
17	la cebolla	Zwiebel	Primero tienes que pelar la cebolla y después cortarla.
18	la patata	Kartoffel	pelar las patatas, cocer las patatas
19	la zanahoria	Möhre, Karotte	
20	el pepino	Salatgurke	
21	la pipa	Sonnenblumenkern	
22	el arroz	Reis	
23	la carne	Fleisch	Los vegetarianos no comen carne.
24	el pescado	Fisch	¿Quieres carne o prefieres pescado?
25	crudo/-a	roh	► que no ha sido cocido
26	la grasa	Fett	contener mucha/poca grasa
27	el jamón	Schinken	Corta un poco más de jamón, por favor.
28	el pollo	Hähnchen	
29	la albóndiga	Fleischkloß, Hackbällchen	
30	el chorizo	Paprikawurst	El chorizo es muy picante.
31	el/la vegetariano/-a	Vegetarier/in	► persona que no come carne
32	la hamburguesa	Hamburger (*Essen*)	
33	las patatas fritas	Pommes frites; Chips	
34	el pan	Brot	
35	el pan integral	Vollkornbrot	
36	la barra (de pan)	Baguette	
37	la harina	Mehl	► polvo blanco que se obtiene del trigo
38	el bocadillo	belegtes Brötchen	Hay bocadillo de queso y jamón.
39	el huevo	Ei	Las tortillas se hacen con patatas y huevos.
40	el huevo frito	Spiegelei	
41	la tortilla	spanisches Omelett aus Kartoffeln und Eiern	
42	la leche	Milch	
43	el queso	Käse	

la tortilla de patatas

44	el **desayuno**	Frühstück	▶ lo que se come por la mañana
45	**desayunar** (a/c)	frühstücken	▶ comer por la mañana
46	el **almuerzo**	Mittagessen	▶▶ comida
47	**almorzar** (a/c) (o→ue)	zu Mittag essen	▶ comer al mediodía
48	la **cena**	Abendessen	La cena está preparada.
49	**cenar** (a/c)	zu Abend essen	▶ comer por la noche
50	el **plato**	Gericht; Gang	La tortilla es un plato típico de España. El último plato es el postre.
51	el **apetito**	Appetit	▶ ganas de comer
52	**probar** a/c (o→ue)	kosten, probieren	
53	**comer** (a/c)	essen	¿Qué vamos a comer?
54	**tragar** a/c	schlucken	
55	el **régimen** (Pl.: *regímenes*)	Diät	No le ofrezcas chocolate porque hace régimen.
56	**consumir** a/c	verzehren	▶ comer o beber alimentos
57	**alimentar** a alg	ernähren	▶ dar de comer a alguien
58	la **alimentación**	Ernährung, Verpflegung	

59	**preparar** a/c	zubereiten	Quiero preparar una tortilla para la fiesta.
60	la **receta**	Rezept	Utilicé una receta tradicional.
61	**añadir** a/c (a a/c)	hinzugeben	añadir azúcar al café
62	el **ingrediente**	Zutat	Los ingredientes básicos de la tortilla son huevos y patatas.
63	la **masa**	Teig	▶ sustancia hecha de harina, huevos y otros ingredientes
64	**pelar** a/c	schälen	pelar una manzana, pelar patatas
65	**remover** a/c (o→ue)	umrühren	
66	**quemado/-a** (*estar*)	verbrannt	
67	**calentar** a/c (e→ie)	erwärmen; erhitzen	calentar la sopa
68	**freír*** a/c	braten; frittieren	En la cocina no sé ni freír un huevo.
69	el **aceite**	Öl	aceite de oliva, aceite de cacahuete
70	**hervir** (a/c) (e→ie/i)	kochen	El agua hierve a 100 grados centígrados. ¿Ya has hervido el arroz?
71	la **elaboración**	Zubereitung; Ausbau (*Wein*); Herstellung	de elaboración casera de elaboración propia la elaboración de galletas
72	**casero/-a** (*ser*)	selbstgemacht	▶ preparado en casa con los propios medios

73	la **sopa**	Suppe	
74	la tortilla *lat. am.*	Maisfladen	
75	el gazpacho	spanische kalte Gemüsesuppe	

tortilla de maíz

76	el caldo	Brühe	caldo de verdura, caldo de pollo
77	la **salsa**	Soße	Prefiero las salsas menos picantes.
78	**picante** (*ser*)	scharf	¡Esta salsa es muy picante!
79	la **salsa de tomate**	Tomatensauce	La pizza tiene queso y salsa de tomate.
80	el mole	mexikanische pikante Schokoladensoße	
81	la olla	Topf; Eintopf	
82	la pasta	Nudeln	

pollo con mole

> *Im Spanischen Singular:* "Me gusta **la pasta**." – „Ich mag **Nudeln**."

83	el **taco**	mexikanisches Gericht	▶ tortilla de maíz con diversos ingredientes
84	la pizza	Pizza	
85	la **paella**	Paella	▶ comida que contiene arroz, pescado, carne y legumbres
86	el alimento	Nahrung, Lebensmittel	La fruta es un alimento muy saludable.
87	**beber** a/c	trinken	▶ tomar una bebida
88	la **bebida**	Getränk	▶ lo que se bebe
89	la **sed**	Durst	Tengo sed. ¡Casi me muero de sed!
90	**tener* hambre / sed**	Hunger / Durst haben	
91	**estar* muerto/-a de hambre** *fam.*	vor Hunger sterben	Juan no ha cenado y ahora está muerto de hambre.
92	el **trago**	Schluck	¿Quieres tomar un trago de vino?
93	el **agua** w	Wasser	agua mineral
94	el **zumo**	Saft	▶ bebida hecha de fruta
95	el **zumo de naranja**	Orangensaft	
96	el refresco	Erfrischungsgetränk	El agua, la cola y la cerveza son refrescos.
97	la **botella**	Flasche	una botella de agua con gas
98	el **té**	Tee	
99	el mate	Mate, Matetee	En Argentina beben mucho mate.
100	el **café**	Kaffee; Café	A mí no me gusta el café, prefiero un zumo.
101	el **alcohol**	Alkohol	Esta medicina contiene alcohol.

102	la **cerveza**	Bier	cerveza sin alcohol
103	la **lata**	Dose	► recipiente de metal para bebidas u otros alimentos
104	la **caña**	(kleines) Bier	Dos cañas, por favor.
105	el **vino**	Wein	Tomaron una copa de vino durante la cena.
106	el **vino tinto**	Rotwein	La Rioja es conocida por sus vinos tintos.
107	el **champán** (Pl.: *champanes*)	Champagner; Sekt	Esto lo celebramos con champán.
108	**alegre** (*estar*)	beschwippst, fröhlich	Cuando bebo una copa de champán ya estoy alegre.

109	**dulce** (*ser*)	süß	►◄ amargo/-a
110	el **dulce**	Süßigkeit	¡No comas tantos dulces!
111	el **azúcar**	Zucker	¿Quieres azúcar para el té?
112	el **caramelo**	Bonbon	No les des tantos caramelos a los niños.
113	el **bombón**	Praline	una caja de bombones
114	el **chocolate**	Schokolade	Me encanta el chocolate.
115	**adorar** a/c	heiß und innig lieben	Adoro el chocolate.
116	el **mazapán**	Marzipan	
117	el **chicle**	Kaugummi	
118	el **pastel**	Kuchen	preparar un pastel
119	la **galleta**	Keks	galletas de chocolate
120	la **miel**	Honig	
121	**delicioso/-a** (*ser*)	köstlich	►◄ asqueroso/-a
122	el **churro**	in Fett ausgebackener Teig	En Madrid siempre desayunamos chocolate con churros.
123	el **postre**	Nachtisch	¿Qué toman ustedes de postre?
124	el **helado**	Eis (*Speiseeis*)	dos bolas de helado de chocolate
125	el **hielo**	Eis, Eiswürfel	Me gusta tomar agua con hielo.

Pastel de mazapán

126	el **restaurante**	Restaurant	Nunca fui a comer a un restaurante de tres estrellas.
127	el **comedor**	Esszimmer, Speisesaal	► el cuarto donde se come
128	la **cafetería**	Café	►► el café
129	la **tapa**	Häppchen, kleine Vorspeise	En este bar te sirven una tapa junto con la cerveza.
130	**¡Qué aproveche!**	Guten Appetit!	
131	**rico/-a** (*estar*)	lecker, schmackhaft	Las tortillas de tu madre están muy ricas.

| 132 | riquísimo/-a *fam.* (*estar*) | köstlich | ¡El gazpacho y la tortilla están riquísimos! |
| 133 | la especialidad | Spezialität | La paella es una especialidad de Valencia. |

Wesensart

6

6.1 Charaktereigenschaften

1	el **carácter** (Pl.: *caracteres*)	Charakter	un carácter difícil, un carácter tranquilo
2	**característico/-a** (*ser*)	charakteristisch	▶▶ típico/-a
3	**simpático/-a**	sympathisch	
4	la simpatía (por)	Sympathie	
5	**majo/-a**	nett, freundlich	▶▶ amable
6	**alegre**	fröhlich, munter	¿Qué le pasa a María? Está muy alegre hoy.
7	**vivo/-a** (*ser*)	lebhaft, munter	
8	animado/-a (*estar*)	lebhaft *Feier; Person,* belebt *Straßen usw*	La fiesta está muy animada.
9	la bondad	Güte; Gutmütigkeit	¿Tendría usted la bondad de hacerme un favor?
10	bondadoso/-a	gutherzig, gütig	▶▶ amable
11	cordial	herzlich	▶▶ amable
12	encantador/a	reizend, entzückend	Es un tipo bastante aburrido, pero tiene una novia encantadora.
13	íntegro/-a	anständig, aufrichtig, integer	▶▶ honesto/-a
14	ser* de fiar	vertrauenswürdig sein	Puedes contarle tu problema porque es de fiar.
15	legal *fam.* (*ser*)	anständig, sauber	Es un tío legal, puedes confiar en él.
16	culto/-a	gelehrt	▶ que ha estudiado mucho y que tiene cultura
17	decente (*ser*)	anständig (*moralisch*)	
18	el valor	Mut	En esta situación hace falta mucho valor.
19	**valiente**	tapfer; mutig	▶◀ cobarde
20	atreverse a hacer a/c	sich trauen	No me atrevo a decirlo.
21	despierto/-a (*ser*)	aufgeweckt	Sólo tiene cinco años, pero es bastante despierto.
22	gracioso/-a	witzig, lustig	Es muy gracioso oirte hablar.
23	**divertido/-a**	lustig, unterhaltsam	▶◀ aburrido/-a
24	el sentido del humor	Sinn für Humor	Miguel es un chico muy simpático y tiene un buen sentido del humor.
25	la **fuerza**	Kraft	Golpeó la mesa con tanta fuerza que cayeron los vasos.

26	la maldad	Bösartigkeit	►◄ la bondad
27	**violento/-a**	gewalttätig; heftig; aufbrausend *Charakter*	jóvenes violentos; una respuesta violenta un carácter violento
28	la agresión	Aggression	
29	cruel	grausam	un dictador cruel
30	insoportable	unerträglich; unausstehlich	un calor insoportable un carácter insoportable
31	la vanidad	Eitelkeit	No aguanto su vanidad exagerada.
32	antipático/-a	unsympathisch	El protagonista es un personaje antipático.
33	pesado/-a	lästig, aufdringlich	
34	vulgar	gewöhnlich *Stil, Aussehen*	►◄ extraordinario/-a
35	corrupto/-a (*ser*)	korrupt	Florencia cree que muchos políticos son corruptos.
36	el/la **mentiroso/-a**	Lügner/in	► persona que suele mentir
37	tímido/-a (*ser/estar*)	schüchtern	No seas tímida: habla con él.
38	celoso/-a (de) (*estar*)	eifersüchtig	Mi ex estaba celosa de todas mis amigas.
39	la gallina *fam.*	Feigling	►► el/la cobarde
40	presumir de a/c	angeben mit	¡No presumas tanto de tus notas!
41	la **inteligencia**	Intelligenz	
42	**inteligente** (*ser*)	intelligent	►◄ tonto/-a
43	listo/-a (*ser*)	klug; gewitzt	
44	sabio/-a (*ser*)	weise	un maestro sabio, una decisión sabia
45	aplicado/-a	fleißig	Míriam es una chica muy aplicada.
46	hábil (en) (*ser*)	geschickt	►◄ torpe
47	la habilidad	Geschicklichkeit; Fähigkeit	
48	apto/-a para (*ser*)	geeignet	un político apto para gobernar el país
49	ingenuo/-a (*ser*)	naiv; gutgläubig	¡No seas ingenua, mamá!
50	ignorante (*ser*)	ungebildet	
51	torpe	ungeschickt	►◄ hábil
52	estúpido/-a	blöd, dumm	► de poca inteligencia
53	el/la idiota	Idiot/in	¡No te comportes como un idiota!
54	**tonto/-a** (*ser*)	dumm	Daniel es tonto y no se da cuenta de nada.
55	la **ambición**	Ehrgeiz, Fleiß	trabajar con ambición
56	ambicioso/-a	ehrgeizig	un alumno ambicioso, un proyecto ambicioso

57	rígido/-a	streng; fest *Einstellungen*	padres rígidos; tener una actitud rígida
58	ordenado/-a (en) (*ser*)	ordentlich	►◄ caótico/-a
59	desordenado/-a (*ser*)	unordentlich	Es muy desordenado y siempre pierde sus cosas.
60	caótico/-a	chaotisch	
61	activo/-a	aktiv	►► vivo/-a
62	inquieto/-a	unruhig	
63	perezoso/-a (*ser*)	faul	No nos interesamos por nada, somos muy perezosos. ►◄ trabajador/a

64	la personalidad	Persönlichkeit	Tiene una personalidad difícil.
65	severo/-a	streng	►► estricto/-a
66	serio/-a	ernst	
67	callado/-a	schweigsam	Aunque es callada, no es muy tímida.
68	silencioso/-a	still, schweigsam	►► tranquilo/-a
69	tranquilo/-a	still; gelassen	A pesar del examen estoy tranquilo.
70	cabezón/cabezona	dickköpfig	Es muy cabezona y siempre hace lo que quiere.
71	loco/-a (*estar*)	verrückt	Pero, ¿estás loco? ►◄ sensato/-a
72	la locura	Wahnsinn	Sería una locura salir con el tiempo que hace.
73	nervioso/-a	nervös	►◄ tranquilo/-a, relajado/-a
74	paciente	geduldig	
75	impaciente	ungeduldig	No me gusta esperar porque soy muy impaciente.
76	caprichoso/-a	launisch	► que decide según sus caprichos
77	curioso/-a (*ser*)	neugierig	¡No seas tan curioso!

6.2 Emotionen

1	la emoción	Emotion, Gefühlsregung	En el cine vives momentos de intensas emociones.
2	el humor	Laune; Humor	
3	emocional	emotional	
4	emocionar a algn	bewegen, rühren	Sus palabras me emocionaron profundamente.
5	el sentimiento	Gefühl	un sentimiento de culpa, mostrar sus sentimientos

6	**sentir** a/c, que +subj (e→ie/i)	bedauern	Siento que no pueda ayudarte.
7	**encantar** a alg	begeistern; sehr gut gefallen	Esta actriz encantó a todos. Me encanta vivir en España.
8	**satisfecho/-a** (*estar*)	zufrieden	▸▸ contento/-a
9	la **alegría** (de)	Freude, Glück	Marta vuelve. ¡Qué alegría!
10	**alegrarse** de a/c	sich freuen	Me alegro de que hayas venido.
11	**esperar con ilusión** a/c, a alg	sich auf etw/jdn freuen	Espero con ilusión nuestro viaje a Buenos Aires.
12	**alegrar** a alg	erfreuen	Me alegra que hayas venido.
13	**enamorarse** (de alg)	sich verlieben (in)	Se enamoró de su vecina.
14	la **pasión** (por)	Leidenschaft	El tango es mi pasión.
15	la **admiración** (por)	Bewunderung	Estamos llenos de admiración por la cantante.
16	**depositar** a/c en alg	etw auf jdn setzen *Gefühle*	Deposité toda mi esperanza en ti.
17	la **esperanza**	Hoffnung	Siempre queda la esperanza.
18	**feliz**	glücklich; froh	los días más felices de la vida una persona feliz
19	el **placer**	Vergnügen	Para mí es un placer estar solo en casa.
20	**sentir simpatía** por alg (e→ie/i)	jdn sympathisch finden	Todos sentimos una gran simpatía por esta profesora.
21	la **ilusión**	Freude; Illusion	
22	**gozar** (de a/c)	sich erfreuen an, genießen	Todo el mundo goza del buen tiempo.
23	**entusiasmar** a alg	begeistern	Me entusiasma mucho la idea.
24	**entusiasmado/-a** (por) (*estar*)	begeistert	Estoy entusiasmado por este regalo.
25	**fascinar** a alg	faszinieren	
26	**encantado/-a** (de) (*estar*)	erfreut	¡Encantado de conocerte!
27	**ansioso/-a** (por) (*estar*)	begierig; ungeduldig	Estoy ansioso por conocerla.
28	el **miedo**	Angst	Tengo miedo. Los perros me dan miedo.
29	**tener* miedo** (a alg)	Angst haben	Al director todos le tenemos miedo.
30	**dar* miedo** a alg	Angst machen	Las películas de horror no me dan miedo.
31	el **pánico**	Panik, Angst	La noticia provocó un pánico general.
32	**asustar** a alg	erschrecken	▸ causarle un susto a alguien
33	el **susto**	Schreck	

34 ■ **llevarse un susto**	einen Schreck bekommen	Oí un ruido en medio de la noche y me llevé un buen susto.
35 ■ **dar* un susto** a alg	erschrecken, einen Schreck einjagen	¡Vaya susto que me has dado!
36 ■ el **horror**	Entsetzen, Horror	Los hospitales me causan horror. Vimos una película de horror.
37 ■ **temer** que +subj	befürchten, fürchten	Temo que ya sea demasiado tarde.
38 ■ la **tensión**	Anspannung	Se nota que sus problemas le causan tensión.
39 ■ **tenso/-a** (*estar*)	angespannt	►◄ relajado/-a
40 ■ **inquietar** a alg	beunruhigen	►◄ tranquilizar
41 ■ la **inquietud**	Unruhe	
42 ■ **tranquilizar** a alg	beruhigen	►◄ inquietar
43 ■ el **alivio**	Erleichterung	sentir alivio
44 ■ la **calma**	Ruhe	guardar la calma

tensa
relajada

45 ■ **desear** que +subj	wünschen	Deseo que mi hermana vuelva pronto.
46 ■ **importar** (a alg)	wichtig sein	– ¿Quién dijo esto? – No importa. Me importa que vengas a mi fiesta.
47 ■ el **capricho**	Laune (*kurzfristiger Wunsch*)	Este vestido fue un capricho. Ya no lo lleva.
48 ■ las **ganas** (de)	Lust	
49 ■ **quitar las ganas** a alg	die Lust verderben	El precio de las entradas me quitó las ganas de ir al teatro.

Ganas *wird vor allem im Plural gebraucht:*

Tengo ganas de ir a la piscina. – Ich habe Lust, ins Schwimmbad zu gehen.

50 ■ los **celos**	Eifersucht	
51 ■ **tener* celos** de alg, a/c	eifersüchtig sein (auf)	Tiene celos de su hermana mayor.
52 ■ la **envidia**	Neid	Su riqueza provoca mucha envidia.
53 ■ **dar* envidia** a alg	neidisch machen	Me da envidia verlo con su nuevo ordenador.
54 ■ **echar de menos** a alg	vermissen	No estás aquí y te echo de menos.
55 ■ la **nostalgia**	Heimweh; Wehmut; Sehnsucht	Está triste porque siente nostalgia. Recuerda con nostalgia su niñez.
56 ■ **contento/-a** (con) (*estar*)	zufrieden, glücklich	Estoy contento con la nota que me dieron.

57 ■ **enfadarse** (con alg)	böse werden; sich ärgern	El profe se enfada cuando hacemos ruido en clase. ¡No te enfades conmigo!
58 ■ la **vergüenza**	Scham; Schande	Me puse rojo de vergüenza. Es una vergüenza que haya tanta injusticia.

59	la rabia	Wut	
60	Me da rabia que... +subj	Es macht mich wütend, dass ...	¡Me da rabia que siempre me corrijas!
61	Me fastidia que... +subj	Es ärgert mich, dass ...	Me fastidia que nunca hagas lo que dices.
62	la ira	Zorn, Wut	Estaba rojo de ira.
63	estar* fuera de sí	außer sich sein	Estuve fuera de mí cuando conocí la verdad.
64	furioso/-a (con) (estar)	wütend	Luisa se puso furiosa conmigo.
65	la venganza	Rache	jurar venganza, cometer un acto de venganza
66	el odio (hacia)	Hass (auf)	►◄ el amor

67	aburrir a alg	langweilen	Esta novela me aburre.
68	el aburrimiento	Langeweile	►◄ diversión
69	suspirar	seufzen	Está enamorado y no para de suspirar.
70	melancólico/-a	melancholisch	Con esta música me pongo melancólico.
71	triste	traurig	Está triste porque su novia lo dejó. ►◄ alegre
72	la tristeza	Traurigkeit	
73	superdeprimido/-a umgs. (estar)	deprimiert	Marta estaba superdeprimida en sus vacaciones.
74	la desilusión	Enttäuschung	►► decepción
75	el luto	Trauer	un día de luto, estar de luto
76	la desesperación	Verzweiflung	
77	desesperar	verzweifeln	Me desespera ver tanta pobreza.

Das Verb desesperar(se) *hat je nach Verwendung unterschiedliche Übersetzungen:*

¡No te desesperes!	Verliere nicht die Hoffnung!
Me desespera ver tanta pobreza.	So viel Armut zu sehen, lässt mich verzweifeln.
Me desesperan tus malas costumbres.	Deine schlechten Angewohnheiten treiben mich zur Verzweiflung.
Desespero de convencerla.	Ich verzweifle bei dem Versuch, sie zu überzeugen.

78	desesperado/-a (estar)	verzweifelt	Estaba desesperado por la muerte de su amiga.
79	el consuelo	Trost	Es un consuelo saber que... (+Indikativ)
80	confuso/-a (estar)	verwirrt	No lo entiendo y estoy completamente confuso.
81	extrañar a alg	erstaunen, verwundern	Me extraña ver tanta gente aquí.

| 82 | conmover a alg (o→ue) | erschüttern; bewegen | A todos nos conmovió la noticia del accidente. |
| 83 | dar* lástima a alg | leid tun, traurig machen | Me da lástima ver a estos pobres niños. |

84	la decepción	Enttäuschung	No sabía disimular mi decepción.
85	incómodo/-a	unwohl; unangenehm	sentirse incómodo; una situación incómoda
86	lamentar a/c	beklagen; bedauern	lamentar haber hecho algo
87	llorar (de)	weinen	No llores. Está llorando de alegría.
88	preocuparse por a/c	Sorgen machen (um)	No te preocupes por ella, ya es mayor.
89	preocupar a alg	beunruhigen, Sorgen bereiten	El examen de mañana no me preocupa demasiado.
90	cortarse fam.	verlegen werden, sich genieren	No te cortes y pide lo que quieras.
91	gustar a alg	gefallen; mögen; gern tun	España me gusta. No me gusta que hables así. Me gusta aprender español.

Gustar *und* mögen *erfordern unterschiedliche Konstruktionen:*

Me gusta la película.   Ich mag den Film. (*Wörtlich*: Mir gefällt der Film.)
Me gustan estas películas.   Ich mag diese Filme. (*Wörtlich*: Mir gefallen diese Filme.)
Me gusta ir al cine.   Ich gehe gern ins Kino. (*Wörtlich*: Mir gefällt es, ins Kino zu gehen.)

92	disfrutar (a/c, de a/c)	genießen	Disfruto mucho (de) esta música.
93	¡Qué pena!	Wie schade!	– Luis no viene a la fiesta. – ¡Qué pena!
94	¡Qué ilusión!	Wie schön!	
95	¡Joder! vulg	Scheiße!	

6.3 Verhalten

1	el comportamiento	Benehmen	Este alumno muestra un comportamiento violento.
2	comportarse (como)	sich benehmen	Te comportas como un niño.
3	la conducta	Verhalten	Su mala conducta me está enfadando.
4	portarse bien/mal	sich gut/schlecht benehmen	►► comportarse bien/mal
5	la costumbre	Gewohnheit	hacer algo por costumbre
6	acostumbrarse a a/c	sich gewöhnen	¡Nunca me acostumbraré al ruido de la ciudad!
7	estar* a punto de hacer a/c	kurz davor sein, etw zu tun; im Begriff sein, etw zu tun	Déjala en paz. ¿No ves que está a punto de llorar?

8	**no parar de hacer** a/c	ständig etw tun	Jaime es un tío majo, pero no para de hablar.
9	**objetivo/-a**	objektiv	►◄ subjetivo/-a
10	la **consecuencia**	Konsequenz, Folge	El botellón tiene muchas consecuencias desagradables.
11	la **responsabilidad**	Verantwortung; Verantwortungs-bewusstsein	asumir la responsabilidad de un error; demostrar responsabilidad, carecer de responsabilidad
12	**responsable** (de)	verantwortlich; verantwortungsbewusst	Sois responsables de las consecuencias. Los alumnos de esta clase son muy responsables.
13	la **paciencia**	Geduld	perder la paciencia
14	**aparentar** hacer a/c	vorgeben, so tun als ob	Juan aparenta no conocernos.
15	**dispuesto/-a** (a) (*estar*)	bereit	¿Estás dispuesta a ayudar a tu hermanita?
16	**afrontar** a/c	trotzen; in Angriff nehmen	Los chicos de hoy afrontan sus problemas.
17	**dar* risa** a alg	zum Lachen bringen	Me da risa oírte hablar.
18	**contener** a/c *wie tener*	zurückhalten, unterdrücken *Gefühle*	No pude contener la risa.
19	la **carcajada**	schallendes Gelächter	► una risa muy fuerte
20	**reprimir** a/c	unterdrücken *Gefühle*	►► contener
21	**poner* en ridículo** a alg	lächerlich machen	Con tus preguntas me pones en ridículo.
22	**ridículo/-a**	lächerlich; peinlich	Tus argumentos son ridículos.
23	**disimular**	so tun, als ob nichts gewesen wäre	Todos te hemos visto, así que no disimules.
24	**chiflado/-a** *fam.* (*estar*)	durchgeknallt, verrückt	Esta tía está chiflada.
25	**fastidiar** a alg	ärgern	Me fastidia que nunca llegues puntual.
26	**enfadar** a alg	ärgern, verärgern	Rosa se enfadó conmigo.
27	**rebelde**	aufmüpfig	Por la noche, los chicos se ponen rebeldes.
28	el/la **rebelde**	Rebell, Aufständische/r	
29	**sorprender** a alg	überraschen	La sorprendieron con una fiesta.
30	**grosero/-a**	ungezogen, grobschlächtig	► sin educación ►► descortés
31	**aterrorizar** a alg	terrorisieren, fertig machen	Sus hermanos mayores la aterrorizan.
32	**brutal**	brutal; schonungslos	
33	**agresivo/-a**	aggressiv	

34 la **armonía**	Harmonie	
35 **amable** (con) (*ser*)	freundlich (zu), liebenswert	Es amable con su hermana menor.
36 **cariñoso/-a** (*ser*)	zärtlich	► con mucho cariño
37 la **educación**	Benehmen	Este chico tiene poca educación.
38 la **cortesía**	Höflichkeit	tratar a alguien con cortesía
39 **cortés** (*ser*)	höflich	► bien educado
40 **noble** (*ser*)	edel; vornehm	
41 la **puntualidad**	Pünktlichkeit	
42 **puntual** (*ser*)	pünktlich	Carlos es muy puntual y nunca llega tarde.
43 **generoso/-a** (*ser*)	großzügig, spendabel	
44 **leal** (a) (*ser*)	zuverlässig, treu	►► fiel
45 **formal** (*ser*)	verantwortungsbewusst; seriös; artig	un alumno formal; una empresa formal; un chico formal
46 la **virtud**	Tugend	►◄ vicio
47 **fingir** (a/c)	vortäuschen, simulieren	Fingió estar enfermo. No finjas y dime lo que piensas.
48 **clandestino/-a** (*ser*)	geheim *illegal*	una organización clandestina
49 **faltar a su palabra**	sein Wort brechen	► no hacer lo prometido
50 **seducir** a alg *wie conducir*	verführen; verlocken	Don Juan sedujo a muchas mujeres. No me seduce la idea de pasar la noche viendo la tele.
51 **de mala gana**	ungern, widerwillig	Hace los deberes de mala gana.
52 **estar* atento** a a/c	aufmerksam folgen	Estoy muy atento a la situación política.
53 **dar* a entender** a/c a alg, a alg que +Ind	andeuten, zu verstehen geben	Nos dio a entender que no le gustaba el regalo.
54 **tener* cuidado** (con)	aufpassen (mit)	¡Ten cuidado con lo que dices!
55 **cuidadoso/-a** (con)	gewissenhaft, sorgfältig	una chica cuidadosa con su trabajo
56 **sincero/-a**	aufrichtig	►► honesto/-a
57 **honesto/-a**	ehrlich, aufrichtig	gente honesta, mi opinión honesta
58 la **barbaridad** *fam.*	Unverschämtheit; Schwachsinn	Lo que dices es una barbaridad.
59 **perverso/-a** (*ser*)	böswillig; schadenfroh	un plan perverso; una sonrisa perversa
60 **pervertido/-a**	pervers	► con malas costumbres
61 **borde**	arrogant, herablassend	La señora Solinio es muy borde y nadie la aguanta.

62	**aguantar** a/c, a alg	aushalten, ertragen	aguantar el frío
63	**descortés** (ser)	unhöflich	▶▶ grosero/-a
64	**desafiar** a alg (i→í)	entgegentreten	▶▶ oponerse a alg
65	**tolerar** a/c	dulden	No tolera ninguna crítica.
66	**sin ton ni son**	ohne Grund und Anlass	El profe se enfadó sin ton ni son.

67	la **prudencia**	Vernunft	Hay que hacerlo con la prudencia necesaria.
68	**prudente**	vorsichtig; vernünftig	Es una conductora muy prudente.
69	**sensato/-a**	vernünftig	un chico sensato, una decisión sensata
70	la **determinación**	Entschlossenheit; Festlegung	actuar con determinación la determinación de una fecha
71	**merecer** a/c (c→zc)	verdienen	No creo que merezca un premio por eso.
72	**imponer** (a alg) *wie poner*	Angst machen, einschüchtern	El director es muy estricto e impone mucho.
73	**a tope** *fam.*	sehr laut	La música está a tope.
74	**fino/-a** (ser)	fein, vornehm	mostrar un comportamiento muy fino
75	**humilde**	bescheiden, einfach	una familia humilde, ropa humilde ▶▶ sencillo/-a
76	**¡Lo siento!**	Es tut mir leid!	

6.4 Einstellungen

1	la **actitud** (hacia)	Einstellung (zu)	¿Cuál es tu actitud hacia el cambio climático?
2	el **principio**	Prinzip	un hombre de principios
3	la **concepción**	Auffassung	Su concepción de justicia es un poco rara.
4	la **cuestión**	Angelegenheit	una cuestión de dinero
5	la **voluntad**	Wille	Siempre quieres imponer tu voluntad.
6	**egoísta**	egoistisch	▶ que piensa sólamente en sí mismo
7	la **desconfianza**	Misstrauen	Cuando la conocí mejor, perdí mi desconfianza.
8	el **complejo**	Komplex	Tiene complejos porque es pequeño.
9	el **orgullo**	Stolz	herir el orgullo de alguien
10	**orgulloso/-a** (de) (estar)	stolz	Laura está muy orgullosa de sus notas.
11	la **indiferencia** (ante)	Gleichgültigkeit	No aguanto tu indiferencia ante la injusticia.

12	**indiferente** (*ser*)	gleichgültig	Me es indiferente que... (+*subjuntivo*)
13	**pasar** de a/c, de alg	egal sein	

Andere Konstruktion als im Deutschen:

Yo paso de los otros.	Die anderen sind mir egal.
Paso del problema.	Das Problem ist mir egal.

14	la **orientación**	Richtung, Ausrichtung	cambiar la orientación política
15	**realista** (*ser*)	realistisch	Hay que ser realistas.
16	**idealista** (*ser*)	idealistisch	tener un carácter idealista
17	**agradecido/-a** (*estar*)	dankbar	una amiga agradecida, un trabajo agradecido
18	el **optimismo**	Optimismus	
19	**optimista**	optimistisch	*pesimista* → ← *optimista*
20	el **pesimismo**	Pessimismus	ver el futuro con pesimismo
21	**pesimista**	pessimistisch	
22	**tener* ganas** (de hacer a/c)	Lust haben	Maite no tiene ganas de vivir en el campo.
23	**esperar** a/c	hoffen	El equipo espera ganar el partido.
24	**Me gustaría...** +Inf	Ich würde gern ...	Me gustaría ir a tu fiesta, pero...
25	**preferir** a/c (a a/c) (e→ie/i)	vorziehen, lieber haben	Prefiero ir al cine que al teatro.
26	**ojalá (que)** +subj	hoffentlich	¡Ojalá (que) no llueva durante la excursión!
27	**insistir** (en a/c)	bestehen auf	
28	el **pretexto**	Vorwand	Su enfermedad es un mero pretexto.
29	**mero/-a**	rein, bloß	Lo hago por mera diversión.
30	la **expectativa**	Erwartung	tener la expectativa de conseguir algo
31	el **lema**	Motto, Wahlspruch	
32	**Me gusta que...** +subj	Mir gefällt, dass ...	Me gusta que hoy no tengamos deberes.
33	la **postura** (sobre)	Einstellung, Haltung	Te voy a explicar mi postura sobre el asunto.
34	**conformarse** con a/c	zufrieden sein mit	Me conformo con lo que tengo.
35	**estar* harto/-a** de a/c	etw satt haben	Estoy harto de tus bromas. Me voy.
36	**estar* hasta las narices** (de alg, de a/c) *fam.*	etw satt haben, die Nase voll haben	Estoy hasta las narices de estudiar. ►► estar harto/-a
37	el **rechazo** (a)	Ablehnung	Expresaron su rechazo a las reformas.
38	el/la **individuo/-a** *fam.*	Kerl, Typ (*abwertend*)	No aguanto el individuo con que sale mi hermana.

39	**odiar** a/c, a alg	hassen	Odio este tipo de películas.
40	**ni siquiera**	nicht einmal	Es muy arrogante y ni siquiera nos saluda.
41	**tener* manía** a alg *fam.*	nicht ausstehen können	Este profe me tiene manía.
42	**ser* un rollo***fam.*	lästig sein	Las hermanas pequeñas pueden ser un rollo.
43	**admirar** a/c, a alg	bewundern	Admiro a mi abuela.
44	**increíble**	unglaublich	El concierto estuvo increíble.
45	**comprensivo/-a**	verständnisvoll	
46	**conforme** con (*estar*)	einverstanden	Ana no está conforme con la nota.
47	**blando/-a**	weich (*auch figurativ*)	carne blanda; un carácter blando
48	**en absoluto**	in keiner Weise, nicht im Geringsten	No tiene ganas de volver a la escuela en absoluto.
49	**opuesto/-a** (a)	gegensätzlich	Tengo una opinión opuesta a la tuya.
50	**¡Ánimo!**	Nur Mut!	¡Ánimo! Aprobarás el examen.
51	**Regular.**	Geht so. (*als Antwort*)	– ¿Qué tal estás? – Regular.
52	**¡Ni fu ni fa!** *fam.*	So lala., einigermaßen	– ¿Te ha gustado la película? – ¡Ni fu ni fa!
53	**¡Por fin!**	Endlich!	– La comida está lista. – ¡Por fin!
54	**¡Lo que faltaba!**	Das hat uns/mir gerade noch gefehlt!	
55	**la dignidad**	Würde	Nunca pierdas tu dignidad.
56	**modesto/-a**	bescheiden	►◄ exigente
57	**acostumbrado/-a** a	gewohnt	estar acostumbrado al ruido
58	**peculiar**	eigentümlich	
59	**la dureza**	Härte	El director mostró dureza.
60	**únicamente**	nur; (einzig und) allein	Únicamente bebo café de comercio justo.
61	**el buen/mal humor**	gute/schlechte Laune	
62	**estar* de buen/mal humor**	gute/schlechte Laune haben	Hoy el profe está de buen humor y nos cuenta muchos chistes.
63	**extremo/-a**	extrem; äußerste/r, äußerstes	una actitud extrema, temperaturas extremas; el punto extremo del país

6.5 Sinne

1	**el sentido**	Sinn	los cinco sentidos
2	**sentir** a/c (e→ie/i)	spüren, fühlen	
3	**la realidad**	Wirklichkeit	aceptar la realidad

4	**darse* cuenta** (de a/c)	merken, bemerken	Mi hermana tiene un novio, pero mis padres no se dan cuenta.
5	**fijarse** en a/c, en alg	bemerken	¿Te has fijado en sus nuevas gafas?
6	**notar** a/c	merken, bemerken	El profe no notó que había copiado tus deberes.
7	**¡Se nota!**	Das merkt man. (*Kommentar*)	– Estudié muchísimo para el examen. – ¡Se nota!
8	**percibir** a/c	wahrnehmen	▸ notar algo con los sentidos
9	la **percepción** (de)	Wahrnehmung	La lengua nos permite la percepción de sabores.
10	**prestar atención** a a/c	aufpassen auf	Prestad atención a lo que os digo.
11	**desprender** a/c	ausströmen *Geruch*	Este queso desprende un olor poco agradable.
12	**llamar la atención** (a alg)	auffallen	Me llama la atención que... (+*Indikativ*)
13	**llamativo/-a**	auffallend	un vestido llamativo, un color llamativo
14	la **intuición**	Intuition	
15	**destacar**	hervorstechen, auffallen	En esta película destaca el vestido rojo de la protagonista.
16	el **instinto**	Instinkt	En cosas de amor, sigo mi instinto.
17	la **vista**	Sehvermögen; Ausblick	A pesar de su edad tiene muy buena vista. Este balcón tiene una vista preciosa al mar.
18	**ver*** a/c, a alg	sehen	No creo que Luis esté aquí, no lo veo.
19	**visible**	sichtbar	▸ que se puede ver
20	**invisible**	unsichtbar	▸ lo que no se percibe por la vista
21	**transparente** (*ser*)	durchsichtig	El vidrio es transparente.
22	**prever** *wie ver*	vorhersehen	Nadie puede prever el futuro.
23	**mirar** a/c, a alg	anschauen, sehen	mirar una película
24	la **mirada**	Blick; Gesichtsausdruck	Me miró con una mirada inocente.
25	**echar una mirada** a a/c, a alg	einen Blick auf etw/jdn werfen	Antes de entregar el trabajo, quisiera que le eches una mirada.
26	**observar** a/c, a alg	beobachten	
27	la **observación**	Beobachtung	
28	**clavar los ojos** en *fam.*	anstarren	Juan clavó sus ojos en el coche.
29	**reflejar** a/c	widerspiegeln, zeigen	La historia refleja su viva fantasía.
30	la **perspectiva**	Perspektive	

31	el **oído**	Gehör, Ohr (*inneres*)	Tiene muy buen oído. Me duele el oído.
32	**oír*** a/c, a alg	hören	Con tanto ruido no oigo lo que dices.
33	**Soy todo/-a oídos.**	Ich bin ganz Ohr.	
34	**escuchar** a/c	hören	
35	**sonar** (o→ue)	klingen; klingeln	El motor suena raro. ¡Suena el teléfono!
36	el **sonido**	Klang, Ton	
37	**bajar** a/c	leiser stellen *Musik*	bajar la radio, bajar el volumen
38	**subir** a/c	lauter stellen *Musik*	►◄ bajar
39	el **ruido**	Lärm; Geräusch	►◄ el silencio

Peng, Bumm, Krach!
Einige Geräusche klingen für spanische Ohren anders:

¡Cataplum!	Padauz!
¡Zas!	Krawumm!
¡Rin, rin!	Klingeling!
¡Guau, guau!	Wau wau!
¡Achís!	Hatschi!
¡Ja, ja, ja!	Ha ha ha!
¡Tilín, tilín!	Tatü tata!
¡Ay!	Autsch!
¡Bang!	Peng!
¡Muac!	Schmatz!

40	**ruidoso/-a**	laut	una calle ruidosa
41	el **silencio**	Stille	► ausencia de ruidos
42	el **gusto**	Geschmack (*Stil*)	Tienes buen gusto. No es de mi gusto.
43	el **sabor** (a)	Geschmack (*Sinn*)	No me gusta el helado con sabor a café.
44	**saber*** (a a/c)	schmecken (nach)	La salsa sabe a cebollas.
45	**amargo/-a** (*ser*)	bitter	No me gusta el chocolate demasiado amargo.
46	el **olfato**	Geruchssinn	
47	el **olor** (a)	Geruch (nach)	Este queso desprende un fuerte olor.
48	**oler*** a/c; a a/c	riechen; riechen nach	No huelo nada. Aquí huele a pescado.
49	**puro/-a** (*ser*)	rein	oro puro; ser pura casualidad
50	**sutil** (*ser*)	leicht; fein; subtil (*unterschwellig*)	un color sutil; un perfume sutil; un efecto sutil
51	el **aroma**	Duft	► un olor agradable

52	el tacto	Tastsinn (*Wahrnehmung*); Taktgefühl (*Benehmen*)	
53	tocar a/c	berühren, anfassen	Está prohibido tocar los cuadros del museo.
54	confundirse de a/c	verwechseln	El profe se confundió de aula.
55	atontado/-a *fam.* (*estar*)	benommen, baff	Marta se quedó atontada cuando lo vio.
56	disimular a/c (con a/c)	verbergen; vertuschen	disimular una mancha; disimular un error
57	la sensación	Gefühl	Tengo la sensación de que... (+*Indikativ*)
58	perderse (e→ie)	sich verlaufen	En Madrid sin un plano yo me pierdo.
59	la memoria	Gedächtnis	tener una memoria excelente

Verstand

7

7.1 Denken
7.2 Urteilen
7.3 Lernen

7.1 Denken

1	**pensar** a/c, en alg (e→ie)	denken; denken an	– Y tú ¿en qué piensas? – Pienso en mi familia.
2	el **pensamiento**	Gedanke	
3	la **reflexión**	Überlegung, (geistige) Auseinandersetzung	
4	**considerar** a/c	bedenken	considerar una situación
5	la **consideración**	Betrachtung; Respekt	Después de una breve consideración del problema...; tratar a alguien con consideración
6	**concebir** a/c (e→i)	entwerfen *Plan, Konzept*	El entrenador concibió una nueva estrategia.
7	**dar vueltas*** a a/c	sich den Kopf zerbrechen über	No le des tantas vueltas a vuestra discusión. Ha sido un malentendido.
8	**meditar** (a/c; sobre a/c)	nachdenken über; überdenken	¡Medita bien tu decisión antes de tomarla! Meditamos sobre un problema.
9	**razonar** a/c	nachdenken über, durchdenken	
10	el **razonamiento**	Überlegung; Argumentation	No me convence tu razonamiento.
11	la **resolución** (de)	Entschluss	A los 19 años tomó la resolución de viajar.
12	la **comprensión** (de)	Verständnis, Verstehen	la comprensión del texto
13	**enfocar** a/c	betrachten *Probleme*, angehen	Enfoca todos los problemas desde una actitud muy pesimista.
14	**hallar**	finden; entdecken	¿Dónde hallaste esta vieja moneda?
15	**fiarse** de alg (i→í)	vertrauen	Ya no me fío de él, porque me mintió.
16	la **idea**	Idee	Tengo una idea para ahorrar dinero.
17	**ocurrírsele** a/c a alg	einfallen	¿Cuándo se te ocurrió esa idea?
18	la **mente**	Verstand, Denkweise	▶ la facultad y el modo de pensar
19	**mental** (*ser*)	geistig	problemas mentales, trabajo mental
20	**figurarse** a/c	sich vorstellen, sich ausmalen	▶▶ imaginarse a/c
21	la **fantasía** (de)	Fantasie; Vorstellung	Tiene una fantasía viva.
22	**acordarse** de alg (o→ue)	sich erinnern (an)	¡Tengo un examen y no me acuerdo de nada!
23	**sonarle** a alg (o→ue)	bekannt vorkommen	¿Te conozco? Es que tu cara me suena.
24	**vago**/-a	vage	No tengo más que una vaga idea del tema.
25	**equivocarse**	sich täuschen, sich irren	No creí que aprobaría el examen, pero afortunadamente me equivoqué.

26	la equivocación	Irrtum	Es una equivocación pensar en esto.
27	la incertidumbre	Unsicherheit, Ungewissheit	
28	poner* en duda a/c	anzweifeln, in Frage stellen	No admito que pongas en duda su buena voluntad.
29	dudar de a/c	zweifeln	Nadie duda de tu inteligencia.
30	la duda (sobre)	Zweifel (an)	Existen dudas sobre esta historia.
31	el misterio	Geheimnis, Rätsel	▶ algo que es muy difícil de explicar
32	misterioso/-a	geheimnisvoll	Oí una voz misteriosa.
33	ignorar a/c; a alg	nicht wissen; ignorieren	Ignoro el resultado del partido. Nos ignoró durante todo el día.
34	no tener* ni idea (de a/c) fam.	keine Ahnung haben	▶ no saber nada de alguna cosa
35	olvidar a/c, a alg	vergessen	He olvidado su nombre. ¡Olvídalo!
36	olvidarse de a/c, de alg	vergessen	Me he olvidado de su nombre. ¡Olvídate de eso!

37	imaginarse a/c, que + Ind	sich vorstellen, sich ausmalen	Me imagino lo que nos dirá el profe cuando...
38	al parecer	anscheinend	Al parecer no hay nadie en casa.
39	la impresión (de)	Eindruck	Tengo la impresión de que... (+*Indikativ*)
40	creer a/c *wie leer*	glauben	Creo que es buena idea.
41	No creo que... +subj	Ich glaube nicht, dass	No creo que venga Juan.
42	la convicción (de que +Ind)	Überzeugung	hacer algo por convicción, tener la convicción de que... (+*Indikativ*)
43	estar* convencido/-a de a/c, de que +Ind	überzeugt sein	Leticia está convencida de que en Estados Unidos todo será mejor.

44	planear a/c	planen	
45	el plan	Plan	Tengo un plan.
46	el deseo	Wunsch	Su gran deseo es ser escritora.
47	la intención (de)	Absicht	tener la intención de hacer algo
48	el fin	Zweck	¿Qué fin persigues con este comportamiento?
49	pensar hacer a/c (e→ie)	vorhaben, zu tun gedenken	Pienso estudiar medicina cuando haya terminado la escuela.
50	pretender a/c	erstreben; behaupten; erreichen wollen	Pretendo ganar el premio. Pretende haberme visto con su novia. ¿Qué pretendes con eso?
51	el propósito	Absicht	▶▶ intención
52	secreto/-a	geheim; heimlich	un sitio secreto; un plan secreto

53	elevado/-a	gehoben *Stil*, *Gedanken*	un nivel elevado, un lenguaje elevado
54	complejo/-a (*ser*)	komplex	▶▶ complicado/-a
55	intuir a/c (i→y)	ahnen, spüren	Intuyo que mañana hará buen tiempo.
56	decidirse (por a/c, alg)	entscheiden für	Me decido por la chaqueta azul.
57	decidir a/c	entscheiden	Tú decides lo que es lo mejor para ti. Decidió estudiar derecho.
58	el criterio	Kriterium	seguir un criterio para calificar algo
59	arbitrario/-a (*ser*)	willkürlich	
60	la razón (para)	Grund; Vernunft	Tranquilo, no hay razón para gritar. El hombre se distingue del animal por la razón.
61	filosófico/-a (*ser*)	philosophisch	una cuestión filosófica
62	la opinión (de que)	Meinung	Tengo la opinión de que debemos...
63	reconocer a/c (c→zc)	anerkennen, zugeben	Ramón reconoce que no tiene razón.
64	consciente de (*estar*)	bewusst	Parece que no estás consciente del problema.
65	la conciencia (de)	Bewusstsein	perder la conciencia
66	el juicio	Verstand	Pero, ¿has perdido el juicio?
67	por consiguiente	folglich, also	▶▶ por eso
68	deducir a/c de a/c *wie conducir* (c→zc)	folgern, schließen aus	Deduzco de eso que no quieres continuar.
69	considerable	beachtlich	de un tamaño considerable

7.2 Urteilen

1	juzgar a/c	beurteilen; halten für	No juzgo el comportamiento de nadie. La juzgo capaz de ganar el partido.
2	considerar a/c a alg	betrachten als	Lo consideraron un gran artista.
3	tener* a alg por a/c	für etw halten	Parece que nos tienes por tontos.
4	calificar a/c de algo	beurteilen (als), bewerten (als)	Calificó mi propuesta de adecuada.
5	tan ... como...	genauso ... wie ...	La vida en Madrid no es tan cara como en Nueva York.
6	la especulación	Spekulation	Lo que dices es mera especulación.
7	elegir (e→i)	auswählen	Aquí tienes dos cedés. ¿Cuál eliges?
8	la decisión de hacer a/c	Entscheidung	Tomé la decisión de repetir el curso.
9	el prejuicio	Vorurteil	tener prejuicios, luchar contra prejuicios, liberarse de prejuicios
10	la verdad	Wahrheit	Estoy harto de tus mentiras. ¡Dime la verdad!

11	**considerar** a alg	wertschätzen, mit Respekt behandeln	Consideramos mucho a nuestro profesor de música.
12	**valorar** a/c	schätzen; wertschätzen	Nadie valora mi trabajo. ▶▶ apreciar
13	**ejemplar** (*ser*)	beispielhaft, vorbildlich	Has hecho un trabajo ejemplar.
14	**agradable** (*ser*)	angenehm	En este bar hay un ambiente muy agradable.
15	**admirable** (*ser*)	bewundernswert	▶ digno de admiración
16	**alucinante** (*ser*)	faszinierend, toll	¡Qué alucinante!
17	**Me parece estupendo que...** +subj	Ich finde toll, dass ...	
18	**Me encanta que...** +subj	Ich finde es toll, dass ...	Me encanta que vengas a mi fiesta.
19	el/la **mejor**	der Beste/die Beste	
20	**notable**	bemerkenswert; deutlich *Veränderung*	un éxito notable una notable subida de precios
21	**valer*** la pena	sich lohnen, die Mühe wert sein	No creo que valga la pena pelearse por eso.
22	**deseable** (*ser*)	wünschenswert	Sería deseable que... (+*subjuntivo*)
23	**guay** *fam.* (*ser*)	toll, super, dufte	Para Nuria, estudiar es guay.
24	la **maravilla**	Wunder (*etwas Außergewöhnliches*)	Es una maravilla lo que aprendió en tan poco tiempo.
25	**condenar** a/c	verurteilen, missbilligen	Todos los grupos políticos condenaron este atentado.
26	**descartar** a/c	ausschließen *Möglichkeit*	Descataron la idea de participar.
27	**criticar** a/c, a alg	kritisieren	No le gusta que la critiquen.
28	**crítico/-a** (con) (*ser*)	kritisch	ser crítico con alguien; un momento crítico
29	**peor**	schlechteste/r, schlechtestes	Es la peor película que he visto jamás.
30	**inferior** (*ser*)	minderwertig; geringer	
31	**asqueroso/-a** (*ser*)	widerlich, ekelhaft	una persona asquerosa, un sabor asqueroso
32	**maldito/-a**	verflucht, verdammt	¡Este maldito ordenador nunca funciona!
33	**menudo/-a** *ironisch*	toll	¡Menuda información que nos han dado!
34	**por desgracia**	unglücklicherweise	Por desgracia me dieron un suspenso.
35	**superficial**	oberflächlich	▶◀ profundo/-a
36	el **disparate**	Blödsinn, Schwachsinn	▶ lo que carece de sentido
37	la **contradicción**	Widerspruch	Hay una contradicción clara entre tus notas.
38	lo **malo**	das Schlechte	Lo malo es que nadie nos pueda ayudar.

39	el **círculo vicioso**	Teufelskreis	La pobreza y las drogas forman un círculo vicioso.
40	**ser* una lástima** que +subj	schade sein	Es una lástima que no estés aquí.
41	el **colmo**	Spitze (*Frechheit*), Höhe	Esto es el colmo: vienes tarde y te quejas.
42	**¡Esto es demasiado!**	Das geht zu weit!	
43	**tener* importancia**	wichtig sein	– Lo siento. – No te preocupes, no tiene importancia.
44	**central** (*ser*)	zentral (*wichtig*), hauptsächlich	el problema central, la cuestión central
45	**clave**	Schlüssel-; Haupt-	el momento clave; las preguntas clave
46	**principal**	hauptsächlich, Haupt-	el problema principal
47	**primordial** (*ser*)	vordringlich, vorrangig, wesentlich	la cuestión primordial, ser primordial que… (+*subjuntivo*)
48	**sumamente**	äußerst	Esta cuestión es sumamente importante.
49	**tomar en serio** a/c, a alg	ernst nehmen	Nunca tomas en serio lo que te dice el profe.
50	**secundario/-a** (*ser*)	zweitrangig	
51	**no tener* inconveniente** (en a/c)	nichts dagegen haben	No tengo inconveniente en venir antes.
52	**por lo menos**	mindestens; wenigstens	Necesitamos por lo menos 20 €.
53	**No me importa que…** +subj	Es macht mir nichts aus, dass …	▶▶ Me da igual que… (+*subjuntivo*)
54	**¡Qué más da!**	Ist doch egal!, Na und?	Pillé a Pablo y a Susi en el cine. – ¡Qué más da!
55	**desgraciadamente**	leider	Desgraciadamente no puedo ir a tu fiesta.
56	**adivinar** (a/c)	raten; erraten	Si no lo sabes, debes adivinar.
57	**suponer** que +Ind *wie poner*	vermuten; mit sich bringen	Supongo que soy aburrido porque no bebo. Ganar este partido supuso mucho trabajo.
58	**tener* pinta** de +Inf	aussehen, als ob	Tienes pinta de estar triste.
59	**parecer** a alg (c→zc)	finden	

Parecer *und* finden *erfordern unterschiedliche Konstruktionen:*

Esta música me parece muy buena.   Ich finde diese Musik sehr gut.
(*Wörtlich*: Diese Musik erscheint mir sehr gut.)

¿Qué te parecen las películas de Tarantino?   Wie findest du die Filme von Tarantino?
(*Wörtlich*: Wie erscheinen dir die Filme von Tarantino?)

60	**imaginar** que +Ind	vermuten, annehmen	Imagino que no quieres venir. ▶▶ suponer

61	adecuado/-a	angemessen; geeignet	un precio adecuado
62	afortunadamente	glücklicherweise, zum Glück	Afortunadamente no llovió ayer.
63	dichoso/-a	glücklich	Pasamos unos días dichosos.
64	favorito/-a	Lieblings-	mi actriz favorita, mi color favorito
65	menos mal que	zum Glück	Está lloviendo mucho, menos mal que esta mañana no olvidé el paraguas.
66	ser* cierto	stimmen, richtig sein	No todo lo que dice la tele es cierto.
67	lógico/-a (ser)	logisch	Es lógico que no tengas buenas notas sin estudiar.
68	extraño/-a	seltsam, merkwürdig	►► raro/-a
69	de una vez	endlich mal	¡Escúchame de una vez!
70	duro/-a	hart	un comportamiento duro, una crítica dura
71	vaya +Subst umgs.	was für +Subst	¡Vaya casa tenéis! ¡Vaya respuesta!

7.3 Lernen

1	aprender a/c; a hacer a/c	lernen	aprender una lengua; aprender a escribir
2	comprender a/c	verstehen	►► entender
3	usar a/c	benutzen, gebrauchen	En el examen, podéis usar un diccionario.
4	utilizar	gebrauchen	Esta palabra no la has utilizado correctamente.
5	buscar a/c, a alg	suchen	buscar una solución, buscar trabajo
6	averiguar a/c	untersuchen; herausfinden	►► analizar
7	detectar a/c (en a/c)	entdecken; feststellen	detectar bacterias en un alimento detectar inquietud en la voz de alguien
8	concluir a/c (i→y)	schließen aus	►► deducir a/c de a/c
9	convincente (ser)	überzeugend	► que convence
10	concentrarse (en a/c)	sich konzentrieren	Con este ruido no puedo concentrarme.
11	retener a/c wie tener	sich merken	Nunca retengo los chistes que me cuentan.
12	dar* una lección a alg	eine Lektion erteilen	A este arrogante hay que darle una lección.
13	proponerse a/c wie poner	sich vornehmen	Se propuso hacer más deporte.
14	la facultad (para a/c)	Fähigkeit; Befähigung	
15	la solución (a)	Lösung (für)	Están buscando una solución urgente.

| 16 | **enterarse** de a/c | erfahren | Me enteré de tu accidente por una amiga. |
| 17 | **saber*** a/c | erfahren | |

Wenn saber *im Indefinido steht, bedeutet es nicht ‚wissen', sondern ‚erfahren':*

| ¿Ya sabes lo de Paula? | Weißt du schon das mit Paula? |
| ¿Cuándo supiste lo de Paula? | Wann hast du das mit Paula erfahren? |

18	**captar** a/c	verstehen, kapieren	No he captado este chiste.
19	obvio/-a	offensichtlich	Es obvio que no has estudiado.
20	**recurrir** a a/c, a alg	zurückgreifen auf, sich (einer Sache) bedienen	Tuve que recurrir al diccionario para entender el texto.
21	**asumir** a/c	übernehmen; annehmen	asumir la responsabilidad asumir un castigo
22	explicarse a/c	verstehen; sich verständlich machen	No me explico su conducta violenta. Se explica muy bien en castellano.
23	**empujar** a alg a a/c	bewegen, drängen, anstiften	Mis padres me empujaron a hacer este curso.

24	el **talento**	Talent, Begabung	Tiene un gran talento musical.
25	**saber*** a/c	wissen	Ya lo sé.
26	el **saber**	Wissen	▶▶ conocimiento
27	la sabiduría	Weisheit	un hombre de profunda sabiduría
28	el genio	Genie	▶ una persona con facultades extraordinarias
29	la destreza	Geschicklichkeit	adquirir destreza en algo
30	dominar a/c	beherrschen *Fähigkeiten*	dominar una lengua, dominar una técnica
31	el descuido	Unaufmerksamkeit	
32	**equivocado/-a**	falsch	una respuesta equivocada
33	el **modo** (de)	Art, Art und Weise	El mejor modo de sacar buenas notas es estudiar.
34	el olvido	Vergessen; Vergessenheit	luchar contra el olvido caer en el olvido, salir del olvido
35	la estupidez (Pl.: *estupideces*)	Dummheit, Blödheit	No digas estupideces.

Sprache

8

8.1 Sprechen

1	**hablar**	sprechen, reden

Das Verb hablar *hat viele verschiedene Verwendungen:*

Hablo francés.	Ich spreche Französisch.
Me **habló en** francés.	Er/Sie hat mich auf Französisch angesprochen.
Hablamos de las vacaciones.	Wir sprechen von den Ferien.
Hablamos de política.	Wir sprechen über Politik.
Hablé con Elena (**por teléfono**).	Ich habe mit Elena (am Telefon) gesprochen.
Estás hablando tonterías.	Du redest Blödsinn.
¡Habla por ella al profesor!	Leg beim Lehrer ein gutes Wort für sie ein. (*Wörtlich*: Sprich beim Lehrer für sie!)
Él ya no le **habla a** su hermana.	Er redet nicht mehr mit seiner Schwester.

2	**charlar** (de a/c)	plaudern	Vi a Elena por la calle y charlamos un rato.
3	la **charla**	Plauderei	► una conversación entre amigos
4	**acerca de**	über	En clase hablamos mucho acerca de la globalización.
5	la **conversación**	Gespräch, Unterhaltung	La llamada interrumpió nuestra conversación.
6	el/la **interlocutor/a**	Gesprächspartner/in	
7	el **diálogo**	Dialog, Unterhaltung	un diálogo vivo
8	**comunicar** a/c a alg	mitteilen	Mañana, nos comunicarán nuestras notas.
9	la **comunicación**	Kommunikation	problemas de comunicación
10	**contar** a/c a alg (o→ue)	erzählen	Les conté un cuento a los niños.
11	**preguntar** a/c a alg	fragen	¿Puedo preguntarte algo? ►◄ contestar, responder
12	**preguntar** por alg	fragen nach	Vino Lisa y preguntó por ti.
13	la **pregunta**	Frage	hacer una pregunta, contestar una pregunta
14	**responder** (a/c, a alg)	antworten; beantworten	No responderé esa pregunta.
15	la **respuesta** (a)	Antwort (auf)	¿Cuál fue su respuesta a tu petición?
16	**contestar** (a/c, a alg)	antworten; beantworten	Contestó todas las preguntas.
17	**explicar** a/c (a alg)	erklären	¿Puedes explicarme el ejercicio?
18	la **explicación**	Erklärung	pedir explicaciones a alguien
19	**callar(se)**	schweigen	► no decir nada

20	**aconsejar** a/c (a alg)	empfehlen; beraten	El profe le aconseja a Julio que estudie más.
21	el **consejo**	Rat, Ratschlag	dar un consejo, pedir un consejo
22	**recomendar** a/c a alg (e→ie)	empfehlen	Te recomiendo que no se lo digas.
23	**avisar** (a/c) a alg	mitteilen, Bescheid sagen	Si necesitas ayuda, avísame.
24	**advertir** a alg de a/c (e→ie/i)	warnen (vor); hinweisen (auf)	La policía advierte a los habitantes del peligro.
25	**anunciar** a/c (a alg)	ankündigen; bekannt geben	El profe anunció la hora del examen.
26	**insinuar** a/c (u→ú)	andeuten	¿Qué insinúas con esta pregunta?
27	**aludir** a a/c, a alg	anspielen auf	El profe alude a la pelota de la clase.
28	**indirecto/-a**	indirekt	
29	**referirse** a a/c, a alg (e→ie/i)	sich beziehen auf	No hablo de ti, me refiero a tu hermano.
30	**proponer** a/c (a alg) *wie poner*	vorschlagen	Kai le propuso a Marta que hicieran una excursión.
31	la **propuesta**	Vorschlag	hacer una propuesta
32	**prometer** a/c a alg	versprechen	Te prometo que no vuelvo a hacerlo.
33	la **promesa**	Versprechen	hacer una promesa, cumplir una promesa
34	**jurar** a/c (a alg)	schwören	Te juro que no he hecho nada.
35	**saludar** a alg	grüßen, begrüßen	
36	el **saludo**	Begrüßung; Gruß	Vi a Ana, te manda saludos.
37	**dar* recuerdos** a alg	jdm Grüße ausrichten	
38	la **afirmación**	Behauptung; Bestätigung	

39	**agradecer** a/c a alg (c→zc)	danken	►► dar las gracias a alg por a/c Te agradezco tu ayuda.
40	**dar* las gracias** a alg (por a/c)	sich bedanken	¿Ya le diste las gracias a tu abuela por el regalo?
41	**felicitar** a alg (por a/c)	gratulieren, beglückwünschen	Todos la felicitaron por el premio.
42	el **reproche**	Vorwurf	hacer un reproche a alguien
43	**insultar** a alg	beleidigen	► herir a alguien moralmente con la palabra o con la conducta
44	el **insulto**	Beleidigung	► palabras que hieren a alguien moralmente
45	**burlarse** de a/c, de alg	sich lustig machen über	Los chicos se burlan de mis apellidos.

46	la **protesta** (por/contra)	Protest	expresar su protesta, presentar una protesta
47	la **queja**	Beschwerde	presentar quejas, tener una queja
48	**quejarse** de a/c, de alg	sich beschweren	Los vecinos se quejan del ruido por el botellón.
49	la **excusa**	Entschuldigung; Ausrede	La violencia no tiene excusa. ¡No me vengas con excusas!
50	la **disculpa**	Entschuldigung; Ausrede	aceptar una disculpa Siempre vienes con disculpas.
51	**disculparse**	sich entschuldigen	▶▶ excusarse
52	**pedir disculpas** (a alg por a/c) (e→i)	um Entschuldigung bitten	Os pido disculpas por lo que dije.
53	**perdonar** (a/c) a alg	verzeihen	▶◀ ofender
54	**describir** a/c (a alg) *wie escribir*	beschreiben	▶ explicar con palabras cómo es alguna cosa
55	la **descripción** (de)	Beschreibung	la descripción de un cuadro
56	**comentar** a/c	besprechen *Text, Ereignis*, kommentieren	▶ hacer comentarios sobre algo
57	el **comentario**	Kommentar	hacer un comentario
58	**definir** a/c	definieren	▶ explicar lo que significa una palabra
59	el **rumor**	Gerücht	Corre el rumor de que van a cerrar el polideportivo.
60	el **tono**	Ton	¡No me hables con este tono!
61	**irónico/-a**	ironisch	Oye Papá, ¡no seas irónico, por favor!
62	el **matiz** (Pl.: *matices*)	Unterton, Nuance	El autor le dio a todo su texto un ligero matiz irónico.
63	**familiar** (*ser*)	umgangssprachlich, familiär	▶ del lenguaje coloquial
64	el **acento**	Akzent	Natalène habla con acento francés.
65	el **spanglish**	Spanglisch	▶ mezcla de español e inglés
66	**alto**	laut	Habla más alto, no te entiendo.
67	la **palabrota**	Schimpfwort	¡No sueltes tantas palabrotas! ▶▶ taco
68	la **lengua**	Sprache	¿Cuántas lenguas hablas?
69	el **idioma**	Sprache	una escuela de idiomas ▶▶ lengua
70	el **habla** w	Sprache (*als Sprechvermögen*); Mundart	Nos distinguimos de los animales por el habla. Es típico del habla de Tenerife.

71	el lenguaje	Sprache (*als Verständigung; Stil*); Jargon	el lenguaje de los delfines; un lenguaje bastante complicado; el lenguaje político
72	el/la hablante	Sprecher/in	El español es una lengua con más de 350 millones de hablantes.
73	el/la hispanohablante	Spanischsprechende/r	▶ persona que habla español

Wenn einem das passende Wort fehlt, kann man sich bekanntlich auch mit Händen und Füßen verständlich machen. Doch Vorsicht: In Spanien benutzt man einige Gesten, die hierzulande unbekannt sind.

¡No lo sé!

"No lo sé." –
Davon weiß ich nichts.
(*um Verantwortung von sich zu weisen*)

"¡Mucha gente!" –
Ist das voll hier!

Esto huele mal

"Esto huele mal." –
Da ist etwas im Busch.
(*um Misstrauen auszudrücken*)

¡Corta el rollo!

"¡Corta el rollo!" –
Mach mal Schluss!
(*um den Redefluss von jemanden zu unterbrechen*)

74	el debate	Debatte, Diskussion	▶▶ discusión
75	la crítica	Kritik	No aguanta las críticas.
76	la justificación	Rechtfertigung	
77	el mensaje	Mitteilung, Nachricht, Botschaft	Si no estoy en casa, déjame un mensaje en el contestador automático.
78	dicho/-a	besagt	Conocí a un médico y dicho médico me dijo que...
79	el piropo	Kompliment	soltar un piropo, decirle un piropo a alguien
80	el secreto	Geheimnis	¿Puedes guardar un secreto?
81	la mentira	Lüge	¡Deja de contar mentiras!
82	mentir (a alg) (e→ie/i)	lügen, belügen	▶ decir algo que no es verdad
83	la maldición	Fluch	Dicen que al dueño de este castillo lo persigue una maldición.
84	el grito	Schrei	Lanzó un grito de dolor cuando la picó la abeja.
85	llamar a alg	rufen	El niño está llamando a su mamá.
86	el chiste	Witz	¿Quieres que te cuente un chiste?
87	formular a/c	formulieren	▶▶ expresar
88	pronunciar a/c	aussprechen; halten *Rede, Vortrag*	¿Cómo se pronuncia esta palabra? El padre de la novia pronuncia un discurso.

8 Sprache

89	**expresar** a/c	äußern	
90	la **expresión**	Ausdruck	
91	**interrumpir** a alg	unterbrechen	¡No me interrumpas!
92	**oral**	mündlich	practicar la expresión oral
93	**escaparse** a/c a alg	herausrutschen *Wörter*; sich verplappern	No se lo cuentes porque siempre se le escapan los secretos.

Vorsicht mit der Konstruktion von escaparse:

Esta palabra se me escapó.	Das Wort ist mir herausgerutscht.
▶ *Aber:* Se me escapó el secreto.	Ich habe mich mit dem Geheimnis verplappert.

94	**defenderse** *fam.* (e→ie)	zurechtkommen (*in einer Fremdsprache*), sich verständlich machen	Casi no sé nada de portugués, pero me defiendo.
95	**mencionar** a/c	erwähnen	
96	**desmentir** a/c (e→ie/i)	dementieren	▶ explicar que una declaración no es correcta
97	**convencer** a alg (de a/c)	überzeugen	Me has convencido de que es mejor no fumar.
98	**convenir** en a/c *wie venir*	vereinbaren	▶ ponerse de acuerdo en algo
99	**exagerar** (a/c)	übertreiben	¡No exageres! Estuve allí y lo vi también.
100	**consultar** a alg	befragen	▶▶ preguntar a/c a alg
101	**en primer lugar**	an erster Stelle	En primer lugar quiero dar las gracias.
102	**concretamente**	genau, konkret; um genau zu sein	No nos lo dijo concretamente. Hablo de dos compañeros, concretamente de Alberto y Sara.
103	**francamente**	ehrlich gesagt	Francamente, me parece una idea absurda.
104	**en serio**	im Ernst	En serio, tengo un sobresaliente.
105	**¡Basta de chorradas!** *fam.*	Es reicht mit dem Unsinn!	
106	**por cierto**	übrigens	No estoy contento con aquel partido de fútbol. Por cierto, ¿conocías al árbitro?
107	**¿Me explico?**	Verstehst du, was ich sagen möchte?	Es un problema socio-económico-político. ¿Me explico?
108	**¡No me vengas con…!**	Komm mir bloß nicht mit …!	
109	**¡Yo qué sé!**	Was weiß ich!	– ¿Qué piensa mamá de eso? – ¡Yo qué sé!
110	**¡Qué va!**	Ganz und gar nicht!, Quatsch!	– ¿Eres de Galicia? – ¡Qué va! Soy de América Latina.
111	**¡Por supuesto!**	Selbstverständlich!, Klar doch!	– ¿Conoces los cómics de Mafalda? – ¡Por supuesto!

112	**En efecto.**	In der Tat., Ganz genau.	– ¿Colón creyó que estaba en la India? – En efecto.
113	**Con mucho gusto.**	Sehr gern.	– ¿Me acompañas al cine? – Con mucho gusto.
114	**¡No sé!**	Weiß ich nicht!	– ¿Cuál es la capital de Honduras? – ¡No sé!
115	**Ni idea.** *fam.*	Keine Ahnung	– ¿Cuántos años tiene la profe? – Ni idea.
116	**¡Hombre!** *fam.*	Mensch!, Na so was!	¡Hombre, Sara! ¿Qué haces tú por aquí?
117	**¡No me digas!**	Sag bloß!, Was du nicht sagst! (*Überraschung*)	
118	**¡Fíjate!** *fam.*	Da sieh mal einer an!	
119	**¡Maldita sea!** *fam.*	Verdammt noch mal!	

8.2 Diskutieren

1	**discutir** (a/c, sobre a/c)	diskutieren, besprechen	Discutieron la propuesta durante toda la noche.
2	la **discusión**	Diskussion; Streit	Tuvieron una fuerte discusión familiar.
3	**debatir** a/c	erörtern, debattieren	debatir un problema, debatir una propuesta
4	**argumentar** que +Ind	argumentieren	► dar argumentos
5	el **argumento**	Argument	
6	**constructivo/-a**	konstruktiv	una crítica constructiva
7	**opinar** a/c	meinen, denken	Opino que la violencia no tiene excusa.
8	**pedir** a/c (a alg) (e→i)	bitten um; bestellen	Me pidió un favor. ¿Pedimos tapas?
9	**aceptar** a/c	akzeptieren, annehmen	Acepto tus disculpas.
10	**negar** a/c (e→ie)	leugnen, abstreiten	¿Cómo puedes negar el problema de la pobreza?
11	**protestar**	protestieren	
12	**en el fondo**	im Grunde genommen, eigentlich	Nadie lo dice en alto pero en el fondo todos pensamos lo mismo.
13	**oponer** a/c *wie poner*	einwenden	Tomamos la decisión sin que nadie opusiera argumentos en contra.
14	**admitir** a/c	zugeben	Admito que tienes razón.
15	**contradecir** a/c, a alg *wie decir*	widersprechen	A tu madre no la contradigas.
16	**discutir** *förmlich*	streiten	Siento que hayamos discutido.
17	**ceder** (a a/c)	nachgeben, einwilligen	Finalmente cedió a nuestra petición.
18	**acordar** a/c (o→ue)	vereinbaren	Acordaron no hablar más del tema.

19	**estar* de acuerdo** con a/c, con alg	einverstanden sein	Míriam no está de acuerdo con la idea de Manel.
20	**en contra de**	gegen	Hay argumentos en contra del botellón.
21	**justificar** a/c	rechtfertigen	No hace falta que justifiques tu decisión.
22	**la culpa** (de)	Schuld (an)	¿Quién tiene la culpa de todo eso?
23	**delicado/-a** (*ser*)	heikel	una pregunta delicada
24	**absurdo/-a**	absurd	
25	**la concesión**	Zugeständnis	Nunca hace concesiones.
26	**acertado/-a** (*estar*)	treffend	una respuesta acertada
27	**conveniente** (*ser*)	angemessen	▶▶ adecuado/-a
28	**echar la bronca** a alg *fam.*	anmeckern, zur Sau machen	Llegué tarde y el profe me echó la bronca.
29	**afirmar** a/c	behaupten	Román afirma que está perdiendo dinero.
30	**aclarar** a/c	klären	Tenemos que aclarar un par de preguntas.
31	**propiamente**	eigentlich, um genau zu sein	Propiamente, la ballena no es un pez sino un mamífero.
32	**acentuar** a/c (u→ú)	betonen	'Academia' se acentúa en la e.
33	**resaltar** a/c	hervorheben	Es necesario resaltar los argumentos.
34	**precisamente**	genau	¡Quiero hablar contigo precisamente de eso!
35	**basar** a/c en a/c	gründen (auf) *Meinung*	¿En qué basas esta afirmación?
36	**enumerar** a/c	aufzählen *Argumente, Gründe, Fehler usw.*	
37	**generalizar** (a/c)	verallgemeinern	¡No generalices!
38	**escuchar** a alg	zuhören	Es importante que escuches a los otros.
39	**para mí**	meiner Meinung nach	▶▶ en mi opinión
40	**a mi juicio**	meiner Meinung nach	▶▶ en mi opinión
41	**por un lado ... por otro lado**	einerseits ... andererseits	Por un lado, los coches dan mucha libertad, por otro lado contaminan el ambiente.
42	**seguro que ... +Ind**	sicherlich ...	Seguro que Pablo viene pronto.
43	**por ejemplo**	zum Beispiel	
44	**de todas formas**	auf alle Fälle	
45	**¡Claro!**	Sicher!	– ¿Entiendes lo que te digo? – ¡Claro!
46	**¡Es verdad!**	Das stimmt!	
47	**Vale.**	Einverstanden.	– ¿Quedamos a las seis? – Vale.
48	**A ver.**	Mal sehen.	A ver. En principio estoy de acuerdo, pero...
49	**Depende.**	Das kommt darauf an.	– No pueden prohibirlo. – Depende.

50	**es que…** *fam.*	es ist so, dass … (*einräumend*)	No quiero enfadarte pero es que no puedes seguir así.
51	**¿Qué diferencia hay?**	Was macht das für einen Unterschied?	
52	**¡En absoluto!**	Überhaupt nicht!, Keinesfalls!	– ¿Te parece caro, tres euros por una entrada de cine? – ¡En absoluto!
53	**¡Bah!**	Und wenn schon!	– El ascensor no funciona. – ¡Bah! Siempre subo a pié.
54	**Oye…**	Sag mal…	Oye Sonia, ¿quién es Kathrin?
55	**¡Allá tú!**	Das ist dein Problem!	– Quiero un cigarrillo. – ¡Allá tú!
56	**yo que tú**	Ich an deiner Stelle, Wenn ich du wäre	Yo que tú le pediría perdón.
57	**¡Ya está bien!**	Das reicht!, Schluss jetzt!	¡Ya está bien! Deja de molestar a tu hermana.
58	**Porque sí.**	Einfach so!	– ¿Por qué te estás riendo? – Porque sí.
59	**No cabe duda de que…** +Ind *förmlich*	Es steht außer Zweifel, dass …	No cabe duda de que ganaremos.
60	**Es importante que…** +subj	Es ist wichtig, dass …	Es importante que llegues temprano.

Wenn – dann

Es gibt vor allem drei Arten von Bedingungssätzen im Spanischen mit der Konjunktion sí. Sie unterscheiden sich in den Verbformen des si-Satzes und des Hauptsatzes:

Si **salimos** esta noche, te **llamaré**.   (*Zweimal Indikativ*)
Wenn wir heute Abend ausgehen, rufe ich dich an.

Si **saliérais** esta noche, **iría** con vosotros.   (si + subjuntivo *Imperfekt, Konditional Präsens*)
Wenn ihr heute Abend ausgehen würdet, käme ich mit.

Si **hubiéramos** salido anoche, te **habríamos llamado**. (si + subjuntivo *Perfekt, Konditional Perfekt*)
Wenn wir gestern Abend ausgegangen wären, hätten wir dich angerufen.

8.3 Lesen und Schreiben

1	**escribir** * a/c	schreiben	Roberto escribe mensajes en el móvil.
2	**subrayar** a/c	unterstreichen; hervorheben	subrayar las palabras desconocidas subrayar un argumento
3	la **ortografía**	Rechtschreibung	La ortografía del español es muy fácil.
4	la **coma**	Komma	Aquí falta una coma.
5	el **punto**	Punkt	el punto la coma el paréntesis
6	el **paréntesis** (Pl.: *los paréntesis*)	Klammer (*runde*)	escribir algo entre paréntesis

7	la **letra**	Buchstabe; Handschrift	El alfabeto latino tiene 26 letras. Escribes con letra ilegible.
8	el **bolígrafo**	Kugelschreiber	¿Tienes un bolígrafo para mí?
9	el **boli** *fam.*	Kuli	
10	el **lápiz** (Pl.: *lápices*)	Bleistift	No podéis escribir el examen con lápiz.
11	la **pluma**	Füller, Füllfederhalter	escrito con pluma
12	la **tinta**	Tinte	▶ líquido para escribir
13	la **máquina de escribir**	Schreibmaschine	

14	la **hipótesis** (sobre) (Pl.: *las hipótesis*)	Hypothese, Vermutung	formular una hipótesis, construir una hipótesis
15	la **cita**	Zitat	▶ una frase de otra persona
16	la **composición**	Aufsatz	Todavía tengo que escribir la composición.
17	**caracterizar** a/c, a alg	charakterisieren	
18	**minucioso/-a**	genau, peinlich genau	una descripción minuciosa
19	**coloquial** (*ser*)	umgangssprachlich	
20	**vulgar**	vulgär, ordinär	un lenguaje vulgar, usar palabras vulgares
21	la **conclusión**	Schlussfolgerung; Abschluss *eines Aufsatzes*	llegar a una conclusión
22	el **argumento**	Handlung, Thema	Cuéntame el argumento de la historia.
23	la **definición**	Definition	
24	el **diccionario**	Wörterbuch	Si tienes una duda, consulta el diccionario.

25	**leer** a/c	lesen	Estoy leyendo una novela.
26	el **lector/a**	Leser/in	
27	**ilegible** (*ser*)	unlesbar, unleserlich	▶ que no se puede leer
28	**descifrar** a/c	entziffern; lösen *Rätsel*	descifrar una letra; descifrar un enigma
29	**volver* la hoja** (o→ue)	umblättern	Encuentras las respuestas volviendo la hoja.
30	la **nota**	Notiz	
31	**por escrito**	schriftlich	Nos informaron por escrito de que... +Ind

8.4 Texte

1	el **texto**	Text	leer un texto, redactar un texto
2	la **anécdota**	Anekdote	▶ una narración breve
3	la **narración**	Erzählung	
4	el **relato**	Erzählung	▶▶ narración

5	el **cuento**	Erzählung, Märchen	Cuando era niño, mi madre me leía muchos cuentos.
6	la leyenda	Legende	
7	la biografía	Biographie	▶ la descripción de la vida de alguien
8	la **novela**	Roman	'El Quijote' es una novela española.
9	la novela autobiográfica	Autobiographie	▶ novela en la que el autor habla de su vida
10	la novela corta	Kurzroman	
11	la novela de aventuras	Abenteuerroman	
12	el **cómic** (Pl.: *cómics*)	Comic	Lo que más me gusta leer son cómics.
13	la fotonovela	Fotoroman	
14	el **diario**	Tagebuch	Ya no escribo un diario.
15	el ensayo	Aufsatz	▶ un texto corto sobre un tema
16	el tratado (de)	Abhandlung (über)	un tratado de literatura española
17	el manual	Handbuch	Necesito un manual para manejar bien el ordenador.
18	el discurso	Rede	Pronunció un discurso en la boda.
19	la poesía	Poesie; Gedicht	un experto en poesía escribir una poesía
20	el **poema**	Gedicht	recitar un poema, interpretar un poema
21	el **título**	Titel	▶ nombre que se da a un texto
22	la introducción (de; a)	Einleitung; Einführung (*einführendes Werk*)	¿Qué dice el autor en la introducción de la novela? Leo una introducción a la astronomía.
23	el índice	Inhaltsverzeichnis	▶ lista con los capítulos de un libro
24	el capítulo	Kapitel	Ya he leído el primer capítulo.
25	la unidad	Einheit; Lektion	
26	la **página**	Seite	En la página 25, el autor dice que...
27	la **hoja**	Blatt	Apunta tus respuestas en una hoja.
28	el párrafo	Absatz, Abschnitt	
29	la línea	Zeile (*Text, Tabelle*)	la primera línea del tercer párrafo
30	la columna	Spalte (*Text, Tabelle*)	
31	la lista	Liste	¿Podrías apuntarme en la lista?
32	la ilustración	Bebilderung; Bild	▶▶ la imagen
33	el resumen (de) (Pl.: *resúmenes*)	Zusammenfassung	Debemos escribir un resumen de la historia.
34	resumir a/c	zusammenfassen	

35	la versión	Version	la versión completa, una versión abreviada
36	la copia	Kopie	He olvidado la copia del texto en casa.
37	impreso/-a	gedruckt; bedruckt	una carta impresa papel impreso
38	la edición	Ausgabe	Leemos una edición abreviada de Don Quijote.
39	el manuscrito	Manuskript	▸ texto escrito a mano
40	la biblioteca	Bibliothek	
41	el episodio	Nebenhandlung, Zwischenhandlung	▸ la acción en un libro o en una narración que no corresponde a la acción principal
42	el libro	Buch	Estoy leyendo un libro apasionante.
43	el contenido	Inhalt	¿Me puedes describir el contenido del libro?
44	el tema	Thema	¿De qué tema habláis?
45	relatar a/c a alg	erzählen, berichten von	
46	el orden cronológico	chronologische Reihenfolge	No describe los hechos en orden cronológico.
47	el personaje	Charakter (*in einer Geschichte*), Gestalt	El príncipe es un personaje típico de los cuentos.
48	el/la protagonista	Hauptdarsteller/in	▸ el personaje más importante
49	el fantasma	Gespenst	El protagonista no le tiene miedo al fantasma.
50	el monólogo interior	innerer Monolog	El protagonista abre un largo monólogo interior.
51	el contexto	Kontext	¿En qué contexto se usa la palabra 'construcción'?
52	el detalle	Detail, Einzelheit	Nos contó todos los detalles.
53	destacar a/c	hervorheben; betonen	Quisiera destacar que... (*+Indikativ*)
54	el estilo	Stil	tener un estilo fluido, un estilo irónico
55	el registro	Stilebene, Register	hablar en un registro coloquial, utilizar un registro familiar
56	la metáfora	Metapher	
57	tratar de/sobre a/c	handeln von	El libro trata de dos jóvenes que...
58	referente a	bezüglich	El autor trata cuestiones referentes a la pobreza.
59	narrar a/c (a alg)	erzählen, berichten	▸▸ contar
60	la observación	Anmerkung	▸ comentario escrito en un texto que da explicaciones
61	breve (*ser*)	kurz, knapp	una breve pregunta, un cuento breve

62	la **alusión** (a)	Anspielung (auf)	El título de este libro es una alusión a...
63	**ambiguo/-a** (*ser*)	zweideutig	▶ lo que se puede interpretar de dos modos
64	**dedicar** a/c a alg	widmen	El autor dedicó su libro a su abuela.

65	**entender** a/c, a alg (e→ie)	verstehen	Habla dialecto y no la entiendo.
66	**comprensible** (*ser*)	verständlich	explicar algo de manera comprensible
67	**incomprensible** (*ser*)	unverständlich	▶ que no se puede comprender
68	**facilitar** a/c a alg	erleichtern	Un diccionario facilita la comprensión de un texto.
69	**traducir** a/c (c→zc) *wie conducir*	übersetzen	Busco a alguien que me traduzca esta carta del chino al español.
70	la **traducción**	Übersetzung	
71	la **escritura**	Schrift	Los incas no tenían escritura alfabética.
72	la **interpretación**	Interpretation	
73	**interpretar** a/c	interpretieren	
74	el **sentido**	Sinn	Para mí, este texto no tiene sentido.

75	la **literatura**	Literatur	literatura contemporánea, literatura juvenil
76	**literario/-a** (*ser*)	literarisch	
77	el **género literario**	Textgattung	▶ categoría de textos que tienen las mismas características
78	la **ficción**	Erfindung, Fiktion	
79	**romántico/-a**	romantisch	
80	**poético/-a** (*ser*)	poetisch, dichterisch	un lenguaje poético
81	el **verso**	Vers	una estrofa con cuatro versos
82	la **estrofa**	Strophe	
83	la **rima**	Reim	
84	el **estrebillo**	Kehrvers, Refrain	▶ estrofa que se repite a lo largo de un poema o de una canción
85	**lírico/-a** (*ser*)	lyrisch	
86	**amoroso/-a** (*ser*)	Liebes-	una carta amorosa, la poesía amorosa
87	la **prosa**	Prosa	
88	el **recurso estilístico**	Stilmittel	
89	la **enumeración** (de)	Aufzählung	El artículo termina con una enumeración de las víctimas.

90 ■ la **personificación** (de)	Personifizierung	Ángeles y diablos son personificaciones del bien y del mal respectivamente.
91 ■ el **Premio Nobel de Literatura**	Literaturnobelpreis	En 1990 le concedieron el Premio Nobel de Literatura a Octavio Paz.

8.5 Sprachstruktur

1 ■ la **gramática**	Grammatik	► conjunto de reglas de un idioma
2 ■ el **verbo**	Verb	
3 ■ el **auxiliar**	Hilfsverb	
4 ■ el **sustantivo**	Substantiv, Nomen	Los sustantivos tienen artículo.
5 ■ el **género**	Genus, Geschlecht	En español hay dos géneros, en alemán tres.
6 ■ el **adjetivo**	Adjektiv	
7 ■ el **adverbio**	Adverb	El adverbio de 'bueno' es 'bien'.
8 ■ el **artículo**	Artikel	'El' y 'uno' son artículos masculinos.
9 ■ el **sujeto**	Subjekt	
10 ■ el **objeto**	Objekt	el objeto directo; el objeto indirecto
11 ■ el **modo**	Modus	► categoría gramatical a la que pertenecen indicativo, subjuntivo e imperativo
12 ■ el **presente**	Gegenwart, Präsens	
13 ■ el **pasado**	Vergangenheit	El pretérito indefinido es un tiempo del pasado.
14 ■ el **futuro**	Futur, Zukunft	
15 ■ **irregular** (*ser*)	unregelmäßig	►◄ regular
16 ■ **regular** (*ser*)	regelmäßig	verbos regulares, una forma regular ► que corresponde a la regla
17 ■ la **frase**	Satz	Completa la frase como en el ejemplo.
18 ■ la **palabra**	Wort; Versprechen	pronunciar una palabra; dar su palabra
19 ■ el **significado**	Bedeutung	No conozco el significado de esta palabra.
20 ■ **significar** a/c	bedeuten	¿Qué significa la palabra 'oveja' en alemán?
21 ■ el **taco** *fam.*	Schimpfwort, Kraftausdruck	Paco siempre suelta tacos. ►► palabrota
22 ■ **lingüístico/-a**	sprachlich, Sprach-	un error lingüístico, un atlas lingüístico
23 ■ el **vocabulario**	Wortschatz; Glossar (*Wortliste*)	Es importante que aprendáis primero el vocabulario básico.
24 ■ el **dicho**	Sprichwort, Spruch	Hay un dicho que dice...

8.6 Strukturwörter

1	**a**	zu, nach	
2	**al (a + el)**		Llegan al aeropuerto.
3	**de**	von; aus	el coche de mi padre; ser de Bolivia
4	**del (de + el)**		la primera página del libro
5	**con**	mit	café con leche

Für mit mir, mit dir *und* mit sich *gibt es im Spanischen eigene Wörter:*
conmigo, contigo, consigo.

6	**conmigo**	mit mir	¿Tomas un café conmigo?
7	**contigo**	mit dir	¿Puedo contar contigo?
8	**consigo**	mit sich	Marta no está contenta consigo misma.
9	**sin**	ohne	►◄ con
10	**para** +Subst	für	un regalo para ti
11	**para** +Inf	um ... zu	Tenemos tiempo para preparar una fiesta.
12	**pa** *umgs.*	für	► forma coloquial de 'para' Las flores son pa ti.
13	**por**	wegen; für; durch	Está cerrado por obras. Gracias por la ayuda. Se fue por el parque.
14	**entre**	unter, zwischen	No seas tímido, estamos entre amigos.
15	**ante**	angesichts; vor	Me siento incómodo ante esta situación.
16	**como**	wie	Te comportas como un niño.
17	**contra**	gegen	
18	**en**	in; an; auf	en Madrid; en la costa; en la mesa
19	**sobre**	über; auf	un libro sobre peces poner algo sobre la mesa
20	**hasta**	bis	de marzo hasta julio, hasta el mes que viene
21	**tras**	nach	Tras una semana volví a casa.
22	**hacia**	gegen (*zeitlich*); in Richtung (*örtlich*)	Vendremos hacia las cinco. Nos dirigimos hacia la frontera.
23	**según**	laut, nach, zufolge	Según el profesor, el examen no será difícil.
24	**a excepción de**	mit Ausnahme von	Todos, a excepción de Daniel, aprobaron el examen.
25	**en lugar de**	anstelle, statt	En lugar de un libro, le regalaron una pelota.

| 26 | **en vez de** | anstelle von | En Cataluña hablan catalán en vez de español. |

La Casa Milá, Barcelona

27	con respecto a	in Bezug auf, bezüglich	¿Cuál es tu opinión con respecto a la idea?
28	de cara a	in Hinblick auf	de cara al futuro
29	**a pesar de**	trotz	A pesar de la lluvia dimos un paseo.

Wie a pesar de *können auch einige andere spanische Präpositionen mit dem Infinitiv verwendet werden. Man muss sie dann teilweise anders übersetzen:*

A pesar de su enfermedad viene a la escuela.	**Trotz ihrer Krankheit** kommt sie zur Schule.
A peser de estar enferma viene a la escuela.	**Obwohl sie krank ist,** kommt sie zur Schule.
Después de los deberes voy al cine.	**Nach den Hausaufgaben** gehe ich ins Kino.
Después de estudiar voy al cine.	**Nachdem ich gelernt habe,** gehe ich ins Kino.
Tomo la bici **en lugar del metro.**	Ich nehme **statt der U-Bahn** das Fahrrad.
Voy en bici **en lugar de tomar el metro.**	Ich fahre mit dem Rad, **statt die U-Bahn zu nehmen.**
Bebo zumo **en vez de agua.**	Ich trinke Saft **statt Wasser.**
Toma un zumo **en vez de beber cola.**	Nimm lieber einen Saft, **statt Cola zu trinken.**
Es un regalo **para ti.**	Das ist ein Geschenk **für dich.**
Hay que estudiar **para aprobar el examen.**	Man muss lernen, **um die Prüfung zu bestehen.**
Nunca salgo de casa **sin móvil.**	Ich gehe nie **ohne Handy** aus dem Haus.
Nunca me voy **sin despedirme.**	Ich gehe nie, **ohne mich zu verabschieden.**
Leo una novela **tras otra.**	Ich lese einen Roman **nach dem anderen.**
Me siento mejor **tras hablar con él.**	Ich fühle mich besser, **nachdem ich mit ihm geredet habe.**

| 30 | **y** | und |

Y oder *e*?

► *Wenn* y *vor Wörtern steht, die mit* i- *oder* hi- *beginnen, wird* y *zu* e:

"Susi **e I**sabel" bzw. "padre **e hi**jo"; aber bei Diphtong "agua y hielo".

► *Als Fragepartikel bleibt* y *immer erhalten:*

"¿Y Inés?" – „Und (was ist mit) Inés?"

o, ó oder *u*?

► *Das ,o' trägt einen Akzent, wenn es zwischen Ziffern steht:*

"**2 ó 3** días" aber "**dos o tres** días".

► *Wenn auf* o *ein Wort folgt, das mit* o- *oder* ho- *beginnt, wird aus dem* o *ein* u:

"Pedro **u O**scar" bzw. "Bélgica **u Ho**landa".

31	**e**	und	España e Italia, geografía e historia
32	**o**	oder	
33	**u**	oder	Quiero agua u otra bebida.
34	**o sea**	das heißt, mit anderen Worten	Quiero el cedé, o sea no quiero ni el libro ni el juego.
35	**es decir**	das heißt	▶▶ o sea
36	**pero**	aber	Es un profesor muy estricto pero justo.
37	**sino**	sondern	
38	**sino que**	sondern	

Sino oder *sino que*?

▶ *Wenn auf* sondern *ein Satz folgt, benutzt man auf Spanisch* sino que *und nicht* sino *allein:*

Los españoles emigraron no sólo a América **sino también a Francia y a Alemania**.	Die Spanier wanderten nicht nur nach Amerika aus, sondern auch nach Frankreich und Deutschland.
No lo haré yo solo **sino que tú me vas a ayudar**.	Ich werde das nicht allein machen, sondern du wirst mir dabei helfen.

39	**pues**	deshalb; dann	¿Quieres galletas? Pues, toma una.
40	**como**	weil, da	Como llovía, nos quedamos en casa.
41	**como**	wenn	Como no vengas enseguida, me iré sin ti.

Como mit Indikativ oder *subjuntivo*?

▶ *Steht nach* como *der Indikativ, übersetzt man es mit* weil *bzw.* da. *Der kausale Nebensatz steht dann am Anfang:*

Como llovía nos quedamos en casa.	Da es regnete, blieben wir zu Hause.

▶ *Mit* como *und folgendem* subjuntivo *drückt man im Spanischen Bedingungssätze aus, die einen drohenden Unterton haben:*

Como no te calles de una vez te vas a enterar.	Wenn du nicht sofort ruhig bist, kannst du etwas erleben.

42	**porque**	weil	No quiero salir porque está lloviendo.
43	**ya que**	da ja; weil nun einmal	
44	**así que** +Ind	sodass; also	Tengo mucho trabajo así que no puedo salir.
45	**para que** +subj	damit	Te he llamado para que me ayudes.
46	**de forma que** +subj	auf eine Weise, dass	Tienes que hablar de forma que todos te entendamos.
47	**de forma que** +Ind	deshalb	Me hizo muchas preguntas de forma que estuvimos hablando un rato.
48	**a no ser que** +subj	es sei denn	Te ayudo a no ser que quieras hacerlo solo.

49	**aunque** +Ind	obwohl	Aunque estábamos estudiando, lo pasamos bien.
50	**aunque** +subj	selbst wenn; sogar in dem Fall, dass …	Voy a bañarme aunque el agua esté fría.
51	**mientras** +Ind	während; so lange wie	Mientras llueve, no voy a salir de casa.

Mientras mit Indikativ oder *subjuntivo*?

Auf mientras *folgt der Indikativ, wenn sich der Nebensatz auf die Vergangenheit oder auf die Gegenwart bezieht:*

Leía una revista mientras esperaba el tren.	Ich las eine Zeitschrift, während ich auf den Zug wartete.
No la molestes mientras está trabajando.	Störe sie nicht, während sie arbeitet.

▶*Wenn die beschriebene Handlung in der Zukunft stattfindet, steht* mientras *mit subjuntivo:*

Mientras vivas en mi casa harás lo que te diga.	Solange du (noch) in meinem Haus wohnst, tust du, was ich dir sage.

Mit mientras que + *Indikativ drückt man Gegensätze aus:*

Yo vine en bici mientras que él tomó el autobús.	Ich bin mit dem Fahrrad gekommen, während er den Bus genommen hat.

52	**a medida que**	während; in dem Maße wie	A medida que discutíamos, nos dábamos cuenta del problema.
53	**donde**	wo	el bar donde nos conocimos
54	**algo**	etwas	
55	**alguien**	jemand	▶▶ alguna persona
56	**algunos/-as**	mehrere, einige	Tengo algunas dudas. ▶▶ varios
57	**ninguno/-a**	keine/r, keines	– ¿Queda algún alumno en el autobús? – No, ninguno.
58	**lo mismo/el mismo/la misma**	dasselbe/derselbe/ dieselbe	¡Nada cambia, todo es siempre lo mismo!
59	**todo**	alles	¿Has entendido todo? ¿Todo bien?
60	**cuyo/-a**	dessen/deren	Mira, ese es el chico cuya hermana también es profesora como tú.

Das Geschlecht und der Numerus von cuyo(s)/cuya(s) richtet sich im Spanischen nach dem folgenden Substantiv – also anders als im Deutschen:

el padre **cuya hija**…	der **Vater, dessen** Tochter …
la madre **cuya hija**…	die **Mutter, deren** Tochter …
la madre **cuyos hijos**…	die **Mutter, deren** Kinder …
los padres **cuyo hijo**…	die **Eltern, deren** Kind …

8 Sprache

61	**mío/-a** (*ser*)	meine/r, meins	Este lápiz es mío.
62	**el mío/la mía**	meiner/meine/meins	– Mi boli no funciona. – El mío tampoco.
63	**tuyo/-a** (*ser*)	deine/r, deins	¿Esta bici es tuya?
64	un amigo tuyo	ein Freund von dir	Ayer conocí a un amigo tuyo en el cine.
65	**suyo/-a** (*ser*)	seine/r, seins, ihre/r, ihrs, Ihre/r, Ihrs	Perdone señor, ¿este coche es suyo?
66	**nuestro/-a** (*ser*)	unser/e	en nuestra escuela
67	**vuestro/-a**	euer/eure	¿Quiénes son vuestros padres?
68	**ningún/ninguna**	kein/e	ningún problema, ninguna pregunta

Ningún *oder* ninguno?

▶ *Einige Pronomen und Adjektive verlieren ihre Endung, wenn sie direkt vor einem maskulinen Substantiv (im Singular) stehen:*

¿Habéis visitado algún museo? – No, **ninguno**.

¿Has leído alguno de los libros de Cervantes?

No hemos visitado **ningún museo**.

¿Has leído **algún libro** de Cervantes?

¿Has visto alguna película (*fem.*) de Buñuel?

Hemos visitado algunos museos. (*Pl.*)

Tu trabajo es muy **bueno**.

Su carácter me parece bastante **malo**.

Soy el **primero/tercero** en llegar.

Has hecho un muy **buen trabajo**.

Para mí, no tiene tan **mal carácter**.

Es mi **primer día/tercer día** aquí.

Das Adjektiv gran(de) *verliert die letzte Silbe auch vor femininen Substantiven (im Singular):*

Ha sido una **gran sorpresa**.

En aquella época hubo gran**des** cambi**os**. (*Pl.*)

No es una sorpresa tan **grande**.

69	**cualquier**	irgendein	Solucionamos el problema de cualquier forma.
70	**tal**	solche/r, solches	Con tales proyectos tendrás mucho trabajo.
71	**también**	auch	– Quiero un bombón. – Yo también.
72	**tampoco**	auch nicht	– No conozco a esta persona. – Yo tampoco la conozco.
73	**además**	außerdem	
74	aun más	eher noch, mehr noch	Me gusta el chocolate. Aun más, lo adoro.
75	asimismo *förmlich*	ebenso	Asimismo hemos decidido que...
76	**no sólo**	nicht nur	No sólo habla alemán, también habla español.
77	**sin embargo**	jedoch, allerdings	Es un buen plan; tendrá, sin embargo, algunas consecuencias.
78	**aun**	sogar	Aun con los ojos cerrados encuentro el camino.
79	de ese modo	dadurch, auf diese Weise	Va en bici, de ese modo no tiene que pagar el autobús.

80	**así**	so, auf diese Art	
81	**mejor**	lieber	No quiero trabajar como cocinero, mejor como piloto.
82	hasta	sogar	Recuerdo hasta el color de sus ojos.
83	jamás	jemals (*in Fragen*)	¿Jamás has estado en México?
84	**(no ...) nunca**	nie, niemals	
85	**(no ...) nadie**	niemand	No encontré a nadie. Nadie quería hacerlo.
86	**(no ...) ni ... ni**	weder ... noch	No tengo ni ganas de ir al cine ni el dinero para pagarlo.
87	**(no...) nada**	nichts	No me dijo nada.

Verneinung mit oder ohne *no*?

▸ *Wenn* nunca, nadie, ni *oder* nada *vor dem Verb stehen, fällt das* no *weg. Stehen sie dahinter, muss das* no *gesetzt werden:*

Nunca he viajado a América.	No he viajado nunca a América.
¿Nadie te lo ha explicado?	¿No te lo ha explicado nadie?
Ni mis padres ni mis amigos me entienden.	No me entienden ni mis padres ni mis amigos.
Nada me puede inquietar.	No me puede inquietar nada.

88	**no ... nada** +Adj	gar nicht; überhaupt nicht	El tabaco no es nada saludable.
89	nada de nada	ganz und gar nicht	Esta película no me gusta nada de nada.
90	**¿qué?**	was?; welche/r, welches?	¿Qué has dicho? ¿Qué color te gusta más?
91	**¿quién?**	wer?, wen?, wem?	¿Con quién estás hablando?
92	**¿cómo?**	wie?	¿Cómo te llamas?
93	**¿cuánto/-a?**	wie viel?/wie viele?	¿Cuánta leche quieres? ¿Cuántos plátanos has comido?
94	**¿por qué?**	warum?	¿Por qué no quieres ir al cine?
95	**¿para qué?**	wozu?	¿Para qué necesitas mates?
96	**¿cuál...?**	welche/r, welches?	¿Cuál de los dos chicos es tu hermano?

Qué oder cuál?

Das Fragewort cuál *benutzt man, wenn man nach der Identität von Personen oder Dingen fragt. Es steht dann ohne ein weiteres Substantiv:*

¿Cuáles son tus apellidos?	Welche Nachnamen hast du?
¿Cuál es la cumbre más alta de España?	Welcher ist der höchste Gipfel Spaniens?

Ebenso benutzt man cuál, *wenn man nach einer von mehreren Möglichkeiten fragt:*

Hay dos posibilidades. ¿Cuál elegimos?	Es gibt zwei Möglichkeiten. Welche nehmen wir?

97	**¿Es que... ?** *fam.*	etwa (*in Fragen*); Sag mal, ...	¿Es que no me oyes?

Qué oder cuál?

Mit qué *fragt man nach Dingen und Sachverhalten:*

¿Qué pasa?	Was ist los?
¿Qué hiciste anoche?	Was hast du gestern Abend gemacht?

Vor Substantiven steht meistens nur qué, *während* cuál + *Substantiv vor allem im amerikanischen Spanisch gebraucht wird:*

¿Qué película quieres ver?	Welchen Film möchtest du sehen?
¿Qué regalo tienes para ella?	Welches Geschenk hast du für sie?

98	**ser***	sein	Yo soy Juan y ella es Susanne.
99	**estar***	sein, sich befinden	Soy de Chile y estoy en Madrid.
100	**tener*** a/c, alg	haben	Tengo dos hermanos.
101	**haber***	haben, sein (*als Hilfsverb*)	Ha llovido. He venido en autobús.
102	**ir* a**	werden (*als Hilfsverb*)	Va a llover mañana.
103	**tener* que** hacer a/c	müssen	Carlos y yo tenemos que salir de casa.
104	**deber** hacer a/c	müssen, sollen	Los alumnos deben hacer sus deberes.
105	**poder*** hacer a/c (o→ue)	können; dürfen	No tengo dinero y no puedo ir al cine. Aquí no se puede fumar.
106	**querer*** a/c, hacer a/c (e→ie)	wollen	Quiero una bicicleta nueva. ¿Quieres ir con nosotros? El bebé quiere que venga su madre.
107	**dejar** a/c	lassen	
108	**saber*** hacer a/c	können	No sé hablar francés.
109	**dar*** a/c a alg	geben; machen	Tú compras las bebidas y yo te doy el dinero.

Wenn das direkte Objekt von dar *ein Wort ist, das Gefühle ausdrückt, wird* dar *meistens mit* machen *übersetzt:*

dar esperanza	Hoffnung machen	dar hambre	hungrig machen
dar sed	durstig machen	dar dolores	Schmerzen machen
dar envidia	neidisch machen	dar pena	Kummer machen
dar rabia	wütend machen	dar coraje	wütend machen
dar gracia	Spaß machen	dar miedo	Angst machen
dar tristeza	traurig machen	dar alegría	glücklich machen

| 110 | decir* a/c a alg | sagen | Dile que quiero verlo. |

Indikativ oder *subjuntivo*?

▶ *Alle Verben der Mitteilung (wie z.B.* decir*) erfordern im Ergänzungssatz den Indikativ. Wenn es sich allerdings um indirekte Aufforderungssätze handelt, muss dort der* subjuntivo *stehen:*

| Dile que **viene** papá. | Sag ihm, dass **Papa kommt**. |
| Dile a papá que **venga**. | Sag Papa, dass er **kommen soll**. |

111	hacer* a/c	machen	– ¿Qué haces aquí? – Hago los deberes.
112	tomar a/c	nehmen; trinken	Toma el libro. ¿Quieres tomar algo?
113	poner* a/c (en a/c)	stellen, legen	Pon la botella en la mesa.
114	encontrar a/c, a alg (o→ue)	finden	¿Dónde está mi libro? No lo encuentro.

115	¿no?	Nicht wahr?	Tú hablas alemán, ¿no?
116	¿verdad?	Stimmt's?, Hab' ich recht?	Tú eres de Santiago, ¿verdad?
117	¡Ah!	Ach!	– Estoy casada. – ¡Ah! No lo sabía.
118	¡Ay!	Autsch! (*bei Schmerzen*), Oh (je)! (*bei Überraschungen*)	
119	¡Mira!	Sieh mal!, Schau mal!	
120	en fin	nun gut; schlussendlich	En fin, hazlo como quieras.
121	pues	na; also	Pues, no sé qué decir.
122	por favor	bitte	Un momento, por favor.
123	¡Chao!	Tschüs!	
124	¡Cuídate!	Pass auf dich auf.	

Kommunikation

9

9.1 Post

1	Correos	Postamt	¿Puede decirme dónde está Correos, por favor?
2	el **correo**	Post	¿Ya ha llegado el correo?
3	el **buzón**	Briefkasten	echar una carta en el buzón
4	la propaganda	Werbung	El buzón está lleno de propaganda.
5	la **dirección**	Adresse	
6	el código postal	Postleitzahl	
7	el/la remitente	Absender/in	► persona que envía algo
8	enviar a/c (a alg) (i→í)	schicken	Mi padrino me envía un regalo por correo.
9	**mandar** a/c (a alg)	schicken; verschicken	mandar una carta; mandar un mensaje ►► enviar
10	el/la destinatario/-a	Empfänger/in	► persona a la que va destinado un envío
11	el sobre	Umschlag	¿Has pegado sellos en el sobre?
12	el sello	Briefmarke; Siegel	pegar sellos en un sobre un sello de calidad
13	la correspondencia	Korrespondenz	► las cartas que dos personas se mandan
14	el envío	Sendung (*allg.*)	Las cartas y los paquetes son envíos.
15	el paquete	Paket; Päckchen	
16	**escribir*** a/c a alg	schreiben	escribir una carta a alguien
17	la **carta**	Brief	escribir una carta, mandar una carta
18	la **postal**	Postkarte	¿Me mandas una postal?
19	**querido/-a**	liebe/r (*Briefanrede*)	Querida Pati: Te escribo esta carta para...
20	estimado/-a	sehr geehrte/r (*Briefanrede*)	Estimada señora Zapatero, ...
21	atentamente	mit freundlichen Grüßen (*Briefabschluss*)	
22	Le saluda atentamente	Mit freundlichen Grüßen (*Briefabschluss*)	

9.2 Presse

1	la **prensa**	Presse	la libertad de prensa, aparecer en la prensa
2	la libertad de prensa	Pressefreiheit	Esta ley pone en peligro la libertad de prensa.
3	los **medios de comunicación**	Medien, Kommunikationsmittel	► la prensa, la televisión, la radio e Internet

4	el **periódico**	Zeitung, Tageszeitung	leer el periódico, repartir periódicos
5	El periódico dice que... +Ind	In der Zeitung steht, dass ...	
6	la **revista**	Zeitschrift	una revista para jóvenes
7	la cartelera	Veranstaltungskalender	
8	el **diario**	Tageszeitung	
9	el **artículo**	Artikel	▶ un texto en el periódico
10	el titular	Überschrift; Schlagzeile	Este tema ocupa los titulares de todos los periódicos.
11	la **noticia**	Nachricht	
12	redactar a/c	verfassen	redactar un artículo, redactar un texto
13	**salir***	erscheinen *Zeitung*	La revista Arroba sale cada mes.
14	alertar a alg de a/c	warnen (vor)	▶ avisar a alguien de un peligro
15	el periodismo	Journalismus	estudiar periodismo

9.3 Fernsehen und Radio

1	la **televisión**	Fernsehen; Fernseher	una cadena de televisión tener televisión en casa
2	la **tele** *fam.*	Fernsehen	ver la tele
3	el televisor	Fernsehgerät, Fernseher	▶ aparato para ver la tele
4	la **radio**	Radio	escuchar la radio
5	en vivo	live	transmitir algo en vivo; música en vivo
6	transmitir a/c	übertragen *Programme*	No sé qué canal transmitirá el partido de hoy.
7	la emisora	Sender (*Radio, TV*)	Esta emisora difunde noticias culturales.
8	la cadena	Sender, Kanal	una cadena de televisión, una cadena de radio
9	difundir a/c	senden; verbreiten	La tele difundió la noticia.
10	poner* en la tele	im Fernsehen kommen	

Andere Konstruktion als im Deutschen:

¿Qué ponen en la tele esta noche?	Was kommt heute Abend im Fernsehen?
Anoche pusieron 'Mar adentro' en la tele.	Gestern Abend kam ,Das Meer in mir' im Fernsehen.

11	en blanco y negro	schwarzweiß	una foto en blanco y negro
12	el **vídeo**	Videorekorder; Video	Grabé la película en vídeo.
13	el mando a distancia	Fernbedienung	Para apagar la tele usa el mando a distancia.

14	el **programa**	Programm	
15	la telenovela	melodramatische Fernsehserie	
16	las **noticias**	Nachrichten (*Radio und Fernsehen*)	escuchar/ver las noticias
17	**informar** (a alg) de a/c	benachrichtigen, informieren	▶ dar informaciones sobre algo a alguien
18	el telediario	Fernsehnachrichten	El telediario lo ponen a las nueve.
19	el **reportaje**	Reportage, Bericht	▶▶ el informe
20	el documental	Dokumentarfilm	
21	inquietante (*ser*)	beunruhigend	noticias realmente inquietantes
22	la crónica	Bericht, Reportage	¿Ya has leído la crónica deportiva?
23	la entrevista	Interview	
24	entrevistar a alg	interviewen	
25	la **continuación**	Fortsetzung	Esta película no tiene continuación.
26	la encuesta	Umfrage	No me fío del resultado de la encuesta.
27	el anuncio	Anzeige, Werbung	Siempre ponen anuncios en la tele.
28	la publicidad	Werbung	No aguanto la publicidad en la tele.
29	inducir a alg (a a/c) *wie conducir* (c→zc)	verleiten	La publicidad quiere inducirnos al consumo.

9.4 Telekommunikation

1	el **teléfono**	Telefon; Telefonnummer	Jaime habla por teléfono. ¿Me das tu teléfono?
2	telefónico/-a	telefonisch, Telefon-	el número telefónico, una llamada telefónica
3	el **móvil**	Mobiltelefon, Handy	Llámame a casa porque no tengo móvil.
4	el **mensaje**	SMS	Me ha escrito un mensaje, llegará más tarde.
5	el contestador automático	Anrufbeantworter	
6	recargar a/c	aufladen	recargar el móvil, recargar una batería
7	el fijo	Festnetzanschluss	Es mejor que llames al fijo.
8	la **llamada**	Anruf	recibir una llamada, hacer una llamada
9	descolgar (o→ue)	abnehmen (*Telefon*)	
10	marcar (un número)	wählen (*Telefon*)	Introduzca las monedas y marque el número.
11	**llamar** a alg	anrufen	No pude llamarte porque no tengo tu número.

12	dar* un toque a alg fam.	Bescheid sagen	Si vais al cine, dadme un toque y os acompaño.
13	colgar (o→ue)	auflegen	►◄ descolgar
14	ponerse* al teléfono	ans Telefon kommen	¿Charo? Sí, claro, ahora se pone al teléfono.
15	la conexión	Verbindung	La conexión es muy mala. Casi no te oigo.
16	¡Diga!	Ja, bitte! (Anrede am Telefon)	
17	¿De parte de quién?	Wen darf ich melden?, Wer spricht dort, bitte?	– Buenos días, ¿puede pasarme con el señor Álvaro? – ¿De parte de quién?

9.5 Computer und Internet

1	el ordenador	Computer, Rechner	El ordenador se colgó y tuve que reiniciarlo.
2	la computadora amer.	Computer	►► el ordenador
3	la pantalla	Bildschirm	
4	el cable	Kabel	
5	el cibercafé	Internetcafé	
6	el cíber fam.	Internetcafé	Voy al cíber para escibir un correo electrónico.
7	el videojuego	Computerspiel	
8	la informática	Informatik	
9	electrónico/-a (ser)	elektronisch	la edición electrónica de un periódico
10	la utilidad	Nützlichkeit	A veces dudo de la utilidad de los ordenadores.
11	reiniciar a/c	neustarten	Tras la instalación tienes que reiniciar el ordenador.

el ordenador→
el cable
la pantalla

12	Internet m	Internet	

Im Spanischen benutzt man Internet *meistens ohne Artikel:*

Lo bajé de Internet.	Das habe ich aus dem Internet runtergeladen.
¿Estás conectado con Internet?	Hast du Verbindung zum Internet?
No tenemos Internet en casa.	Wir haben zu Hause kein Internet.

13	en línea (estar)	online	una revista en línea, estar en línea
14	la página web (Pl.: páginas web)	Webseite	► una página en la red
15	la red	Netz, Internet	Busqué su nombre en la red.
16	navegar (en)	surfen (im Internet)	Ayer estuve navegando tres horas en Internet.
17	el código	Kode	Para entrar necesitas un código.

18	**acceder** a a/c	Zugang haben; hineinkommen	De momento, no accedo a Internet.
19	la **base de datos**	Datenbank	consultar una base de datos
20	los **datos**	Daten	una base de datos
21	**hacer*** una consulta	nachschauen	Haré una consulta en Internet.
22	**descargar** a/c (de Internet)	herunterladen	Puedes descargar este programa de Internet.
23	**cargar** a/c	hochladen *Programm*	No sé cómo cargar este programa.
24	**colgar** (o→ue)	abstürzen	¡Este maldito ordenador se ha colgado!
25	**insertar** a/c en a/c	einfügen *Text*	copiar un texto e insertarlo en un documento
26	**chatear**	chatten	▶ hablar en la red, en Internet
27	el **enlace**	Link	
28	el **correo electrónico**	E-Mail; E-Mail-Adresse	mandar algo por correo electrónico

9.6 Kommunikation allgemein

1	el **símbolo**	Symbol	El rey Juan Carlos es el símbolo del cambio.
2	el **gesto**	Geste	Hizo un gesto de alivio.
3	la **señal**	Zeichen	Me hizo una señal con la mano.
4	la **información**	Information	
5	la **cadena de música**	Stereoanlage	
6	**grabar** a/c (en a/c)	aufnehmen (*aufzeichnen*); einritzen, gravieren	Grabé todo el concierto en cedé.
7	la **Expo**	Weltausstellung	▶▶ exposición universal

La Expo Sevilla 92

Gesellschaft

10

10.1 Familie
10.2 Freundschaft
10.3 Soziales Leben
10.4 Bildungssystem
10.5 Schulleben
10.6 Religion

10.1 Familie

1	la **familia**	Familie	Siempre me reúno con mi familia en Navidad.
2	el/la **pariente**	Verwandte/r	▶▶ el familiar
3	la **madre**	Mutter	Mi madre es la mejor cocinera del mundo.
4	el **padre**	Vater	Mi padre se preocupa por mi futuro.
5	los **padres**	Eltern	▶ la madre y el padre de alguien
6	**mamá** w	Mama (*auch Anrede*)	▶▶ la madre
7	**papá** m	Papa (*auch Anrede*)	Cenamos cuando vuelva papá.
8	los **papás** *fam.*	Eltern	Mis papás no están de acuerdo. ▶▶ los padres
9	el **hijo**	Sohn	
10	la **hija**	Tochter	
11	los **hijos**	Kinder	una pareja con tres hijos
12	**parecerse** a alg (c→zc)	ähneln, aussehen wie	Me parezco mucho a mi padre.
13	la **abuela**	Großmutter	▶ la madre de uno de mis padres
14	el **abuelo**	Großvater	Paso las vacaciones en el pueblo de mi abuelo.
15	los **abuelos**	Großeltern	Los abuelos son los padres de mis padres.
16	el/la **nieto/-a**	Enkel/in	▶◀ abuelo/-a
17	el **hermano**	Bruder	
18	la **hermana**	Schwester	
19	los **hermanos**	Geschwister	– ¿Tienes hermanos? – Sí, dos hermanas menores y un hermano mayor.
20	el **marido**	Ehemann	▶ el hombre con quien una persona está casada
21	la **mujer**	Frau, Ehefrau	▶◀ marido
22	el/la **primo/-a**	Vetter/Kusine	▶ hijo/-a de los tíos
23	el/la **tío/-a**	Onkel/Tante	▶ hermano/-a de mi madre o de mi padre
24	el/la **sobrino/-a**	Neffe/Nichte	▶◀ tío/tía
25	el/la **novio/-a**	Bräutigam/Braut	▶ persona que está a punto de casarse o que acaba de casarse
26	el/la **compañero/-a** **sentimental**	Lebensgefährte/-in	
27	el **padrino**	Patenonkel, Pate	
28	la **madrina**	Patentante, Patin	

29	la **madre soltera**	alleinerziehende Mutter	▶ una madre sin marido
30	**casarse** (con alg)	heiraten	Mi hermana se casará con su novio.
31	**casado/-a** (con) (*estar*)	verheiratet	Mi hermano está casado y vive con su mujer.
32	la **boda**	Hochzeit	▶ el día en que dos personas se casan
33	el **matrimonio**	Ehe; Eheschließung	
34	**familiar** (*ser*)	vertraut; Familien-	Esta ciudad me es muy familiar. Trabaja en la empresa familiar.
35	**llevarse bien/mal** (con alg)	sich gut/schlecht verstehen	Mis padres y yo nos llevamos muy bien.
36	la **bronca**	Ärger, Krach, Streit	Con un suspenso en mates tengo bronca en casa.
37	la **separación**	Trennung	▶◀ unión
38	**separado/-a** (*estar*)	geschieden; getrennt	▶◀ casado/-a
39	**separar** a alg (de alg)	trennen	El niño fue separado de sus padres.
40	**abandonar** a/c, a alg	verlassen	Se fue al extranjero y abandonó a su familia.
41	el **divorcio**	Ehescheidung, Trennung	Su marido pidió el divorcio.

42	el **hogar**	Haushalt; Familie; Zuhause	En este hogar viven cuatro personas. Se casarán y formarán un hogar. Este es mi hogar.
43	**privado/-a** (*ser*)	privat	▶◀ público/-a
44	**en nuestra casa**	bei uns (zu Hause)	En nuestra casa cenamos juntos.
45	el **álbum**	Album	Me gusta mirar los viejos álbumes familiares.
46	la **educación infantil**	Kindererziehung	De la educación infantil deben ocuparse los padres.
47	**permitir** a/c a alg	erlauben	Los padres de Estrella siempre la permiten salir por la noche. ▶◀ prohibir
48	la **paga**	Taschengeld	dar la paga, recibir la paga
49	**dar*** un beso a alg	küssen; einen Kuss geben	Sé buen chico y dale un beso a tu abuela.
50	el **besito**	Küsschen	¡Dale un besito a tu tía!
51	el **beso**	Kuss	
52	**besar** a alg	küssen	▶ darle un beso a alguien
53	**enamorado/-a** (de alg) (*estar*)	verliebt	Cuando los chicos están enamorados se ponen cursis.
54	**amar** a alg	lieben	▶◀ odiar

55	el **sexo**	Sex	
56	**sexual**	sexuell	la vida sexual, educación sexual
57	**fiel** (a) (*ser*)	treu	fiel a su pareja; fiel a sus principios

10.2 Freundschaft

1	el/la **amigo/-a**	Freund/in	►◄ enemigo/-a
2	el/la **colega**	Freund, Kumpel	►► amigo/-a
3	el/la **compañero/-a**	Mitschüler/in	Vinieron todos mis compañeros de clase.
4	la **pandilla** *umgs.*	Clique	Marta fue con la pandilla a bailar.
5	el **tío** *fam.*	Typ, Kerl	Este tío está un poco loco.
6	la **tía** *fam.*	Tusse	Ayer conocí a una tía muy guay.
7	el **tipo** *fam.*	Typ, Kerl	Luís es un tipo muy simpático.
8	la **amistad**	Freundschaft	una amistad profunda
9	**personal** (*ser*)	persönlich	un amigo personal
10	**consolar** a alg (o→ue)	trösten	► dar consuelo a alg
11	la **unión**	Einheit; Verbindung	
12	**relacionarse** con alg	Umgang haben	► tener contacto con alguien
13	el **cariño** (por)	Zuneigung (zu)	sentir cariño por alguien
14	**tomarle cariño** a alg	lieb gewinnen	No lo conozco mucho pero ya le tomé cariño.
15	**formar pareja**	ein Paar sein	Eli y José forman muy buena pareja.
16	**junto/-a** (*estar*)	zusammen	Anita y Juanito van juntos a la guardería.
17	la **relación**	Beziehung	Los dos tienen una relación muy estrecha.
18	**inseparable**	untrennbar, unzertrennlich	Éramos amigos inseparables.
19	**querer*** a alg (e→ie)	lieben	Te quiero.
20	el/la **novio/-a**	(fester) Freund/(feste) Freundin	¿Tienes novia?
21	la **pareja**	Paar	► unión de dos personas
22	el/la **amante**	Liebhaber/in	
23	**romper*** con alg	mit jdm Schluss machen	Jaime rompió con su novia.
24	**solo/-a** (*estar*)	allein	► sin otra persona Nuria está sola en casa.
25	el/la **ex** *fam.*	Ex (*ehemalige/r Partner/in*)	Ha tirado todas las cartas de su ex.

26	atraer a/c, a alg *wie traer*	anziehen	▶ ser atractivo/-a para alguien
27	abrazar a alg	umarmen	
28	coquetear (con alg)	flirten	Le gusta coquetear en los bares.
29	hacer* la corte a alg	den Hof machen	Paco no deja de hacerle la corte a Petra.
30	el flechazo *fam.*	Liebe auf den ersten Blick	Marta vio a Kai y... ¡fue un flechazo!
31	estar* detrás de alg, de a/c	hinter jdm/etw her sein	
32	ligarse a alg	flirten; anbändeln	Charo quiere ligarse a Ángel, el chico guapo de la clase.
33	enrollarse con alg	sich mit jdm einlassen	▶ establecer una relación amorosa o sexual con alguien
34	íntimo/-a	eng *Beziehung*; intim	amigos íntimos; en un ambiente íntimo
35	traicionar a alg	verraten; betrügen	Nunca traiciones a tus amigos.

36	la **comunidad**	Gemeinschaft	▶ un grupo de personas que viven juntas
37	la **dependencia** (de)	Abhängigkeit	
38	**intercambiar** a/c	austauschen	Intercambiaron sus correos electrónicos.
39	**respetar** a/c, a alg	respektieren	Los alumnos respetan al profesor.
40	el **respeto** (hacia)	Respekt	el respeto hacia la vejez, una falta de respeto
41	**ayudar** a alg (a hacer a/c)	helfen	Patricia no puede con mates y Maite la ayuda a estudiar.
42	la **ayuda**	Hilfe	Llámame cuando necesites ayuda.
43	**apoyar** a alg (en a/c)	unterstützen	▶▶ ayudar a alguien en algo
44	el **apoyo**	Unterstützung	Lucía tiene el apoyo de sus amigas.
45	el **respaldo**	Rückendeckung, Unterstützung	Tienes el respaldo de todos nosotros.
46	**recíproco/-a** (*ser*)	gegenseitig *Gefühle*	el respeto recíproco, una amistad recíproca
47	**ponerse*** del lado de alg	sich auf jds Seite stellen	▶▶ defender a alg
48	**contar** con a/c, alg (o→ue)	mit etw/jdm rechnen; auf etw/jdn zählen	Cuento con tu ayuda. Cuento contigo.
49	**comprometerse** a	sich verpflichten	Luis se comprometió a ayudarnos.
50	la **confianza** (en)	Vertrauen	Tengo confianza en mis amigos.
51	**confiar** en alg, en a/c (i→í)	vertrauen	Confío en tu amistad.
52	**sinceramente**	ehrlich; ehrlich gesagt	Dime sinceramente lo que opinas.
53	el **favor**	Gefallen	Le hice muchos favores.

| 54 | compartir a/c | sich etw teilen | Comparten todo: el piso, la ropa y el dinero. |
| 55 | el trato | Abmachung | No olvides que tenemos un trato. |

56	quedar (con alg)	sich (mit jdm) treffen	¿Quedamos a las seis?
57	haber quedado con alg	mit jdm verabredet sein	Esta noche no puedo, porque he quedado con Sonia a las ocho.
58	la cita	Verabredung	Debo darme prisa porque tengo un cita.
59	plantar a alg *fam.*	versetzen	▶ no llegar a una cita
60	pasar por un lugar	vorbeikommen	Por la tarde paso por tu casa ¿vale?
61	animar a alg (a)	ermutigen, anstacheln	Tenemos que animarla a venir con nosotros.
62	animarse (a hacer a/c)	sich zu etw aufraffen	Oye Quique: ¿te animas a trabajar en el taller?
63	visitar a alg	besuchen	▶ ir a ver a alguien
64	recibir a/c; a alg	bekommen; empfangen	recibir una carta; recibir a los amigos
65	la fiesta	Feier; Party	
66	regalar a/c a alg	schenken	Me regalaron un cedé.
67	sorprender a alg	überraschen	La sorprendieron con una fiesta.
68	el botellón	Freiluftbesäufnis von Jugendlichen	Nos conocimos en un botellón.

Botellones finden in Spanien hauptsächlich am Wochenende auf öffentlichen Plätzen statt. Man kommt allein oder in Gruppen und bringt seinen eigenen Alkohol mit. Bei den Jugendlichen sind sie sehr beliebt, weil sie dort wenig Geld ausgeben und besser als in lauten Diskotheken miteinander reden können. Die Politik versucht allerdings, dagegen vorzugehen, weil **Botellones** viel Lärm und Abfall verursachen.

| 69 | el contacto (con) | Kontakt | tener contacto con alguien |
| 70 | conocer a/c, a alg (c→zc) | kennen; kennen lernen | Lo conozco de Bilbao, nos conocimos allí. |

71	estimar a alg	schätzen, wertschätzen	▶◀ despreciar
72	impresionar a alg	beeindrucken; Eindruck machen	Este libro me impresionó.
73	apreciar a/c, a alg	schätzen, achten	Todos la apreciamos por su sinceridad.
74	despreciar a/c, a alg	verachten	▶◀ apreciar
75	engañar a alg	betrügen; täuschen	Engañó a su esposa.
76	tomarle el pelo a alg	auf den Arm nehmen	Los chicos me toman el pelo por mi acento.
77	molestar a alg	stören, belästigen	El humo en los bares me molesta.
78	obligar a alg (a)	zwingen	Nadie te obliga a venir con nosotros.

79	ofenderse (por a/c)	beleidigt sein; sich beleidigt fühlen	Se ofendió cuando le dije tonto. Debo decirte una cosa, pero ¡no te ofendas!
80	la **disputa** (por)	Streit	Entre ellos estalló una disputa tremenda.
81	**reprochar** a/c a alg	vorwerfen	Te reprocho que siempre hables mal de mí.
82	**solucionar** a/c	lösen *Probleme*; regeln *Streit*	¿Cómo podemos solucionar el problema? Solucionaron su pelea pacíficamente.
83	**calmarse**	sich beruhigen	Cálmate, no quise insultarte.
84	**¿Qué tal?**	Wie geht's?	
85	**¿Cómo estás?**	Wie geht es dir?	
86	**¡Anda!**	Na los!	
87	**¡Vámonos!**	Gehen wir!, Auf geht's!	
88	**porfa** *fam.*	bitte	▶ palabra coloquial para 'por favor'
89	**¡Tío!**	Mensch! (*Ausruf*)	– ¡Un sobresaliente! – ¡Tío!, no puedo creerlo.
90	**¡Tranquilo!** *fam.*	Immer mit der Ruhe!	Pero Roberto, ¡tranquilo! Todo irá bien.

Tú, ¡tranquilo!

Mit diesem typischen Ausspruch fordert man jemanden auf, sich nicht aufzuregen.
Die Endung passt sich an:

¡Tranquilas chicas!	Immer mit der Ruhe, Mädels!
Usted, ¡tranquilo! Ya me encargo yo de eso.	Regen Sie sich nicht auf. Ich kümmere mich schon darum.

91	**¡No es para tanto!**	Alles halb so wild!	
92	**No te preocupes.**	Mach dir keine Sorgen.	
93	**¡Hasta luego!**	Bis nachher!, Tschüs!	

10.3 Soziales Leben

1	la **sociedad**	Gesellschaft	
2	**público/-a** (*ser*)	öffentlich	la opinión pública, el transporte público
3	la **civilización**	Zivilisation	
4	**colectivo/-a**	gemeinsam	un trabajo colectivo, un resultado colectivo
5	el **grupo**	Gruppe	un grupo de amigos, formar un grupo
6	el **miembro** (de)	Mitglied	▶ persona que forma parte de un grupo

Los miembros del Parlamento en España

10 Gesellschaft

#	Spanisch	Deutsch	Beispiel
7	la **organización**	Organisation; Vereinigung	una organización caótica / una organización mundial
8	la **gente**	Leute	Vino mucha gente a la fiesta.

Im Spanischen im Singular:
Aquí, **la gente es** muy amable. **Die Leute sind** hier sehr nett.

#	Spanisch	Deutsch	Beispiel
9	**todo el mundo**	jedermann, alle	En el botellón, no todo el mundo bebe.
10	**cada uno**	jede/r, jedermann	Me llevo bien con cada uno del grupo.
11	los **demás**	die anderen	►► los otros
12	la **generación**	Generation	En la generación de mis abuelos...
13	**civil** (*ser*)	zivil	►◄ militar
14	el **acuerdo** (entre)	Vereinbarung	
15	el **control**	Kontrolle	el control de seguridad, un control de velocidad
16	la **asistencia**	Versorgung; Hilfe	asistencia médica; asistencia religiosa
17	el/la **socio/-a**	Partner/in (*geschäftlich*); Mitglied (*Club*)	
18	**contribuir** a a/c (i→y)	beitragen	► hacer algo para conseguir un fin
19	**aportar** a/c a a/c	beitragen (zu)	Lucía siempre aporta nuevas ideas al grupo.
20	la **colaboración** (entre)	Zusammenarbeit; Unterstützung	El profesor está muy contento con nuestra colaboración.
21	el/la **participante**	Teilnehmer/in	
22	el **bienestar**	Wohlstand, Wohl	buscar el bienestar
23	la **norma**	Norm; Gesetz; Regel	una norma de comportamiento / la norma de tráfico; la norma de ortografía
24	**moral**	moralisch	los principios morales
25	las **costumbres**	Bräuche, Sitten	las costumbres de los viejos
26	**dar* la mano** a alg	die Hand geben	
27	**presentar** alg a alg	vorstellen	Todavía no le presentó su novia a su familia.
28	**honrar** a alg	ehren	Honraron a los ex alumnos.
29	el **honor**	Ehre	una cuestión de honor
30	el **privilegio**	Privileg, Vorrecht	tener un privilegio, disfrutar de un privilegio
31	**privilegiado/-a** (*estar*)	privilegiert	una situación privilegiada
32	la **reputación**	Ruf	Nuestro instituto goza de buena reputación.
33	**integrarse** en a/c	sich integrieren	Para mí fue muy difícil integrarme en el ambiente de los estudiantes.

34	voluntario/-a	freiwillig	Participar en el taller de teatro es una decisión voluntaria.
35	**social**	sozial	la vida social, la clase social, la política social
36	la limosna	Almosen; Hungerlohn	
37	la petición (de)	Bitte, Gesuch	presentar una petición, cumplir una petición
38	el malentendido	Missverständnis	aclarar un malentendido
39	el **conflicto**	Konflikt	un barrio lleno de conflictos
40	la pelea	Streit	La discusión desencadenó una pelea.
41	pelear (con alg por a/c)	kämpfen; streiten	▶▶ luchar; reñir
42	la polémica	Streitfrage, Streit	Sus palabras provocaron una fuerte polémica.
43	meterse con alg	Streit anfangen, sich mit jdm anlegen	¡No te metas conmigo!
44	dejar en paz a alg	in Ruhe lassen	¡Déjame en paz! Quiero dormir.
45	evitar a/c, a alg	vermeiden; meiden	evitar un escándalo; evitar a la suegra
46	el disgusto	Kummer, Sorge	Sus acciones nos causaron muchos disgustos.
47	excluir a/c, a alg (i→y)	ausschließen	▶◀ incluir
48	expulsar a alg (de)	rauswerfen; ausweisen	expulsar un alumno de clase
49	la miseria	Elend	vivir en la miseria, sacar a alguien de la miseria
50	la **presión**	Druck	Los compañeros ejercen mucha presión.
51	discriminar a alg	diskriminieren	▶ considerar inferiores a ciertas personas
52	la **tolerancia**	Toleranz	Aquí el problema es la falta de tolerancia.
53	llegar a un acuerdo	eine Vereinbarung treffen	
54	**de acuerdo**	einverstanden	Estoy de acuerdo, lo haremos como quieres.
55	quedar bien	gut dastehen	Dices esto solamente para quedar bien.
56	el perdón	Vergebung	pedirle perdón a alguien
57	el **ambiente**	Stimmung; Milieu	un ambiente agradable el ambiente universitario
58	la **soledad**	Einsamkeit	vivir en la soledad
59	aislado/-a (*estar*)	isoliert, einsam	En las ciudades hay muchos que viven muy aislados.
60	la igualdad	Gleichheit; Gleichberechtigung	la igualdad de oportunidades luchar por la igualdad
61	la solidaridad (con)	Solidarität	Compro café justo por solidaridad.
62	la **influencia** (sobre)	Einfluss	la influencia del tráfico sobre la contaminación
63	la minoría	Minderheit	pertenecer a una minoría étnica

10 Gesellschaft

64 ▪	**pobre** (*ser*) (*nachgestellt*)	arm	gente muy pobre ►◄ rico/-a
65 ▪	**pobre** (*vorgestellt*)	bedauerlich	¡Pobre hombre!
66 ▪	el refugio	Zuflucht; Unterschlupf	buscar refugio en casa de un amigo
67 ▪	emigrar a/de un lugar	auswandern	► irse de su patria para vivir en otro país
68 ▪	**encontrarse** (o→ue)	zusammen treffen, treffen	En 1492 los pueblos de España y América se encontraron.
69 ▪	**bienvenido/-a** (a) (*estar*)	willkommen	¡Bienvenidos a España!
70 ▪	conectarse con a/c	Anschluss finden	En Valencia es fácil conectarse con otros.
71 ▪	proporcionar a/c a alg	besorgen, beschaffen	► poner una cosa a disposición de alguien
72 ▪	el **amor** (a)	Liebe	el amor al arte ►◄ odio
73 ▪	progresar	fortschreiten, sich entwickeln	En los últimos años, las nuevas tecnologías han progresado considerablemente.
74 ▪	el/la fundador/a	Gründer/in	el fundador de una ciudad
75 ▪	perderse a/c *fam.* (e→ie)	verpassen; sich etw entgehen lassen	Te has perdido una gran fiesta. ¡No te lo pierdas!
76 ▪	el detalle	Aufmerksamkeit (*Geste*)	Gracias por las flores. Ha sido un detalle.
77 ▪	**hacer* un favor** a alg	einen Gefallen tun	¿Me haces el favor de llevarme en coche?
78 ▪	**imponer** a/c (a alg) *wie poner*	durchsetzen *Wille, Gesetz*; auferlegen *Strafe*	Impuso sus ideas. Nos impuso una tarea extra.
79 ▪	la liberación	Befreiung	
80 ▪	**libre** (de)	frei	un pueblo libre, ser libre de hacer algo
81 ▪	**¡Hola!**	Hallo!	
82 ▪	**¡Buenos días!**	Guten Morgen!, Guten Tag!	
83 ▪	**¡Gracias!**	Danke!	
84 ▪	**De nada.**	Gern geschehen., Nichts zu danken. (*als Antwort*)	
85 ▪	¡Mucho gusto!	Erfreut! (*bei Begrüßung*)	– ¡Hola! Soy el señor Pérez. – ¡Mucho gusto! Soy Elena.

10.4 Bildungssystem

1 ▪	el sistema educativo	Schulsystem	
2 ▪	el educación	Ausbildung	la educación escolar, la educación universitaria
3 ▪	**educar** a alg	ausbilden	

4	la educación pública	Schulwesen	
5	la **guardería**	Kindergarten	Juanito tiene 5 años y va a la guardería.
6	**introducir** a/c *wie conducir* (c→zc)	einführen	
7	la enseñanza	Lehre; Bildungswesen	la enseñanza de lenguas extranjeras
8	la instrucción	Ausbildung; Bildung	una persona de gran instrucción
9	**formar** a alg	ausbilden; bilden	▶ educar y transmitir conocimientos
10	**estudiar**	studieren	Jorge estudia informática en la universidad.
11	**preparar** a/c	vorbereiten, sich auf etw vorbereiten	Los alumnos prepararon una fiesta.
12	el **examen** (Pl.: *exámenes*)	Prüfung; Klausur	aprobar un examen, suspender un examen
13	satisfactorio/-a (*ser*)	befriedigend	un resultado satisfactorio
14	**fácil** (de) (*ser*)	leicht	¡En Chile es muy fácil conocer gente! ▶◀ difícil
15	**difícil** (de) (*ser*)	schwierig, schwer	un problema difícil de solucionar
16	la **dificultad**	Schwierigkeit	
17	la **beca**	Stipendium	una beca para ir al extranjero
18	solicitar a/c	beantragen	solicitar una beca
19	conceder a/c a alg	gewähren *Kredit usw.*	Me han concedido la beca.
20	la formación profesional	Berufsausbildung; Fachschulausbildung	No quiero hacer el bachillerato, prefiero la formación profesional.
21	especializarse en a/c	sich spezialisieren auf	
22	profundizar en a/c	sich in etw vertiefen	Tenemos que profundizar más en este tema.
23	estudioso/-a	fleißig	▶ que estudia mucho
24	la oposición *in Spanien*	staatliche Auswahlprüfung	

Die **oposición** ist eine staatliche Auswahlprüfung in Spanien, bei der sich die Bewerber für Stellen im öffentlichen Dienst gegen ihre Mitbewerber durchsetzen müssen. Dazu gehören Stellen im Bildungs- und Gesundheitssystem, bei der Post, im Verkehrswesen und in der Politik.
Das Wort wird meistens im Plural gebraucht:

Estoy preparando las oposiciones.   Ich bereite mich auf die Auswahlprüfung vor.

25	la **universidad**	Universität	Rafael quiere estudiar en la universidad.
26	ingresar en a/c	aufgenommen werden	ingresar en la universidad
27	inscribirse* en a/c	sich eintragen; sich einschreiben	inscribirse en una lista inscribirse en un curso

28	universitario/-a	universitär; Universitäts-	▶ de la universidad
29	el/la **estudiante**	Student/in; ältere/r Schüler/in	
30	los **estudios**	Studium (*Universität*)	Está a punto de terminar sus estudios.
31	**obligatorio/-a** (*ser*)	obligatorisch	asignaturas obligatorias
32	la **carrera** (de)	Studium; Karriere	acabar la carrera
33	el **crédito**	Leistungspunkt (*Universität*)	
34	la **teoría**	Theorie	
35	la **investigación**	Forschung; Untersuchung	
36	el **estudio**	Studium (*lernen*)	dedicar tiempo al estudio
37	**consultar** a/c	nachschlagen; nachschauen	consultar un diccionario consultar una enciclopedia

38	la **cultura**	Bildung	un hombre de gran cultura
39	la **filosofía**	Philosophie	
40	las **humanidades**	Geisteswissenschaften	
41	la **lógica**	Logik	
42	la **estadística**	Statistik	Según las estadísticas del Ministerio...
43	la **fundación**	Stiftung	
44	el **CV**	Lebenslauf	▶ abreviatura de 'currículum vitae'

10.5 Schulleben

1	la **escuela**	Schule	ir a la escuela
2	**escolar**	schulisch, Schul-	la política escolar, el sistema escolar
3	el **colegio**	Schule	▶▶ escuela
4	el **cole** *fam.*	Schule, Penne	No tengo ganas de ir al cole.
5	el **instituto**	Gymnasium	ir al instituto
6	el **insti** *fam.*	Gymmi	▶ palabra coloquial para el instituto
7	la **academia**	Sprachschule	En agosto estuve en una academia en Galicia.
8	el **gimnasio**	Sporthalle, Turnhalle	
9	el **patio de la escuela**	Schulhof	
10	el **aula** *w*	Klassenzimmer	▶ la habitación donde recibes clases
11	la **pizarra**	Tafel	escribir algo en la pizarra

12	la **tiza**	Kreide	Escribe en la pizarra con la tiza.
13	la **esponja**	Schwamm	
14	el **proyector**	Overhead-Projektor; Beamer	
15	el **cañón** *in Spanien*	Beamer, Videokanone	
16	el **cuaderno**	Heft	el cuaderno de ejercicios
17	el **estuche**	Federtasche; Etui (*allg.*)	► el recipiente para lápices
18	la **regla**	Lineal	trazar líneas con la regla
19	la **goma (de borrar)**	Radiergummi	

la regla
el estuche
la goma
el cuaderno →

20	la **clase**	Klasse; Unterricht	Nos quedamos en clase un rato más.
21	el **alumno/-a**	Schüler/in	► un chico/una chica que va a la escuela
22	el/la **delegado de clase/ delegada de clase**	Klassensprecher/in	► el alumno/la alumna que representa la clase ante los profesores
23	el/la **pelota** *fam.*	Schleimer	
24	**hacer* la pelota** *fam.*	bei jdm schleimen	Sonja siempre le hace la pelota al profe.
25	el/la **profesor/a**	Lehrer/in	
26	el/la **profe** *fam.*	Lehrer/in	► palabra coloquial para 'profesor/a'
27	el/la **maestro/-a**	Grundschullehrer/in	
28	el/la **director/a**	Direktor/in	► el jefe de la escuela
29	el/la **conserje**	Hausmeister/in	La tiza te la da el conserje.
30	el/la **ex alumno/-a**	Exschüler/in	► un antiguo alumno

31	**tener* clase**	Unterricht haben	Tengo clase de las 8.00 h hasta las 14.00 h.
32	la **presencia**	Anwesenheit	►◄ ausencia
33	**presente** (*estar*)	anwesend	►◄ ausente
34	**participar** en a/c	teilnehmen	Los chicos participan en un proyecto.
35	**asistir** a a/c	teilnehmen (an)	Tenéis que asistir a clase.
36	**obedecer** a/c, a alg (c→zc)	gehorchen	A la profesora nunca la obedezco.
37	**hacer* caso** a alg	gehorchen, auf jdn hören	Los alumnos no le hacen caso al profesor.
38	**esforzarse** (en a/c) (o→ue)	sich bemühen	Se esfuerza intensamente en mejorar sus notas.
39	**hacer* un esfuerzo**	sich anstrengen, sich Mühe geben	Se ve que hiciste un esfuerzo.
40	**trabajador/a**	fleißig, arbeitsam	Os habéis vuelto muy trabajadores.

41	**estudiar**	lernen	No puedo acompañaros al cine porque tengo que estudiar.
42	**darse*** **bien** a alg	gut sein in	A Gladys la biología se le da muy bien.
43	**darse*** **mal** a alg	schlecht sein in	Se me dan mal las lenguas.
44	**dotado/-a** (para) (*ser*)	begabt	un alumno dotado para las lenguas
45	el **progreso**	Fortschritt	Muestras un progreso considerable.
46	el **acierto**	richtige Antwort, Treffer	En el examen tengo solamente seis aciertos.
47	**correcto/-a** (*ser*)	richtig, korrekt	No es la respuesta correcta.
48	los **deberes**	Hausaufgaben	Nuria hace los deberes en su habitación.
49	el **ejemplo**	Beispiel	¿Me das un ejemplo, por favor?
50	**entregar** a/c a alg	überreichen *Zeugnis usw.*	
51	la **tarea**	Aufgabe	cumplir una tarea, hacer una tarea
52	**resolver** a/c *wie volver* (o→ue)	lösen	►► solucionar
53	**recitar**	aufsagen, vortragen	recitar un poema
54	**apuntar** a/c	aufschreiben, notieren	
55	los **apuntes**	Mitschrift (*im Unterricht*)	¿Me prestas tus apuntes?
56	**aprobar** a/c (o→ue)	bestehen *Prüfung*	►◄ suspender
57	**quedar** a alg	noch machen müssen	

Vorsicht mit der Konstruktion:

A Sonia le quedan dos exámenes. – **Sonia muss** noch zwei Prüfungen bestehen.

58	**borrar** a/c	wegwischen; radieren	¿Habéis copiado todo? ¿Lo puedo borrar?
59	**corregir** a/c (e→i)	korrigieren	corregir un examen
60	la **corrección**	Korrektur	la corrección de un examen
61	**copiar** (a/c de alg)	abschreiben	Parece que has copiado de tu compañera.
62	**distraer** a alg *wie traer*	ablenken	► hacer que otras personas ya no presten atención a lo que están haciendo
63	**meterse en líos**	sich in Schwierigkeiten bringen	Haciendo novillos te metes en líos.
64	la **ausencia**	Abwesenheit	►◄ presencia
65	**ausente** (*estar*)	abwesend	►◄ presente
66	**faltar a clase**	fehlen (*im Unterricht*)	Es la tercera vez que faltas a clase sin excusa.

67	hacer* novillos *fam.*	schwänzen	▶ no ir a clase sin tener excusa
68	el **error**	Fehler	cometer un error, un grave error, corregir un error
69	la **falta**	Fehler	una falta de ortografía
70	fallar (a/c)	versagen; falsch machen	Esta vez, Alberto ha fallado por completo. Falló nueve de diez preguntas.

71	la **asignatura**	Schulfach	
72	el **horario**	Stundenplan, Zeitplan	En el horario apuntas las horas de clase.
73	la materia	Sachgebiet; Fach	▶▶ asignatura
74	las **Matemáticas**	Mathematik (*Schulfach*)	
75	mates *fam.*	Mathe	▶ palabra coloquial para 'matemáticas'
76	el latín	Latein	

Einige spezielle Schulfächer in Spanien:

Biología y Geología	Biologie und Geologie
Física y Química	Physik und Chemie
Geografía e Historia	Erdkunde und Geschichte
Cultura Clásica	alte Geschichte
Lengua y Literatura	Sprache und Literatur
Plástica y Visual	Kunst
Educación Física	Sport

77	el **ejercicio**	Übung	Haced el ejercicio número dos en casa.
78	el cálculo	Rechnung	No me gusta hacer cálculos.
79	la lección	Unterrichtsstunde	una lección de música
80	la redacción	Aufsatz	Has escrito una redacción muy original.
81	dictar (a/c a alg)	diktieren	Por favor, ¡no dicte tan deprisa!
82	**enseñar** a/c a alg; a hacer a/c	beibringen; zeigen	En la escuela nos enseñan lenguas extranjeras. Me enseñó a utilizar el ordenador.
83	los conocimientos	Kenntnisse	Tengo conocimientos básicos de italiano.
84	**estricto/-a**	streng; strikt	El profe de Educación Física es muy estricto.
85	el estrés	Stress	La escuela… las tareas en casa… ¡Tengo tanto estrés!

143

86	calificar a/c	benoten, beurteilen	El profe calificó mi examen con un sobresaliente.
87	examinar a alg	prüfen	Hoy nos examinan en latín.
88	evaluar a alg (u→ú)	bewerten	evaluar a los alumnos
89	restar a/c a alg	abziehen	El profe me restó dos puntos porque cree que he copiado.
90	la **nota**	Note, Zensur	buenas notas, malas notas, mejorar las notas
91	el **sobresaliente**	sehr gut (*Note*)	Un sobresaliente es una nota muy buena.
92	el **notable**	gut (*Note*)	Saqué un notable en el examen.
93	el **aprobado**	ausreichend (*Note*)	▶▶ el suficiente
94	el **suficiente**	ausreichend (*Note*)	▶ nota mínima que se necesita para aprobar
95	el **suspenso**	ungenügend (*Note*)	Un suspenso significa no aprobar un exámen.
96	suspender (a/c; a alg)	durchfallen; nicht bestehen; durchfallen lassen	Suspendió en tres asignaturas. ¿Suspendiste el examen? ¡Este profe suspende a todos!
97	la **atención**	Aufmerksamkeit; Vorsicht	
98	la distracción	Ablenkung; Unaufmerksamkeit	Este ruido es una distracción. Tu problema es tu distracción.
99	agobiar a alg	überlasten, bedrücken	Me agobian todos estos exámenes.
100	estar* hecho/-a polvo *fam.*	erschöpft sein	Marta ha trabajado mucho y ahora está hecha polvo.
101	pendiente (*estar*)	unerledigt, noch ausstehend	Míriam tiene varios trabajos pendientes.
102	complicar a/c (a alg)	erschweren, verkomplizieren	Mis notas me complican la vida.
103	el **problema**	Problem	un problema serio, afrontar un problema
104	el **descanso**	Pause; Erholung	hacer un descanso; necesitar un descanso
105	avanzado/-a (*estar*)	fortgeschritten	un curso avanzado
106	el **recreo**	Pause	▶ el tiempo libre en la escuela
107	librar *fam.*	frei haben	El lunes que viene libramos.
108	las **vacaciones**	Ferien; Urlaub	¿Cuánto tiempo duran las vacaciones en España?
109	el **nivel**	Niveau	Has alcanzado un buen nivel de español.
110	el **grado**	Klasse (*Klassenstufe*)	En la escuela, estoy en cuarto grado.
111	**básico/-a** (*ser*)	grundlegend, Grund-	una idea básica, un alimento básico
112	**complicado/-a**	kompliziert	una tarea complicada, un texto complicado

113	exigente (*ser*)	anspruchsvoll	un texto muy exigente
114	la educación	Erziehung	
115	la educación primaria	Grundschulunterricht	
116	la Educación Secundaria Obligatoria (ESO)	vierjährige Mittelstufe	
117	educar a alg	erziehen	educar a los hijos
118	la formación	Ausbildung	
119	entrar en a/c	aufgenommen werden	entrar en una escuela, entrar en un club
120	el curso	Schuljahr; Kurs	el último curso; un curso de lengua
121	el bachillerato	Abitur	

Colegio Santa Trinidad, Sevilla

122	el intercambio	(Schüler)austausch	
123	la plataforma	Plattform, Initiative	Los alumnos crearon una plataforma para sus reivindicaciones.
124	presentar a/c (a alg)	vorstellen	Los chicos presentan un proyecto en clase.
125	el proyecto	Projekt	El proyecto de física es bastante interesante.

10.6 Religion

1	la religión	Religion	
2	religioso/-a (*ser*)	religiös	
3	la ética	Ethik	
4	cristiano/-a (*ser*)	christlich; Christ/in	
5	católico/-a (*ser*)	katholisch; Katholik/in	
6	la capilla	Kapelle	Celebraron una misa en la capilla del hospital.
7	la iglesia	Kirche	▶ edificio donde se celebran las misas cristianas
8	el monasterio	Kloster	El Escorial en Madrid parece un monasterio.
9	la catedral	Kathedrale	▶ una iglesia muy grande
10	judío/-a (*ser*)	jüdisch; Jude/Jüdin	
11	musulmán/musulmana (*ser*)	islamisch; Moslem/Moslime	▶ del islam
12	la mezquita	Moschee; Mezquita	▶ edificio donde los musulmanes celebran el culto
13	el templo	Tempel; Gotteshaus	▶ edificio dedicado al culto religioso
14	el alma *w*	Seele	rezar por las almas de los difuntos
15	el cura	Priester	Tenemos clase con el cura.

Catedral de Santiago de Compostela

16	el monje	Mönch	
17	la monja	Nonne	una escuela de monjas
18	el obispo	Bischof	
19	el papa	Papst	Vino el papa Benedicto XVI (= dieciséis).
20	los Reyes Magos	die Heiligen drei Könige	
21	el/la patrón/patrona	Schutzheilige/r	
22	el santo	Namenstag	Me llamo Lucía y mi santo es el 13 de diciembre.
23	santo/-a (ser)	heilig; Sankt (als Titel)	

Santo oder San?

▶ Als Titel steht das Adjektiv vor dem Namen. Vor männlichen Namen steht San:

San Juan	Sankt Johannes	San Pablo	Sankt Paul
San Miguel	Sankt Michael	San Esteban	Sankt Stephan

▶ Ausnahmen davon sind "Santo Tomás" – „Heiliger Thomas" und "Santo Domingo" – „Heiliger Dominikus". Vor heiligen Frauen wird das Adjektiv nie verkürzt:

"Santa Teresa de Jesús" – „Heilige Theresia von Ávila"

24	el ángel	Engel	¿Crees en los ángeles?
25	el espíritu	Geist; Seele	
26	el creador	Schöpfer	el creador del mundo
27	el dios	Gott	Dios descansó el séptimo día.
28	la diosa	Göttin	
29	divino/-a (ser)	göttlich	▶ como Dios
30	la fe (en)	Glaube	la fe en Dios
31	creer en alg wie leer	glauben an	¿Crees en Dios?
32	resucitar	auferstehen	▶ volver a la vida después de la muerte
33	la eternidad	ewiges Leben	▶ la vida después de la muerte
34	el paraíso	Paradies	▶◀ infierno
35	el demonio	Dämon, Teufel	
36	el infierno	Hölle	
37	el diablo	Teufel	
38	el mal	das Böse, das Übel	luchar contra el mal
39	el altar	Altar	
40	la Biblia	Bibel	▶ el libro sagrado de los cristianos

41	la **cruz** (Pl.: *cruces*)	Kreuz	una cruz de madera
42	la **campana**	Glocke	Suena la campana de la catedral.
43	**tocar una campana**	eine Glocke läuten lassen	El día de la indepencendia, el presidente de la República toca una gran campana.
44	el **órgano**	Orgel	un concierto de órgano
45	la **imagen** (Pl.: *imágenes*)	Bild, Heiligenbild	una imagen de San Isidro
46	la **(sagrada) forma**	Hostie	

Das eigentliche Wort für ‚Hostie' ist **hostia**. Da dieses Wort allerdings immer häufiger als vulgärer Ausruf benutzt wird ("¡Hostia!" – „Scheiße!"), hat die Kirche beschlossen, statt dessen lieber **sagrada forma** oder auch nur **forma** zu verwenden.

47	**sagrado/-a**	heilig	La ciudad sagrada de los incas es Cuzco.
48	la **parroquia**	Kirchengemeinde	una parroquia con quinientas almas
49	la **misa**	Messe	Hoy es el obispo quien celebra la misa.
50	**ir* a misa**	in die Kirche gehen	Voy a misa todos los domingos.
51	**predicar** (a/c)	predigen	
52	la **procesión**	Prozession	las procesiones de Semana Santa
53	**confesarse** (e→ie)	beichten, zur Beichte gehen	
54	la **confesión**	Beichte; Geständnis	decir algo en confesión; hacer una confesión

Semana Santa

55	**rezar** (por)	beten	
56	**adorar** a/c, a alg	verehren, vergöttern	Los incas adoraban al sol.
57	la **oración**	Gebet	▶ acción de rezar
58	**bautizar** a alg	taufen	
59	**sacrificar** a/c, a alg	opfern	
60	el **sacrificio**	Opfer	hacer un sacrificio; ofrecer un sacrifico
61	el **mito**	Mythos	
62	la **piedad**	Mitleid; Gnade	tener piedad de alguien; pedir piedad
63	la **caridad**	Wohltätigkeit; Nächstenliebe	
64	la **tentación**	Versuchung	resistirse a la tentación, caer en la tentación
65	**pecar**	sündigen	
66	el **pecado**	Sünde	libre de pecados, confesar sus pecados

67	la **conciencia**	Gewissen	No tengas mala conciencia. No es culpa tuya.
68	**arrepentirse** de a/c (e→ie/i)	bereuen	Me arrepiento de mis palabras. Perdóname.
69	el **milagro**	Wunder	Ahora tiene que ocurrir un milagro.

70	**Semana Santa** *w*	Karwoche	¿Qué haces en Semana Santa?
71	**Pascua** *w*	Ostern	
72	**Nochebuena** *w*	Heiligabend	► el 24 de diciembre
73	**Navidad** *w*	Weihnachten	¡Feliz Navidad!
74	**Nochevieja** *w*	Silvester	En Nochevieja comemos las doce uvas.

Unterhaltung

11

11.1 Sport

1	el **deporte**	Sport	¿Practicas algún deporte?
2	la **competición**	Wettbewerb	En la playa Zicatela hay muchas competiciones.
3	la competencia *amer.*	Wettbewerb	►► concurso
4	la **regla**	Regel	obedecer una regla, infringir una regla
5	el reglamento	Reglement	
6	la apuesta	Wette	hacer una apuesta
7	el aficionado	Fan	Los aficionados del club de fútbol de Barcelona se llaman 'culés'.
8	el **equipo**	Mannschaft, Team	el equipo nacional, tener espíritu de equipo
9	el/la rival	Rivale/in, Gegner/in	
10	desafiar a alg (i→í)	herausfordern *Gegner*	
11	el reto	Herausforderung	Jugar contra aquel equipo constituye un reto.
12	**ganar** a/c	gewinnen	Queremos ganar este partido.
13	vencer (a/c, a alg)	siegen; besiegen	
14	la **victoria**	Sieg	►◄ derrota
15	la medalla	Medaille	la medalla de oro, de plata y de bronce
16	el premio	Preis (*Gewinn*)	Gané el primer premio.
17	el **partido**	Spiel (*sportl. Begegnung*)	► un encuentro deportivo
18	el/la campeón/-ona	Sieger; Meister	¡Queremos que El Valencia sea campeón!
19	el récord (Pl. récords)	Rekord	establecer un récord, batir un récord
20	batir a/c, a alg	schlagen *Gegner; Rekorde*	Este récord es difícil de batir.
21	la desventaja	Nachteil	►◄ ventaja
22	perder (a/c) (e→ie)	verlieren	►◄ ganar
23	la **derrota**	Niederlage	►◄ la victoria
24	el fracaso	Scheitern	►◄ éxito
25	la resistencia	Ausdauer	un futbolista de mucha resistencia
26	la lentitud	Langsamkeit	►◄ la velocidad
27	entrenar (a alg)	trainieren	
28	el/la entrenador/a	Trainer/in	
29	estar* en forma	in Form sein, fit sein	

30	el **ejercicio**	Übung	En Educación Física siempre empezamos con unos ejercicios.
31	**participar** en a/c	teilnehmen	
32	**deportivo/-a** (ser)	sportlich, Sport-	ropa deportiva, la crónica deportiva
33	**practicar** (a/c)	trainieren, üben	El grupo practica una vez a la semana.
34	**practicar deporte**	Sport treiben	
35	el **equilibrio**	Gleichgewicht	perder el equilibrio, mantener el equilibrio
36	el **desequilibrio**	Ungleichgewicht	►◄ equilibrio
37	las **zapatillas de deporte**	Sportschuhe	En el gimnasio necesitáis zapatillas de deporte.
38	**sudar**	schwitzen	
39	el **dopaje**	Doping	

Pau Gasol

40	el **baloncesto**	Basketball	
41	el **balonmano**	Handball	
42	el **fútbol**	Fußball	jugar al fútbol
43	el **voleibol**	Volleyball	
44	el **tenis**	Tennis	
45	el **boxeo**	Boxen	un combate de boxeo, practicar el boxeo
46	el **combate**	Kampf	un combate de boxeo
47	**esquiar** (i→í)	Ski laufen	En Sierra Nevada puedes esquiar.
48	el **corredor/a**	Läufer/in	
49	la **carrera**	Rennen (*Autos*); Lauf; Wettlauf	¿Quién ganó la carrera?
50	la **maratón**	Marathon	correr una maratón

51	el **partido de fútbol**	Fußballspiel	¿Viste el partido de fútbol de anoche?
52	el **amistoso**	Freundschaftsspiel	
53	el **balón**	Ball	jugar al balón; balón de fútbol
54	la **pelota**	Ball	
55	el **árbitro**	Schiedsrichter	El árbitro debe ser imparcial.
56	**imparcial** (ser)	unparteiisch	
57	**parcial** (ser)	parteiisch	Esta vez, el árbitro fue parcial.
58	el/la **madridista**	Anhänger/in von Real Madrid	► aficionado del Real Madrid
59	el **defensor**	Verteidiger	
60	el **portero**	Torwart	

Iker Casillas, portero del Real Madrid

61	la **selección**	Mannschaft, Auswahl (*Team*)	la selección nacional ▶▶ equipo
62	**seleccionar** a/c, a alg	auswählen	▶▶ elegir
63	la **división**	Liga	jugar en primera división
64	la **copa**	Pokal; Meisterschaft	En 2008 España ganó la copa de Europa.
65	**mundial**	Welt-	el campeón mundial, un récord mundial
66	la **final**	Finale	Si ganamos este partido, llegaremos a la final.
67	**marcar** (un gol)	ein Tor schießen	Nuestro equipo fue el primero en marcar.
68	la **falta**	Foul	El árbitro castigó la falta con un penalti.
69	la **tarjeta amarilla/roja**	gelbe/rote Karte	El árbitro me sacó otra tarjeta amarilla.
70	el **penalti**	Elfmeter	

71	el **estadio**	Stadion	
72	el **polideportivo**	Sportanlage, Sportplatz	▶ instalaciones para practicar deportes
73	el **obstáculo**	Hindernis	superar un obstáculo
74	la **meta**	Ziel	alcanzar la meta
75	la **piscina**	Schwimmbad	

11.2 Spiel

1	el **juego**	Spiel	un juego de mesa, ganar/perder el juego
2	**jugar** (a a/c) (u→ue)	spielen	¿Juegas conmigo a las cartas?
3	el/la **jugador/a**	Spieler/in	
4	los **Juegos Olímpicos**	Olympische Spiele	Los Juegos Olímpicos de 1992 se celebraron en Barcelona.
5	el **ajedrez**	Schach	jugar al ajedrez

***Las piezas de ajedrez** – die Schachfiguren*

el rey	la reina	el alfil	el caballo	la torre	el peón
König	*Dame*	*Läufer*	*Springer*	*Turm*	*Bauer*

6	la **táctica**	Taktik	cambiar de táctica
7	**interesante** (*ser*)	interessant	▶◀ aburrido/-a
8	el **truco**	Trick	usar un truco para conseguir algo
9	el **enigma**	Rätsel	Sabe resolver casi cualquier enigma.

10	el juguete	Spielzeug	un coche de juguete
11	la **muñeca**	Puppe	▶ juguete en forma de un cuerpo humano
12	el escondite	Versteck; Versteckspiel	jugar al escondite
13	el concurso	Wettbewerb	un concurso de ajedrez
14	la **broma**	Scherz, Spaß	No te preocupes. Sólo fue una broma.
15	el/la ganador/a	Sieger/in	▶◀ perdedor/a
16	**divertirse** (e→ie/i)	sich amüsieren, sich vergnügen	¡Que te diviertas en la fiesta!
17	la diversión	Vergnügen	▶ lo que divierte
18	apostar a/c a alg (o→ue)	mit jdm wetten (um)	Te apuesto cinco euros a que gana él.

11.3 Freizeitgestaltung

1	**salir*** (con alg)	ausgehen, weggehen	Los sábados salgo con mis amigos.
2	apuntarse (a a/c) *fam.*	sich anschließen	Mañana hay un concierto. ¿Te apuntas?
3	**ir* a tomar** a/c	etw trinken gehen	Alberto y Ana han ido a tomar un café.
4	**ir* de tapeo** *umgs.*	Tapas essen gehen	▶ salir a comer tapas
5	el **bar**	Kneipe, Bar	¿Tomas una copa conmigo en el bar?
6	la **barra**	Tresen, Theke	Para pedir, hay que ir a la barra.
7	la copa	Glas Wein, Glas Sekt	invitar a alguien a una copa, beber una copa
8	**pasarlo bien**	Spaß haben	Nos gusta salir con amigos y pasarlo bien.
9	el **club**	Verein; (Tanz)club	un club de fútbol
10	**bailar**	tanzen	bailar en la discoteca
11	el baile	Tanz	El tango es el baile típico de Argentina.
12	la **discoteca**	Diskothek	Esta noche vamos a una discoteca a bailar.
13	colarse *fam.* (o→ue)	sich vordrängeln; sich einschleichen	No tenía entrada pero se coló.
14	la marcha	Stimmung, Atmosphäre	De noche hay mucha marcha en esta zona.
15	la **foto**	Foto	sacar una foto, hacer una foto; revelar fotos
16	la **fiesta**	Fest; Fete	una fiesta popular, una fiesta de cumpleaños
17	**¡Que lo paséis bien!**	Viel Spaß!	
18	el **interés** (Pl.: *intereses*)	Interesse	
19	**interesar** a alg	interessieren	La música clásica no me interesa mucho.
20	**interesarse** por a/c	interessieren (für)	Se interesa por la política.

21	el **tiempo libre**	Freizeit	▶ las horas del día cuando no hay que estudiar
22	el **evento**	Ereignis	un evento festivo, un evento histórico
23	la **celebración**	Feier	▶▶ fiesta
24	**celebrar** a/c	feiern *Feste*	Celebró su cumpleaños en la piscina.
25	el **encuentro** (de)	Begegnung; Treffen	
26	la **atracción**	Attraktion	
27	el **parque de atracciones**	Vergnügungspark	

28	la **excursión** (a)	Ausflug	una excursión al campo
29	**por su cuenta**	auf eigene Rechnung	¡Los chicos van por su cuenta!
30	**dar* ganas** a alg de hacer a/c	Lust machen	La novela de Isabel Allende me dio ganas de viajar a Chile.
31	**estar* al sol**	in der Sonne liegen	En la playa me gusta estar al sol todo el día.
32	el **campamento**	Zeltlager	Paso el verano en un campamento para jóvenes.
33	la **aventura**	Abenteuer	Un viaje a la Patagonia es una gran aventura.
34	**emocionante** (*ser*)	aufregend, spannend	▶◀ aburrido/-a
35	**bañarse**	baden	bañarse en el mar, bañarse en la piscina
36	**pescar** (a/c)	angeln; fischen	▶ capturar peces
37	el **picnic**	Picknick	¿Hacemos un picnic el fin de semana?
38	la **barbacoa**	Grillfeier	
39	la **caza**	Jagd	Al jefe le gusta ir de caza.
40	**montar a caballo**	reiten	
41	el **paseo**	Spaziergang	
42	**pasear** por	spazieren	▶▶ dar un paseo por un lugar

43	la **cultura**	Kultur	la cultura indígena
44	**cultural**	kulturell, Kultur-	actividades culturales, la capital cultural
45	el **museo**	Museum	El Prado es el museo más grande de Madrid.
46	el **centro cultural**	Kulturzentrum	
47	la **exposición**	Ausstellung	Quiero visitar una exposición en el Prado.
48	**exponer** a/c *wie poner*	ausstellen	En este museo exponen cuadros de Miró.
49	la **colección**	Sammlung	colección de monedas, colección de sellos
50	el **cuadro**	Gemälde, Bild (*gemalt*)	un cuadro de Picasso, pintar un cuadro
51	el **retrato**	Porträt	▶ dibujo que representa a una persona

52	la **fotografía**	Fotographie	
53	la pintura	Malerei; Gemälde	
54	**abstracto/-a** (*ser*)	abstrakt	▸◂ abstracto/-a
55	**concreto/-a** (*ser*)	konkret, bestimmt	
56	el **dibujo**	Zeichnung; Zeichnen	
57	el mural	Wandgemälde	Diego Rivera pintó muchos murales.

Mural de Diego Rivera

58	dibujar (a/c)	zeichnen	Ramón dibuja cómics muy graciosos.
59	la estatua	Statue	
60	la **reunión**	Treffen	El botellón es una reunión de jóvenes.
61	el ritual	Ritual	El botellón se convirtió en un ritual.
62	la ceremonia	Zeremonie, Feier	▸▸ celebración
63	el espectáculo	Vorstellung	El espectáculo empieza a las ocho y cuarto.
64	el circo	Zirkus	Vimos una función en el circo.
65	el payaso	Clown; Scherzkeks	
66	el globo	(Heiß-)Luftballon	hacer explotar un globo; un viaje en globo
67	**hacer* gracia** a alg	amüsieren; lustig finden	Me hace gracia ver los monos en el zoológico.
68	tener* gracia	lustig sein	Esta broma no ha tenido mucha gracia.
69	la magia	Magie; Zauber (*Charme*)	
70	el/la mago/-a	Zauberkünstler/in	
71	la presentación	Vorstellung	▸ acción de presentar algo o a alguien
72	la **librería**	Buchhandlung	▸ tienda donde se venden libros
73	relajar	entspannen	▸▸ descansar
74	**listo/-a** (para) (*estar*)	fertig, bereit	Los chicos ya están listos para el viaje
75	el gimnasio	Fitnessstudio	
76	preferido/-a	Lieblings-	Mi actriz preferida es Penélope Cruz.
77	**invitar** a alg (a a/c)	einladen	¿Lo has invitado a tu fiesta?
78	la **invitación** (a)	Einladung	Me mandó una invitación a su fiesta.
79	el/la **invitado/-a**	Gast	¿Cuántos invitados había en la fiesta?
80	el **regalo**	Geschenk	
81	la **visita** (a)	Besuch	Le hice una visita a mi antigua profesora.
82	descansar	sich ausruhen, entspannen	▸▸ relajarse

11.4 Musik

1	la **música**	Musik	escuchar música, música clásica
2	**poner*** música	Musik auflegen	¿Puedes poner otra música, porfa?
3	el **disco**	Platte; CD	Este disco de Manu Chao me encanta.
4	el **cedé**	CD	
5	el **tono**	Ton	▶▶ sonido
6	la **melodía**	Melodie	
7	la **nota**	Note	▶ representación gráfica de un sonido

La escala – die Tonleiter

el compás   *Takt*

la clave   do re mi fa so la si do sostenido   do sostenido   bemol   do bemol   Pause
Notenschlüssel   c   d   e   f   g   a   h   c   *Kreuz*   *cis*   B   *ces*   *silencio*

8	la **letra**	Text *eines Lieds*	Me encanta la canción aunque no entiendo la letra.
9	**cantar** (a/c)	singen	Esta actriz también sabe cantar maravillosamente.
10	la **canción**	Lied	cantar una canción
11	el **ritmo**	Rhythmus	
12	el **instrumento (musical)**	Instrument, Musikinstrument	tocar un instrumento
13	**tocar** (a/c)	spielen *Instrument; Musik*	Luis toca en un grupo de música.
14	el **piano**	Klavier	tocar el piano
15	la **guitarra**	Gitarre	saber tocar la guitarra
16	el **violín** (Pl.: *violines*)	Geige	
17	la **trompeta**	Trompete	
18	la **flauta**	Flöte	
19	el **saxo**	Saxophon	▶ abreviatura de 'saxofón'
20	el **tambor**	Trommel	un golpe de tambor
21	la **batería**	Schlagzeug	▶ un grupo de instrumentos de ritmo

11 Unterhaltung

22	la **banda**	Musikgruppe, Band	▶ un grupo de personas que hacen música
23	el **coro**	Chor	▶ un grupo de personas que se reúnen para cantar
24	la **orquesta**	Orchester	▶ conjunto de músicos dirigidos por un director

25	la **interpretación**	Interpretation, Aufführung	▶ la realización de una pieza musical (o de un papel en una obra de teatro, o una película)
26	el **concierto**	Konzert	Necesito entradas para ir al concierto.
27	la **ópera**	Oper	
28	el **flamenco**	Flamenco (*Musik*)	
29	el **merengue**	Merengue (*Musik*)	
30	las **sevillanas**	traditioneller Tanz in Andalusien	
31	el **rock**	Rock-Musik	una cantante de rock, escuchar rock

11.5 Kino und Theater

1	el **cine**	Kino; Film	ir al cine; el cine español, el cine de los años 80 (= ochenta)
2	la **película**	Film	¿Viste la película que pusieron en la tele anoche?
3	**rodar** a/c (o→ue)	drehen (*Filme usw.*)	Rodaron esta película en mi pueblo.
4	el/la **director/a**	Regisseur/in	
5	el/la **productor/a**	Produzent/in	▶ quien organiza la producción de una película
6	la **cámara**	Kamera; Fotoapparat	grabar algo con la cámara
7	el **actor**	Schauspieler	Javier Bardem es un actor español.
8	la **actriz** (Pl.: *actrices*)	Schauspielerin	
9	la **imagen** (Pl.: *imágenes*)	offentliches Bild, Image	Este actor cuida mucho de su imagen.
10	**famoso/-a** (por)	berühmt	Con esta película, el actor se hizo mundialmente famoso.
11	la **estrella**	Star	Antonio Banderas es una auténtica estrella.
12	la **pantalla**	Leinwand	
13	el **episodio**	Teil *einer Filmreihe*	'El señor de los anillos' cuenta con tres episodios.
14	**corriente** (*ser*)	üblich, gewöhnlich	una película corriente

Javier Bardem

15	cursi *fam.* (*ser*)	kitschig; affig *Person*	▸ que quiere ser bonito sin serlo de verdad
16	auténtico/-a (*ser*)	echt	En la vida auténtica no pasan cosas así.

17	la película de amor	Liebesfilm	A mi novio, le aburren las películas de amor.
18	la película de horror	Horrorfilm, Gruselfilm	
19	la película de ciencia ficción	Science Fiction	La 'Guerra de las galaxias' es una película de ciencia ficción.
20	la película de dibujos animados	Zeichentrickfilm	
21	la película policíaca	Krimi	
22	la película del oeste	Western	
23	la película de crítica social	sozialkritischer Film	
24	el documental	Dokumentarfilm	
25	el cortometraje	Kurzfilm	

26	la entrada	Eintrittskarte	¿Tienes entradas para el cine?
27	la cola	Warteschlange	Delante del cine hay una cola enorme.
28	completo/-a	voll, komplett	El cine está completo, ya no hay sitio.
29	la audiencia	Publikum	▸ los espectadores de una función de teatro
30	el/la espectador/a	Zuschauer	▸ el que asiste a un espectáculo
31	la fila	Reihe	estar sentado en primera fila
32	la cartelera	Spielplan	Esta película ya no está en cartelera.
33	el éxito	Erfolg	La película tuvo mucho éxito.
34	conocido/-a (*ser*)	bekannt	un actor poco conocido
35	desconocido/-a (*ser*)	unbekannt	Hasta hace poco, era una actriz completamente desconocida.
36	el cartel	Plakat	▸ papel con publicidad que se pega en paredes y muros
37	el programa	Programm	Puedes leer todo en el programa.

38	titularse	heißen *Filme, Bücher*	¿Cómo se titula la película que vimos ayer?
39	popular (*ser*)	volkstümlich; populär	historias populares una actriz muy popular
40	surrealista	surrealistisch	
41	clásico/-a	klassisch	música clásica
42	cómico/-a (*ser*)	witzig, lustig	▸▸ divertido/-a
43	aburrido/-a	langweilig	una película muy aburrida

44	creativo/-a	kreativ	
45	el papel	Rolle	El actor principal interpreta el papel del príncipe.
46	desempeñar un papel	eine Rolle spielen	Me entusiasmó cómo esta actriz desempeñó el papel de la bruja.
47	la figura	Figur	la figura del malo, la figura más importante
48	imitar a/c	nachahmen, nachmachen, imitieren	
49	la escena	Bühne; Szene	
50	el ideal (de)	Ideal; Ziel	el ideal de belleza tener altos ideales
51	la función	Vorstellung, Aufführung	▶▶ representación

52	el teatro	Theater	
53	la obra	Werk, Kunstwerk	En el museo se expone la obra de un pintor francés.
54	la obra de teatro	Theaterstück	Calderón de la Barca escribió muchas obras de teatro.
55	el acto	Akt	
56	el arte	Kunst	El teatro es un arte muy antiguo.

Arte *ist im Singular männlich und im Plural weiblich:*

"el arte moderno" – „moderne Kunst", aber "las bellas artes" – „die schönen Künste"

57	original	Original-; eigentlich (*anfänglich*)	el texto original La idea original fue...
58	el motivo	Motiv	
59	la comedia	Komödie	
60	la tragedia	Tragödie	
61	el drama	Drama	
62	dramático/-a (*ser*)	dramatisch	
63	actuar (u→ú)	auftreten	José actúa en el teatro la semana que viene.
64	la actuación	Aufführung	

PEDRO CALDERÓN DE LA BARCA

La vida es sueño

Edición de Ciriaco Morón

CÁTEDRA

Comedia de Pedro Calderón de la Barca

65	representar a/c	aufführen	En este teatro sólo representan obras clásicas.
66	estrenar a/c	uraufführen	
67	la representación	Aufführung; Darstellung	

68	el escenario	Bühne, Szenarium
69	la **princesa**	Prinzessin
70	el **príncipe**	Prinz
71	la bruja	Hexe
72	la gira	Tournee
73	aplaudir a alg	applaudieren
74	el aplauso	Applaus

▶ la hija
de un rey

Los príncipes Felipe y Leticia de España

Todos aplaudieron a los actores.

Tras la actuación hubo un fuerte aplauso.

Politik und Geschichte 12

12.1 Geschichte

1	la **historia**	Geschichte	No debemos olvidar la historia de nuestro país.
2	**suceder**	geschehen	¿Qué sucedió el 23 de febrero de 1981?
3	el **acontecimiento**	Ereignis	un acontecimiento histórico
4	la **circunstancia**	Umstand	
5	el **archivo**	Archiv	▶ un lugar donde se guardan documentos
6	el **aniversario**	Jahrestag, Jubiläum	el 30 (= treinta) aniversario de la independencia
7	el **personaje**	Persönlichkeit	Adolfo Suárez fue un personaje muy importante en España.
8	el **héroe**	Held	Francisco Zapata es un héroe méxicano.
9	la **heroína**	Heldin	
10	el **peligro**	Gefahr	Parece que no eres consciente del peligro.
11	la **catástrofe**	Katastrophe	una catástrofe natural
12	la **huella**	Spur	La guerra dejó muchas huellas en la ciudad.
13	las **ruinas**	Ruine	Ingapirca son unas ruinas muy antiguas.

Im Spanischen immer Plural: "Hemos visitado las ruinas de un viejo monasterio." – „Wir haben die Ruine eines alten Klosters besichtigt."

| 14 | el **monumento** (a) | Denkmal | un monumento a los caídos en la guerra |

15	**romano/-a**	römisch	el imperio romano, el patrimonio romano
16	el **imperio**	Imperium, Reich	el imperio inca, el imperio maya
17	el/la **esclavo/-a**	Sklave/-in	▶ persona sin libertad que tiene que trabajar para su amo
18	la **Edad Media**	Mittelalter	▶ el período de tiempo entre los siglos V y XV
19	**medieval** (*ser*)	mittelalterlich	▶ de la Edad Media
20	el **caballero**	Ritter	
21	el/la **duque/duquesa**	Herzog/in	
22	la **nobleza**	Adel	
23	el **califato**	Kalifat	

El califato de Córdoba

| 24 | la **reconquista** | Wiedereroberung | ▸ período entre 711 y 1492 durante el cual los cristianos lucharon para recuperar la Península Ibérica |
| 25 | los **Reyes Católicos** | die Katholischen Könige | ▸ título que recibieron Fernando de Aragón e Isabel de Castilla tras su boda en 1469 |

26	el **descubrimiento**	Entdeckung	el descubrimiento de América
27	**inca**	Inka; Inka-	la sociedad de los incas; la cultura inca
28	**precolombino/-a** (ser)	präkolumbisch	▸ de antes del descubrimiento de América
29	**colonizar**	kolonialisieren; bevölkern	Los españoles colonizaron América.

30	la **Revolución Francesa**	Französische Revolution	
31	el **esplendor**	Glanz	una época de esplendor
32	la **tradición**	Tradition	
33	los **años 50**	die 50er Jahre	
34	la **transición**	Übergang	
35	**existente**	vorhanden, bestehend	el problema existente ▸▸ presente
36	**contemporáneo/-a** (ser)	zeitgenössisch	un museo de arte contemporáneo
37	**actual**	aktuell, derzeit	los problemas actuales con la delincuencia
38	la **actualidad**	Gegenwart	▸ la época en que vivimos

12.2 Staatsformen

1	el **sistema político**	politisches System	
2	el **régimen** (Pl.: *regímenes*)	Regierungsform	
3	la **monarquía**	Monarchie	▸ sistema político con un rey o una reina
4	la **monarquía parlamentaria**	parlamentarische Monarchie	España es una monarquía parlamentaria.
5	el **imperio**	Reich; Kaiserreich	
6	la **república**	Republik	
7	la **República Federal**	Bundesrepublik	
8	la **dictadura**	Diktatur	una dictadura brutal
9	la **dictadura militar**	Militärdiktatur	En Latinoamérica ha habido muchas dictaduras militares.

La familia real

10	el régimen autoritario	autoritäres Regime	
11	el comunismo	Kommunismus	
12	el capitalismo	Kapitalismus	

13	el estado	Staat	► conjunto de las instituciones y personas que organizan la política de un país
14	estatal (ser)	staatlich; Staats-	una empresa estatal; las deudas estatales
15	la autonomía	Autonomie	►◄ dependencia
16	autónomo/-a	selbstständig; autonom	Cada provincia tiene su gobierno autónomo.
17	el territorio	Gebiet; Territorium	Las Islas Canarias pertenecen al territorio nacional de España.
18	el reino	Königreich; Reich (figurativ)	el reino de España en el reino de la fantasía
19	la corona	Krone	llevar la corona; el papel de la corona para la democracia
20	la corte	Königshof	► el rey, su familia y sus empleados
21	el trono	Thron	► el asiento del rey
22	el rey	König	Juan Carlos I es el rey de España.
23	la reina	Königin	► la mujer del rey
24	real	königlich	el palacio real
25	reinar	herrschen König	Juan Carlos I reina desde 1975 en España.
26	el emperador	Kaiser; Herrscher	Huayna Capac fue un emperador inca.
27	la emperatriz (Pl.: emperatrices)	Kaiserin; Herrscherin	
28	la democracia	Demokratie	En 1983 volvió la democracia a Argentina.
29	democrático/-a (ser)	demokratisch	el sistema democrático
30	la Constitución	Verfassung	La Constitución española fue aprobada en 1978.
31	proclamar a/c; a/c a alg	ausrufen; ernennen	Proclamaron la Segunda República en 1931. Alcalá Zamora fue proclamado presidente.
32	la Comunidad Autónoma	Autonomieregion	España tiene 17 Comunidades Autónomas.

Juan Carlos I

Als **Ciudades Autónomas** werden die beiden afrikanischen Städte Ceuta und Melilla bezeichnet. Sie gehören zum spanischen Hoheitsgebiet aber nicht zu einer der 17 **Comunidades Autónomas**.

Melilla

33	la Ciudad Autónoma	Stadt mit Autonomiestatus	

34	el **dictador**	Diktator	Franco fue el último dictador de España.
35	autoritario/-a	autoritär	un estilo de política autoritaria
36	las Naciones Unidas	Vereinte Nationen	Hay muy pocos estados que no son miembro de las Naciones Unidas.
37	la ONU	UNO	▶ abreviatura de 'Organización de las Naciones Unidas'

12.3 Politik

1	la **política**	Politik	la política interior, la política social
2	el **parlamento**	Parlament	
3	el/la parlamentario/-a	Parlamentarier/in	▶ miembro de un parlamento
4	el Senado	Senat	El Senado y el Congreso de los Diputados forman juntos las Cortes Generales.
5	el Congreso de los Diputados	Abgeordnetenkammer	
6	el/la diputado/-a	Abgeordnete/r	
7	las Cortes Generales	Name des spanischen Parlaments	
8	la asamblea	Versammlung	▶ grupo de políticos
9	la sede	Sitz (*Standort*)	la sede del primer ministro
10	el **partido**	Partei	el partido conservador, el partido socialista
11	el/la líder	Führer/in, Leiter/in	el líder de la oposición, el líder de un partido
12	la **elección**	Wahl	la elección del delegado de clase
13	la oposición	Opposition	▶ grupo político o social que no forma parte del gobierno y que está en contra de él
14	oponerse a a/c, a alg *wie poner*	sich widersetzen	El Rey se opuso a los golpistas.
15	el/la dirigente	Chef/in, Führer/in	
16	el pacto	Pakt; Vereinbarung	cerrar un pacto, romper un pacto
17	aprobar a/c (o→ue)	verabschieden *Gesetz*	aprobar una ley, aprobar una decisión
18	el/la gobernante	Herrscher/in; Regierende/r	▶ persona que gobierna
19	el/la jefe/-a de estado	Staatsoberhaupt	En una monarquía, el rey es el jefe de estado.
20	el/la jefe/-a de gobierno	Regierungschef/in	En España, el jefe de gobierno es el presidente.
21	el/la **presidente/-a**	Präsident/in	
22	el/la vicepresidente/-a	Vizepräsident/in	▶ persona que sustituye al presidente

Congreso de los diputados

23	el **gobierno**	Regierung	▶ conjunto que forman el jefe de estado, los ministros y sus respectivas instituciones
24	el/la **ministro/-a**	Minister/in	
25	**nombrar** (a alg) (a/c)	nennen; ernennen zu	Juan fue nombrado delegado de la clase.
26	el **ministerio**	Ministerium	Ministerio de Asuntos Exteriores
27	el embajador (ante)	Botschafter	el embajador español ante las Naciones Unidas
28	gobernar a/c (e→ie)	regieren	el partido que gobierna la ciudad
29	la ideología	Ideologie	
30	ideológico/-a	ideologisch	
31	radical (en)	radikal	un político radical en sus posturas
32	el/la fascista	Faschist/in	
33	**conservador/a** (ser)	konservativ	
34	constitucional (ser)	verfassungskonform	▶ que es conforme a la constitución
35	**liberal**	liberal	
36	pacífico/-a	friedlich, friedfertig	
37	**socialista**	sozialistisch	el partido socialista
38	**comunista**	kommunistisch	Cuba es un país comunista.
39	revolucionario/-a (ser)	revolutionär	un movimiento revolucionario
40	la **revolución**	Revolution	
41	las **elecciones**	Wahlen	Las últimas elecciones se celebraron en marzo.
42	las elecciones municipales	Gemeindewahlen	▶ las elecciones a nivel municipal
43	las elecciones autonómicas	Wahlen in den autonomen Regionen	
44	las elecciones legislativas	Parlamentswahlen	▶ las elecciones en las que se eligen los representantes parlamentarios
45	**elegir** a/c, a alg (e→i)	wählen	¿Qué partido elegirías, si pudieras votar?
46	el/la candidato/-a (a)	Kandidat (für)	el candidato al premio Nobel
47	convocar a/c	einberufen; ausschreiben; ausrufen *Streik*	convocar una reunión convocar elecciones convocar una huelga
48	**votar** (a alg)	wählen	Cuando seas mayor de edad puedes votar.
49	el voto	Stimme (*bei einer Wahl*); Stimmrecht	el número de votos, contar los votos no tener voto
50	votar en blanco	einen leeren Stimmzettel abgeben	¡Votar es importante y votar en blanco no está bien!

51	válido/-a	gültig, rechtmäßig	un documento válido
52	el movimiento popular	Volksbewegung	Zapata luchó en un movimiento popular.
53	la marcha de protesta	Protestmarsch	Organizaron una marcha de protesta.
54	la manifestación	Demonstration	una manifestación a favor / en contra de algo
55	manifestarse (e→ie)	demonstrieren	▶ unirse para hacer una manifestación
56	la huelga	Streik	El metro está en huelga.
57	la reivindicación (de)	Forderung	presentar sus reivindicaciones
58	exigir a/c	fordern	exigir justicia
59	la solicitud	Antrag	presentar una solicitud, aceptar una solicitud
60	obtener a/c wie tener	bekommen, erhalten	obtener un puesto de trabajo
61	la ONG	NGO = regierungsunabhängige Hilfsorganisation	▶ abreviatura de 'organización no gubernamental'
62	la libertad	Freiheit	Antes, en España no había tanta libertad.
63	la administración	Verwaltung	Trabaja en la administración de la empresa.
64	administrar	verwalten	
65	el documento	Dokument; Ausweis	
66	firmar (a/c)	unterschreiben	
67	los documentos	Papiere (Ausweis)	Una persona ilegal no tiene documentos.
68	la ciudadanía	Staatsangehörigkeit; Bürgerschaft	Es importante que haya una verdadera ciudadanía europea.
69	el D.N.I.	Personalausweis	▶ abreviatura de 'documento nacional de identidad'
70	las autoridades	Behörden	Las autoridades prohibieron la manifestación.
71	la institución	Institution	
72	la central	Zentrale	
73	el trámite	Formalität	Tuvo que cumplir muchos trámites.
74	oficial (ser)	offiziell	la versión oficial, el idioma oficial
75	el ayuntamiento	Rathaus; Stadtverwaltung	▶ el edificio donde trabaja el alcalde
76	autorizar a/c a alg	erlauben	No está usted autorizado a entrar aquí.
77	la corrupción	Korruption	
78	limitar a/c	begrenzen	▶ poner límites
79	el estatuto	Statut	▶ una especie de constitución para cada una de las Comunidades Autónomas de España

80	**internacional**	international	las relaciones internacionales
81	**diplomático/-a**	diplomatisch; Diplomat/in	Es diplomática y trabaja en la embajada española en Buenos Aires.
82	la **nación**	Nation	
83	la **bandera**	Flagge	Verde, blanco y rojo son los colores de la bandera de México.
84	el **himno** (a)	Hymne; Loblied	himno nacional; cantar un himno al amor
85	**independiente**	unabhängig	
86	la **independencia**	Unabhängigkeit	
87	el **reconocimiento**	Anerkennung	Este país lucha por el reconocimiento internacional.
88	la **frontera**	Grenze	► la línea que separa dos países
89	**global**	global	►◄ local
90	la **globalización**	Globalisierung	las consecuencias de la gobalización
91	la **colonia**	Kolonie	
92	**colonial**	Kolonial-	la historia colonial, la política colonial
93	**dominar** a alg	beherrschen	España dominó a casi toda América.
94	el **dominio**	Herrschaft	América estuvo bajo dominio español hasta 1821.
95	la **amenaza**	Drohung, Bedrohung	la amenaza terrorista
96	el **tratado**	Abkommen	un tratado de paz
97	el **exilio**	Exil	En 1931 el rey fue enviado al exilio.
98	el/la **exiliado/-a**	Exilierte/r	
99	el **asilo político**	Asyl	pedir asilo político
100	el **asunto**	Angelegenheit	un asunto interno del partido
101	**adoptar medidas**	Maßnahmen ergreifen	El nuevo gobierno quiere adoptar medidas contra el paro.
102	**surtir efecto**	Wirkung zeigen; Erfolg haben	Estas medidas no surtirán efecto. El plan surtió efecto.
103	**llevar a cabo** a/c	durchführen *Reformen; Arbeiten*	El gobierno lleva a cabo muchas reformas.
104	**rechazar** a/c	ablehnen	►◄ aceptar a/c
105	**unirse**	vereinigen	En 1492 Castilla y Aragón se unieron.
106	**representar** a/c, a alg	vertreten, repräsentieren	El rey representa a todo el estado.
107	el **poder**	Macht	llegar al poder, mantenerse en el poder
108	**poderoso/-a** (*ser*)	mächtig	► que tiene mucho poder

109	amplio/-a	breit, mehrheitlich	La constitución fue aprobada por una amplia mayoría.
110	la declaración	Erklärung	las declaraciones del presidente
111	la estabilidad	Stabilität	
112	garantizar a/c a alg	garantieren	Te garantizo que no pasará nada.
113	fomentar a/c	fördern, unterstützen	►◄ frenar, impedir
114	en público	in der Öffentlichkeit	El ministro no suele hablar de eso en público.

115	el conflicto	Konflikt	un conflicto armado
116	el enfrentamiento	Konfrontation, Auseinandersetzung	un enfrentamiento personal un enfrentamiento armado
117	la crisis (Pl.: las crisis)	Krise	► una período difícil o lleno de problemas
118	el escándalo	Skandal	La foto provocó un verdadero escándalo.
119	la censura	Zensur (Verbot)	Durante la dictadura, la censura era muy dura.
120	el golpe de estado	Putsch, Staatsstreich	En 1981, hubo un intento de golpe de estado.
121	el golpista	Putschist	Los golpistas se rindieron finalmente.
122	apoderarse de a/c	sich bemächtigen	► tomar el control de algo
123	prohibir* a/c (a alg)	verbieten	Prohibieron el botellón.
124	derribar a alg	stürzen Herrscher	► quitarle a alguien el poder
125	la lucha (por/contra)	Kampf	la lucha armada de los rebeldes
126	luchar (por/contra)	kämpfen	Luchan por la libertad.
127	la represión	Unterdrückung	
128	reanudar a/c	wieder aufnehmen	Los dos estados reanudaron sus relaciones diplomáticas.
129	dialogar (con alg)	miteinander sprechen, verhandeln	No dialogamos con los terroristas.

12.4 Gesetz und Verbrechen

1	la ley	Gesetz	Todos tenemos que cumplir la ley.
2	conforme a (ser)	übereinstimmend, in Einklang mit	conforme a la ley
3	el derecho (de)	Recht; Jura (Fach)	Tenemos el derecho de votar.
4	los derechos humanos	Menschenrechte	En muchas partes del mundo no se respetan los derechos humanos.
5	el derecho penal	Strafrecht	
6	la justicia	Gerechtigkeit; Justiz	reivindicar justica; la justicia española

7	justo/-a	gerecht	Es necesario que el café tenga un precio justo.
8	la injusticia	Ungerechtigkeit	►◄ justicia
9	injusto/-a	ungerecht	
10	la inocencia	Unschuld	probar la inocencia, dudar de la inocencia
11	demandar a alg	anklagen	
12	la denuncia (contra)	Strafanzeige; Anklage	
13	denunciar a alg	anzeigen	
14	acusar a alg de a/c	anklagen	Lo acusan del robo.
15	el tribunal	Gericht	
16	el juicio	Prozess	ganar/perder el juicio
17	jurídico/-a	juristisch	
18	el caso	Fall	El abogado está trabajando en un caso muy complicado.
19	declarar +Adj a/c, a alg	erklären für	El juez declaró inocente al acusado.
20	en su favor	zu seinen Gunsten	Decidieron en su favor.
21	el testigo	Zeuge/in	► quién está presente cuando ocurre algo
22	el testimonio	Erklärung; Aussage; Zeugenaussage	Greisi cuenta en su testimonio cómo llegó a España.
23	el hecho	Geschehen; Tat	La policía investiga los hechos.
24	verificar a/c	überprüfen, kontrollieren	verificar informaciones verificar la identidad de alguien
25	la prueba (de)	Beweis	Es la prueba definitiva de que teníamos razón.
26	probar a/c (o→ue)	beweisen; bestätigen	probar la inocencia
27	demostrar a/c (o→ue)	beweisen	No se pudo demostrar la culpa del acusado.
28	el/la fiscal	Staatsanwalt/-wältin	La fiscal solicitó tres años de prisión.
29	el/la juez (Pl.: jueces)	Richter/in	
30	el/la abogado/-a	Rechtsanwalt/-wältin	
31	fallar	ein Urteil fällen	El tribunal falló a favor del acusado.
32	la sentencia	Urteil	► la decisión de un tribunal
33	culpable (de)	schuldig	Lo declararon culpable del accidente.
34	absolver a alg wie volver	freisprechen	El juez absuelve al acusado.
35	disculpar a alg	entschuldigen	El hambre que sufría disculpa el robo.
36	legítimo/-a	rechtmäßig; legitim	el heredero legítimo; una exigencia legítima
37	inocente (ser)	unschuldig	►◄ culpable

38	el **crimen** (Pl.: *crímenes*)	Verbrechen; Kriminalität	un crimen brutal el crimen organizado
39	cometer a/c	begehen, verüben *Verbrechen*	cometer un atentado, cometer un crimen, cometer suicidio
40	el/la delincuente	Straftäter/in	► persona que comete un delito
41	criminal (*ser*)	kriminell	un acto criminal, una banda criminal
42	el delito	Vergehen, Straftat	►► el crimen
43	la delincuencia	Kriminalität	En los últimos años, la delincuencia aumentó.
44	el **ladrón**	Dieb	Un ladrón la asaltó y le quitó el bolso.
45	robar (a/c a alg)	klauen, stehlen	► quitarle ilegalmente algo a una persona
46	el robo	Diebstahl, Raub	Esta mañana hubo un robo en el centro.
47	asaltar a alg	überfallen, angreifen	►► atacar
48	el asalto (a)	Überfall, Angriff	Hubo un asalto al banco.
49	el/la cómplice	Komplize	Parece que el ladrón tuvo varios cómplices.
50	la **violencia**	Gewalt	un acto de violencia, luchar contra la violencia
51	abusar de a/c	missbrauchen	El director abusa de su posición.
52	la agresión	Gewalttätigkeit, Angriff, Übergriff	Antes, los niños sufrían muchas agresiones en la escuela.
53	agredir a alg	angreifen, anfallen	La agredieron en el metro.
54	la **víctima**	Opfer	Muchos niños son víctimas de violencia.
55	**pegar** a alg	schlagen	
56	partirle la cara a alg *umgs.*	eine runter hauen, aufs Maul hauen	Si vuelves a meterte conmigo, te partiré la cara.
57	violar a/c, a alg	missachten; vergewaltigen	En aquel país se violan los derechos humanos.
58	la violación	Vergewaltigung	
59	secuestrar a alg	entführen	
60	el rehén (Pl.: *rehenes*)	Geisel	► persona secuestrada
61	rescatar a alg	retten; befreien *Geiseln*	Los bomberos lo rescataron del incendio.
62	el rescate	Befreiung *von Geiseln*; Rettung; Lösegeld	
63	amarrar (a/c) a alg	fesseln	Los ladrones le amarraron las manos.
64	atroz	grausam, brutal	un crimen atroz
65	**matar** a alg	töten	► quitarle la vida a alguien
66	el asesinato	Mord	► el acto de matar a alguien
67	sangriento/-a (*ser*)	blutig; blutrünstig	un atentado sangriento; un libro sangriento

68	el/la **asesino/-a**	Mörder/in	▶ una persona que ha matado a otra
69	el **atentado**	Attentat	▶ un crimen de terroristas
70	**terrorista**	terroristisch, Terror-	un atentado terrorista, una banda terrorista
71	la **explosión**	Explosion	La explosión cobró muchas víctimas.
72	el/la **terrorista**	Terrorist/in	Detuvieron a un grupo de terroristas.
73	**legal** (*ser*)	legal	
74	**ilegal** (*ser*)	illegal	▶ prohibido por la ley
75	**infringir** a/c	verstoßen gegen	infringir una ley, infringir una regla
76	los **antecedentes**	Vorstrafen	El acusado tiene antecedentes.
77	la **banda**	Bande	▶ un grupo que hace cosas ilegales
78	el **coyote** *lat. am.*	Schlepper, Fluchthelfer	Detuvieron a una banda de coyotes.
79	la **conspiración**	Verschwörung	▶ un plan secreto contra algo o alguien
80	el **tráfico** (de)	Handel (*v.a. illegaler*)	el tráfico de drogas, el tráfico de armas
81	la **droga**	Droge	droga blanda, droga dura, tomar drogas
82	**fumar porros** *fam.*	kiffen; barzen	▶ fumar marihuana
83	**esconderse** (de)	verstecken vor	Los ilegales se esconden de las autoridades.
84	**escapar**	entkommen	El prisionero pudo escapar.
85	la **fuga**	Flucht	
86	el **engaño**	Betrug, Täuschung	Esta publicidad es un verdadero engaño.
87	el **perjuicio**	Schaden	ocasionar un perjuicio irreperable
88	el/la **traidor/a**	Verräter/in	▶ persona que traiciona a otra
89	la **búsqueda** (de)	Suche (nach)	la búsqueda de una solución
90	**investigar** a/c	untersuchen, ermitteln	
91	el **indicio** (de)	Anzeichen (für)	No hay indicios de una muerte violenta.
92	la **pista**	Spur; Tipp	seguir una pista; darle una pista a alguien
93	**registrar** a/c, a alg	durchsuchen	registrar a un detenido, registrar un coche
94	**sospechar** a/c; de alg	vermuten; verdächtigen	La policía sospecha que ha sido el jardinero. La policía sospecha del jardinero.
95	la **sospecha** de	Verdacht	Tengo la sospecha de que fue él.
96	**sospechoso/-a**	verdächtig	La policía detuvo a dos personas sospechosas.
97	**presunto/-a**	vermeintlich; mutmaßlich	el presunto dueño del arma los presuntos asesinos
98	**perseguir** a alg (e→i)	verfolgen	perseguir al ladrón, perseguir un coche
99	**identificar** a alg (por a/c)	identifizieren	
100	**interrogar** a alg	verhören	La policía interroga a la sospechosa.

101	entregar a alg	ausliefern *Straftäter*	Francia entregó a los presuntos asesinos.
102	entregarse a alg	sich stellen *Straftäter*	El delincuente se entregó a la policía.
103	confesar a/c (e→ie)	gestehen	Confesó que lo había hecho.
104	impedir a/c (a alg) (e→i)	verhindern; hindern	La policía impidió el atentado. Impidió a los terroristas realizar el ataque.
105	la alarma	Alarm	la alarma de un coche
106	la seguridad	Sicherheit	una medida de seguridad
107	seguro/-a	sicher	La Ciudad de México a veces no es segura.
108	la inseguridad	Unsicherheit	
109	la policía	Polizei	¡Llama a la policía!
110	vigilar a/c, a alg	bewachen, überwachen	No me gusta que mi novio siempre me vigile.
111	controlar a/c	überwachen, überprüfen	Aquí suelen controlar la velocidad.
112	admitir a/c, a alg	zulassen	En este restaurante no se admiten perros.
113	la licencia	Erlaubnis	tener la licencia de hacer algo
114	autorizado/-a a (*estar*)	befugt (zu)	► con el derecho de hacer una cosa
115	la prohibición	Verbot	la prohibición de fumar
116	prohibido/-a (*estar*)	verboten	Aquí está prohibido fumar.
117	intervenir en a/c; a/c *wie venir*	eingreifen; abhören *Telefon*	La policía intervino en la pelea. La policía intervino su teléfono.
118	capturar a alg	festnehmen	►► detener a alg
119	coger a alg	erwischen	La policía cogió al ladrón.
120	pillar a alg *fam.*	erwischen, ertappen	
121	detener a alg *wie tener*	festnehmen	Detuvieron a toda la banda.
122	la detención	Verhaftung, Festnahme	Hubo varias detenciones durante la manifestación.
123	las esposas	Handschellen	Los policías le pusieron esposas al detenido.
124	el castigo	Strafe	un fuerte castigo, recibir un castigo
125	castigar a alg (con a/c)	bestrafen	El juez lo castigó con una pena de cárcel.
126	compensar a/c (a alg)	entschädigen für	Tiene que compensarle el daño.
127	la pena	Strafe	una pena leve, la pena de muerte
128	condenar a alg (a a/c)	verurteilen	Lo condenaron a tres años de prisión.
129	la multa	Geldstrafe	una multa por exceso de velocidad
130	poner* una multa a alg (por a/c)	jdm eine Geldstrafe erteilen	El ayuntamiento les pone multas a los jóvenes por el botellón.
131	retirar a/c a alg	wegnehmen, entziehen	Le retiraron el carné de conducir.

132	encarcelar a alg	einsperren, ins Gefängnis stecken	
133	encerrar a alg (e→ie)	einsperren (*allgemein*)	▶ poner a alguien en un lugar e impedirle salir
134	el/la preso/-a	Häftling	▶ persona que está encarcelada
135	la cárcel	Gefängnis (*Ort*)	Pasó casi treinta años de su vida en la cárcel.
136	la prisión	Gefängnis (*Strafe*)	condenar a alguien a dos años de prisión

12.5 Frieden und Krieg

1	la guerra	Krieg	La segunda guerra mundial estalló en 1939.
2	la guerra civil	Bürgerkrieg	▶ guerra entre los ciudadanos de un mismo país
3	bélico/-a (*ser*)	kriegerisch, Kriegs-	un conflicto bélico, una película bélica
4	la batalla	Schlacht	En la guerra civil hubo muchas batallas crueles.
5	la defensa	Verteidigung	
6	defender a/c (e→ie)	verteidigen, beschützen	defender la democracia
7	invadir a/c	einmarschieren in; einfallen in	invadir un país invadir una casa
8	la conquista	Eroberung	la conquista de América por los españoles
9	conquistar a/c	erobern	En 711, los árabes conquistaron la Península Ibérica.
10	el conquistador	Eroberer	el conquistador español Hernán Cortés
11	la resistencia (a)	Widerstand	la resistencia al enemigo
12	resistir a/c, a alg	aushalten; standhalten	Algunos edificios no resistieron el huracán.
13	amenazar a alg (con)	drohen	El dictador amenaza a los manifestantes.
14	la tregua	Waffenstillstand	firmar una tregua, romper una tregua
15	la paz	Friede	firmar un acuerdo de paz
16	el Premio Nobel de la Paz	Friedensnobelpreis	¿Quién obtendrá el Premio Nobel de la Paz este año?
17	el arma w	Waffe	Los agentes de tráfico no llevan armas.
18	armado/-a (*estar*)	bewaffnet	▶ en posesión de armas
19	la traición	Verrat	
20	la pistola	Pistole	La amenazaron con una pistola.
21	cargar a/c	laden *Waffe*	cargar una pistola
22	disparar a a/c, a alg	schießen	El delincuente le disparó a la policía.
23	el disparo	Schuss	Se oyeron varios disparos.

24	la bala	Kugel, Patrone	cargar la pistola con balas
25	la **destrucción**	Zerstörung	La guerra causó la destrucción de muchas ciudades.
26	el cañón	Geschütz; Kanone	El cañón disparó tres veces.
27	el tanque	Panzer	▶ vehículo de guerra que se mueve sobre cadenas
28	la mina	Mine	▶ bomba que explota al ser pisada
29	la bomba	Bombe	En el puerto estalló una bomba.
30	estallar	explodieren *Bombe*; ausbrechen *Krieg*	¿Cuándo estalló la Revolución Francesa?
31	explotar	explodieren	▶▶ estallar
32	la espada	Schwert	▶ el arma típica de los caballeros
33	el escudo	Schutzschild	

34	los **militares**	das Militär	▶▶ ejército
35	el **militar**	Soldat	▶▶ soldado
36	**militar** (*ser*)	militärisch, Militär-	una derrota militar, una dictadura militar
37	el/la guerrero/-a	Krieger/in	
38	la tropa	Truppe	las tropas enemigas
39	el cuartel	Kaserne	▶ donde viven los soldados
40	la orden (Pl.: *órdenes*)	Befehl	dar una orden, infringir una orden
41	la guardia	Wache	
42	el frente	Front	▶ donde luchan las tropas en una guerra
43	el submarino	U-Boot	

44	el **ataque** (a)	Angriff (auf)	▶◀ retirada
45	atacar (a alg)	angreifen	El pueblo fue atacado por un comando militar.
46	avanzar	vordringen	El ejército avanzó desde el sur hacia el norte.
47	derrotar a alg	besiegen	▶▶ vencer
48	**liberar** a/c, a alg	befreien	▶▶ encarcelar
49	la ocupación	Besetzung	la ocupación por parte de los golpistas
50	**ocupar** a/c	besetzen	▶▶ invadir
51	someter a alg (a a/c)	unterwerfen	Los árabes sometieron a casi toda la península.
52	el/la prisionero/-a	Gefangene/r	
53	heroico/-a (*ser*)	heldenhaft	una acción heroica, una resistencia heroica

54	**herir** a alg (e→ie/i)	verwunden	▶ causar en una lucha una herida a alguien
55	la **tortura**	Folter	Los detenidos sufrieron crueles torturas.
56	**huir** (de) (i→y)	fliehen, flüchten	huir de la violencia
57	la **retirada**	Rückzug	Empezó la retirada de las tropas de la zona.
58	**rendirse** (a alg) (e→i)	sich ergeben	Se rindieron a las tropas del enemigo.

59	el **aliado**	Verbündeter; Alliierter	Contamos con muchos aliados en la lucha contra la droga.
60	la **alianza**	Bündnis	▶ una unión política para conseguir algo
61	**arriesgar** a/c	riskieren	
62	el **acercamiento** (a)	Annäherung	
63	**hostil**	feindselig; feindlich	una postura extremadamente hostil
64	el/la **enemigo/-a**	Feind/in	▶◀ amigo/-a

12.6 Länder und Nationalitäten

1	**Europa** w	Europa	
2	**europeo/-a**	europäisch	
3	la **Unión Europea**	Europäische Union	España entró en la Unión Europea en 1986.
4	**comunitario/-a**	EU-...	los países comunitarios, la política comunitaria
5	el/la **comunitario/-a**	EU-Bürger/in	▶ un ciudadano de un país que es parte de la Unión Europea
6	**América** w	Südamerika; Amerika	
7	**americano/-a**	amerikanisch	México y Chile son países americanos.
8	**norteamericano/-a**	nordamerikanisch	Estados Unidos es un país norteamericano.
9	el/la **afroamericano/-a**	Afroamerikaner/in	
10	**América Latina** w	Lateinamerika	
11	**África** w	Afrika	
12	**africano/-a**	afrikanisch	
13	**Asia** w	Asien	
14	**asiático/-a**	asiatisch	
15	**Oceanía** w	Ozeanien	▶ continente que forman Australia y los archipiélagos entre el Océano Índico y el Océano Pacífico
16	la **Antártida**	Antarktis	

17	**España** *w*	Spanien
18	**español/a**	spanisch

Im Spanischen bezeichnet das Adjektiv gleichzeitig auch die Einwohner und die Sprache:

Tenemos un coche español.	Wir haben ein spanisches Auto. (= Adjektiv)
¿Hablas español?	Sprichst du Spanisch? (= Sprache)
Marta es española.	Marta ist Spanierin. (= Einwohner)

19	**Alemania** *w*	Deutschland	Berlín es la capital de Alemania.
20	**alemán/alemana**	deutsch	
21	**Austria** *w*	Österreich	
22	**austríaco/-a**	österreichisch	
23	Viena	Wien	
24	**Suiza**	die Schweiz	Se van a Suiza para esquiar.
25	suizo/-a	schweizerisch	
26	portugués/portuguesa	portugiesisch	
27	Lisboa	Lissabon	
28	**Francia** *w*	Frankreich	
29	**francés/francesa**	französisch	
30	París	Paris	
31	**Italia** *w*	Italien	
32	**italiano/-a**	italienisch	
33	Roma	Rom	
34	el Reino Unido	Vereinigtes Königreich (*Großbritannien*)	
35	Gran Bretaña *w*	Großbritannien	
36	**inglés/inglesa**	englisch	
37	británico/-a	britisch	
38	Londres	London	
39	Irlanda *w*	Irland	
40	irlandés/irlandesa	irisch	
41	Holanda *w*	Holland	
42	holandés/holandesa	holländisch	
43	Bélgica *w*	Belgien	
44	belga	belgisch	Vino con un amigo belga.
45	Bruselas	Brüssel	

46	Dinamarca *w*	Dänemark	
47	danés/danesa	dänisch	
48	Suecia *w*	Schweden	
49	sueco/-a	schwedisch	
50	Finlandia *w*	Finnland	
51	finlandés/finlandesa	finnisch	
52	Grecia *w*	Griechenland	
53	griego/-a	griechisch	
54	Atenas	Athen	
55	Polonia *w*	Polen	
56	polaco/-a	polnisch	
57	Varsovia	Warschau	
58	Turquía *w*	die Türkei	Pasamos las vacaciones en Turquía.
59	turco/-a	türkisch	
60	el **castellano**	Spanisch (*Sprache*)	En España se hablan castellano, gallego, euskera y catalán.
61	el/la madrileño/-a	Madrider/in	▶ habitante de Madrid
62	**Galicia** *w*	Galicien	
63	gallego/-a	galicisch	Catuxa es una chica gallega. Vive en Santiago.
64	el **País Vasco**	das Baskenland	En el País Vasco hablan euskera.
65	vasco/-a	baskisch	
66	el euskera, eusquera	Baskisch (*Sprache*)	▶ nombre de la lengua vasca
67	**Cataluña**	Katalonien	Barcelona es la capital de Cataluña.
68	catalán/catalana	katalanisch	una especialidad catalana
69	valenciano/-a	valenzianisch	La paella valenciana es riquísima.
70	**Andalucía** *w*	Andalusien	
71	andaluz/a	andalusisch	
72	el/la sevillano/-a	Sevillaner	▶ habitante de Sevilla
73	**Argentina** *w*	Argentinien	
74	argentino/-a	argentinisch	
75	chileno/-a	chilenisch	
76	uruguayo/-a	uruguayisch	
77	paraguayo/-a	paraguayisch	
78	Brasil *m*	Brasilien	

79	brasileño/-a	brasilianisch
80	**Colombia** w	Kolumbien
81	colombiano/-a	kolumbianisch
82	el **Ecuador**	Ekuador
83	ecuatoriano/-a	ekuadorianisch
84	venezolano/-a	venezolanisch
85	**Bolivia**	Bolivien
86	boliviano/-a	bolivianisch
87	**Perú** m	Peru
88	peruano/-a	peruanisch
89	**México** m	Mexiko
90	mexicano/-a	mexikanisch
91	guatemalteco/-a	guatemaltekisch
92	nicaragüense	nikaraguanisch
93	**Panamá**	Panama
94	panameño/-a	panamaisch
95	cubano/-a	kubanisch
96	**La Habana** w	Havanna
97	**Estados Unidos**	die Vereinigten Staaten
98	el/la estadounidense	US-Bürger/in
99	**Nueva York** w	New York
100	**Arabia** w	Arabien
101	árabe	arabisch
102	**Marruecos** m	Marokko
103	el/la marroquí	Marokkanerin
104	la **India**	Indien
105	chino/-a	chinesisch
106	**Pekín**	Peking
107	el **Japón**	Japan
108	japonés/japonesa	japanisch
109	**Rusia** w	Russland

La capital del Ecuador se llama Quito.

▶ de Venezuela

Frida Kahlo es una pintora mexicana muy famosa.

▶ de Guatemala

Frida Kahlo

▶ la capital de Cuba

En América Latina, llaman 'gringos' a los estadounidenses.

Una persona de Nueva York es un neoyorquino.

Tokio es la capital del Japón.

110	**ruso/-a**	russisch	
111	**Moscú**	Moskau	
112	el/la **azteca**	Azteke/-in	Los aztecas son un pueblo de México.
113	**maya**	Maya-	la cultura maya, el arte maya
114	el **guaraní**	Guaraní *Sprache*	► lengua indígena de Paraguay (y zonas vecinas) con unos tres millones de hablantes
115	**indio/-a**	Indio-	los pueblos indios
116	el/la **indio/-a**	Indianer/in; Inder/in	
117	el **quechua**	Quechua (*Sprache*)	► lengua indígena de América con unos nueve millones de hablantes que se habla sobre todo en Perú
118	el **mapuche**	Mapuche (*Sprache*), Araukanisch	
119	**indígena** (*ser*)	einheimisch (*allg.*); indianisch	los habitantes indígenas la población indígena
120	**nativo/-a** (*ser*)	einheimisch; muttersprachlich	la población nativa un hablante nativo de una lengua
121	**bilingüe** (*ser*)	zweisprachig	Galicia y Cataluña son comunidades bilingües.
122	el/la **chicano/-a**	in den USA geborene/r Mexikaner/in	
123	el/la **hispano/-a**	Bezeichnung für in den USA lebende Lateinamerikaner	►► hispanoamericano/-a
124	**latino/-a**	lateinamerikanerisch	
125	**latinoamericano/-a**	lateinamerikanisch	►► latino/-a
126	el **Caribe**	Karibik	Hay mucho turismo en el Caribe.
127	**caribeño/-a**	karibisch	
128	el **país**	Land	El español se habla en la mayoría de los países americanos.
129	**nacional** (*ser*)	national, National-, Staats-	la economía nacional, el equipo nacional de fútbol, la fiesta nacional
130	la **patria**	Heimat, Vaterland	
131	**extranjero/-a** (*ser*)	ausländisch	
132	el/la **extranjero/-a**	Ausländer/in	► persona que no es nativa del país donde se encuentra
133	el **extranjero**	Ausland	Muchas personas buscan trabajo en el extranjero.
134	la **embajada**	Botschaft	la embajada española en Estados Unidos

Arbeitswelt

13

13.1 Wissenschaft und Technik

1	la **ciencia**	Wissenschaft	
2	**científico/-a** (ser)	wissenschaftlich; Wissenschaftler/in	Según los últimos análisis científicos…
3	**investigar** (sobre a/c)	forschen	
4	el/la **investigador/a**	Forscher/in	
5	el **método**	Methode	aplicar un método, utilizar un método
6	el **sistema**	System	
7	**sistemático/-a** (ser)	systematisch	
8	la **estructura**	Struktur	
9	el **esquema**	Schema	

Männlich oder weiblich?

Ob ein Substantiv männlich oder weiblich ist, kann man meistens an seiner Endung erkennen. Einige männliche Substantive enden allerdings auch auf –a:

el aroma	Duft	el idioma	Sprache
el enigma	Rätsel	el mapa	Karte, Plan
el esquema	Schema	el problema	Problem
el fantasma	Gespenst	el tranvía	Straßenbahn

Manche Personenbezeichnungen unterscheiden das Geschlecht nur im Artikel:

el/la colega	Kollege/-in	el/la terrorista	Terrorist/in
el/la guía	Reiseführer/in	el/la optimista	Optimist/in
el/la idiota	Idiot/in	el/la pelota	Schleimer/in
el/la policía	Polizist/in	el/la supermodelo	Topmodel
el/la taxista	Taxifahrer/in	el/la piloto	Pilot/in

Nur sehr wenige weibliche Stichwörter enden auf ein -o:

la mano	Hand	la foto	Foto
la radio	Radio	la moto	Motorrad

10	**teórico/-a** (ser)	theoretisch	Aprobé el examen teórico.
11	el **laboratorio**	Labor	un laboratorio químico
12	la **física**	Physik	
13	**físico/-a** (ser)	physikalisch; physisch; Physiker/in	un experimento físico; sufrir daños físicos
14	la **dimensión**	Dimension	
15	la **masa**	Masse	
16	el **núcleo**	Mittelpunkt; Kern	el núcleo de la tierra; el núcleo del problema

17	la **superficie**	Oberfläche; Fläche	la superficie de la mesa la superficie de un cuadrado
18	la **matemática**	Mathematik	

Calcular – *Rechnen*

12 + 8 = 20	Doce más ocho igual veinte.
20 – 12 = 8	Veinte menos doce igual ocho.
3 x 5 = 15	Tres por cinco igual quince.
20 : 8 = 2,5	Veinte entre ocho igual dos coma cinco.
5^2 = 25	Cinco al cuadrado da veinticinco.
5^3 = 125	Cinco elevado a tres da ciento veinticinco.
$\sqrt{25}$ = 5	La raíz cuadrada de veinticinco es cinco.

19	el **ángulo**	Winkel	un ángulo de 90 grados
20	la **fórmula**	Formel	
21	la **química**	Chemie	
22	**químico/-a**	chemisch; Chemiker/in	
23	la **biología**	Biologie	
24	la **técnica**	Technik	
25	**técnico/-a**	technisch; Techniker/in	
26	la **mecánica**	Mechanik	
27	**mecánico/-a** (*ser*)	mechanisch; Mechaniker/-in	
28	la **electricidad**	Elektrizität; Strom	
29	**eléctrico/-a** (*ser*)	elektrisch	energía eléctrica, una guitarra eléctrica
30	el/la **electricista**	Elektriker/in	
31	la **tecnología**	Technologie	
32	el **proceso**	Prozess	un largo proceso, el proceso de producción
33	**calcular** a/c	rechnen, berechnen	calcular los gastos
34	el **modelo**	Modell	
35	**desarrollar** a/c	entwickeln	desarrollar una técnica, desarrollar una idea
36	**instalar** a/c	installieren	
37	**programar** a/c	programmieren	
38	la **combinación**	Kombination	
39	**ajustar** a/c	einstellen *Maschine*; ändern lassen *Kleidung*	ajustar una máquina ajustar un pantalón
40	**arreglar** a/c	in Ordnung bringen	Hay que arreglar el ordenador.

13 Arbeitswelt

41	apropiado/-a (*ser*)	geeignet	►► adecuado/-a
42	probar a/c (o→ue)	testen; prüfen	probar un aparato; probar el sistema
43	conectar (a/c con a/c)	verbinden	conectar dos cables

44	el experimento	Experiment	demostrar algo a través de un experimento
45	experimentar	experimentieren	
46	el aparato	Apparat	Este aparato no funciona.
47	la máquina	Maschine	
48	la presión	Druck	
49	marchar	laufen, funktionieren	El motor no marcha bien.
50	funcionar	funktionieren	¿Cómo funciona el HTML?
51	manejar a/c	bedienen; verwalten	manejar un ordenador; manejar una cuenta
52	la descarga (eléctrica)	Stromstoß	
53	la energía	Energie	energía solar, energía nuclear
54	la energía renovable	erneuerbare Energie	► energía que se extrae de la fuerza del viento, del agua y del sol
55	consumir a/c	verbrauchen	Este coche consume mucha gasolina.
56	estable	stabil	
57	inestable	unstabil	
58	la reacción	Reaktion	una reacción automática

59	el análisis (Pl.: *los análisis*)	Analyse, Untersuchung	Realizamos varios análisis acerca del consumo del tabaco.

Der Plural spanischer Substantive wird fast immer regelmäßig gebildet. Entscheidend ist dabei die letzte Silbe des Wortes:

1. Das Wort endet auf einen unbetonten Vokal:
la casa – las casas; el libro – los libros

2. Das Wort endet auf einen Konsonanten:
el animal – los animales; la ciudad – las ciudades

3. Das Wort endet auf ein betontes -í oder -ú:
el jabalí – los jabalíes; el tabú – los tabúes

4. Das Wort endet auf -s und ist auf der vorletzten Silbe betont:
el análisis – los análisis, la crisis – las crisis

Manchmal tritt ein Akzent hinzu oder fällt weg, denn die betonte Silbe verändert sich nicht:
el crimen – los crímenes   la situación – las situaciones

Das z wird am Ende eines Wortes im Plural durch ein c ersetzt:
el lápiz – los lápices   la cruz – las cruces

60	analizar a/c	untersuchen, analysieren	

61	**exacto/-a**	exakt; genau; richtig	
62	**descubrir** a/c *wie cubrir*	entdecken	Colón descubrió América en 1492.
63	**inventar** a/c	erfinden	
64	el **invento**	Erfindung	
65	la **producción** (de)	Herstellung; Förderung	la producción de petróleo
66	el **taller**	Werkstatt; Arbeitsgruppe	un taller de reparación de coches un taller de teatro
67	el **tornillo**	Schraube	
68	el **clavo**	Nagel	fijar algo con un clavo
69	**reparar** a/c	reparieren	
70	las **instrucciones**	Bedienungsanleitung	leer las instrucciones, seguir las instrucciones
71	el **componente**	Bestandteil	El componente más importante del coche es el motor.
72	**componerse** de a/c *wie poner*	sich zusammensetzen, bestehen aus	Este motor se compone de casi 10.000 piezas.
73	**descomponer** a/c *wie poner*	auseinandernehmen; kaputt machen	descomponer un reloj; Con tu estilo de conducir, me has descompuesto la bici.
74	**estar* fuera de servicio**	außer Betrieb sein	El ascensor está fuera de servicio.
75	**fundirse**	durchbrennen *Sicherung*	
76	el **eje**	Achse	▶ la barra que une dos ruedas
77	la **cadena**	Kette	
78	la **bomba**	Pumpe	una bomba de aire
79	la **capacidad** (de)	Fähigkeit; Fassungsvermögen	la capacidad de trabajar bien una capacidad de dos litros
80	la **fabricación**	Herstellung	▶▶ producción
81	**manual**	manuell, händisch	▶ con las manos
82	**artificial** (*ser*)	künstlich	▶◀ natural
83	**industrial** (*ser*)	industriell	▶▶ artificial
84	la **obra**	Baustelle	Terminaron las obras en la estación.
85	el **papel**	Funktion, Rolle	el papel principal de una máquina
86	la **fábrica**	Fabrik	
87	el **residuo**	Abfall, Müll	

artificial   *natural*

Im Spanischen meist im Plural:

"residuos industriales" – „Industrieabfälle"   "residuos nucleares" – „Atommüll"

88	dañar a/c; a alg	beschädigen; schaden	dañar una máquina; dañar a los compañeros
89	agravarse	sich verschlimmern	El cambio climático se está agravando.
90	el siniestro	Unglück, Unfall	
91	la planta de energía solar	Solaranlage	
92	la potencia	Leistung, Kraft	la potencia de un motor

13.2 Berufe

1	la profesión	Beruf	
2	el/la **campesino/-a**	Bauer/Bäuerin	▶ persona que trabaja en el campo
3	el/la agricultor/a	Landwirt/in	▶▶ campesino/-a
4	el/la cazador/a	Jäger/in	
5	el/la **pescador/a**	Fischer/in	
6	el/la jardinero/-a	Gärtner/in	
7	el/la **panadero/-a**	Bäcker/in	
8	el/la zapatero/-a	Schuster/in; Schuhverkäufer/in	▶ persona que arregla los zapatos o que los vende
9	el/la trabajador/a	Arbeiter/in	
10	el/la **obrero/-a**	Arbeiter/in	
11	el/la **camarero/-a**	Kellner/in	El camarero trabaja en un bar.
12	el/la mesero/-a *lat. am.*	Kellner/in	▶▶ camarero/-a
13	el/la ayudante	Aushilfe	Trabajo de ayudante en un hotel.
14	el/la animador/a	Animateur/in	Trini trabaja de animadora en un hotel.
15	el/la **cocinero/-a**	Koch/Köchin	▶ alguien cuya profesión es cocinar
16	el personal	Personal	▶ conjunto de los empleados
17	el/la colaborador/a	Mitarbeiter/in	
18	el/la empresario/-a	Unternehmer/in	
19	el/la director/a	Direktor/in; Dirigent/in (*Orchester*)	
20	el/la cajero/-a	Kassierer/in	▶ la persona que trabaja en la caja de una tienda o de un banco
21	el/la vendedor/a	Verkäufer/in	
22	el/la representante	Vertreter/in	
23	el/la comerciante	Händler/in	
24	el/la taxista	Taxifahrer/in	

25	el/la conductor/a	Fahrer/in	
26	el/la secretario/-a	Sekretär/in	
27	el/la guardia	Wächter/in	
28	el portero	Hausmeister	►► conserje
29	el/la enfermero/-a	Krankenpfleger/-schwester	
30	el/la modelo	Model, Fotomodell	una agencia de modelos, una modelo famosa
31	el/la empleado/-a	Angestellte/r	La nueva empleada en el súper es simpática.
32	el/la policía	Polizist/in	El policía nos podrá indicar el camino.
33	el/la agente de tráfico	Verkehrspolizist/in	
34	el/la funcionario/-a	Beamte/r	
35	el/la soldado	Soldat/in	►► el militar
36	el capitán (Pl.: capitanes)	Kapitän; Hauptmann	
37	el marinero	Seemann; Matrose (Dienstgrad)	
38	el/la piloto	Pilot	Mi tía es una piloto muy experimentada.
39	el/la administrador/a	Verwalter/in	
40	el/la alcalde/acaldesa	Bürgermeister/in	
41	el/la político/-a	Politiker/in	Los políticos discuten la nueva ley.
42	el/la artista	Künstler/in	Joan Miró fue un gran artista.
43	el/la pintor/a	Maler/in	Miró y Dalí fueron pintores españoles.
44	pintar a/c (de un color)	malen; anmalen	Dalí empezó a pintar a los 6 años.
45	el/la fotógrafo/-a	Fotograph/in	
46	el/la filósofo/-a	Philosoph/in	
47	el/la poeta/poetisa	Dichter/in	
48	el/la autor/a	Autor/in	Cervantes es el autor de Don Quijote.
49	el/la escritor/a	Schriftsteller/in	El escritor Gabriel García Márquez ganó el Premio Nobel de Literatura en 1982.
50	el/la periodista	Journalist/in	
51	el/la historiador/a	Historiker/in	
52	el/la intérprete	Dolmetscher/in	► traductor/a que traduce en directo
53	el/la cantante	Sänger/in	► alguien que gana su dinero cantando
54	el/la músico/-a	Musiker/in	
55	el/la arquitecto/-a	Architekt/in	Calatrava es un arquitecto muy famoso.

13 Arbeitswelt

56	el/la **científico/-a**	Wissenschaftler/in	▶ alguien que se dedica a la ciencia
57	el/la **biólogo/-a**	Biologe/-in	
58	el/la **físico/-a**	Physiker/in	
59	el/la **experto/-a** (en)	Fachmann, Experte/in	un experto en las nuevas tecnologías
60	el/la **especialista** (en)	Spezialist/in	Es un especialista en historia medieval.
61	el/la **técnico/-a**	Techniker/in	Necesitaremos un técnico para montar esta lámpara.
62	el/la **ingeniero/-a**	Ingenieur/in	
63	el/la **doctor/a**	Arzt, Doktor (*auch Titel*)	▶▶ médico/-a
64	el/la **médico/-a**	Arzt/Ärztin	Yo que tú acudiría al médico.
65	el/la **cirujano/-a**	Chirurg/in	Es cirujano en una clínica privada.
66	el/la **dentista**	Zahnarzt/-ärztin	
67	el/la **psicólogo/-a**	Psychologe/in	

13.3 Berufsleben

1	el **trabajo**	Arbeit	tener mucho trabajo, ir al trabajo en autobús
2	**trabajar** (a/c)	arbeiten; bearbeiten	Los campesinos trabajan la tierra.
3	**trabajar** de a/c	arbeiten als	Trabaja de camarero en un bar.
4	**a tope** *fam.*	wie ein Irrer	Mi padre trabaja a tope y tiene poco tiempo.
5	el **empleo**	Stelle (*Arbeitsplatz*)	Tiene un empleo en la biblioteca municipal.
6	el **curro** *umgs.*	Job	Jaime está buscando curro.
7	**dedicarse** a a/c	arbeiten als	– ¿A qué te dedicas? – Soy panadero.
8	**ocuparse** de a/c	sich beschäftigen mit; sich kümmern um	Nos ocupamos de la historia de México. Me ocuparé del problema.
9	la **cooperación**	Zusammenarbeit	Gracias por su cooperación.
10	**colaborar** (en a/c; con alg)	mitarbeiten; zusammenarbeiten	colaborar en un proyecto colaborar con la policía
11	**laboral**	Arbeits-	la vida laboral, las condiciones laborales
12	**cumplir** a/c	erfüllen *Pflichten*; halten *Versprechen*	cumplir los deberes cumplir una promesa
13	**desempeñar** a/c	ausüben *Amt*	desempeñar un puesto
14	las **prácticas**	Praktikum	

Im Spanischen meist im Plural:
"Hago unas prácticas de tres meses en la empresa." – „Ich mache ein dreimonatiges Praktikum in der Firma."

15	ser* explotado/-a	ausgebeutet werden	
16	la jornada	Arbeitstag	una jornada de ocho horas
17	cansar a alg	anstrengen; ermüden	Este ejercicio me cansa mucho.
18	la pausa	Pause	▶ breve interrupción del trabajo
19	elaborar a/c	herstellen; erarbeiten	elaborar alimentos; elaborar una estrategia
20	tener* libre	frei haben	El miércoles, Nuria tiene libre por la tarde.
21	las vacaciones	Urlaub	Ellos sólo tienen dos semanas de vacaciones.
22	el puesto	Stelle, Arbeitsplatz	
23	emplear a alg	anstellen	▶ dar un empleo a alguien
24	autónomo/-a	selbstständig (nicht angestellt)	Mi padre es autónomo, no tiene jefe.
25	la oficina	Büro (Institution), Amt	una oficina de viajes, una oficina postal
26	el despacho	Büro (Raum); Kanzlei	El director nos recibió en su despacho.
27	la empresa	Unternehmen, Firma	
28	la dirección	Direktion	la dirección de la empresa
29	el equipo	Arbeitsgruppe, Team	trabajar en equipo, formar un equipo
30	la función	Funktion	
31	las perspectivas	Aussichten, Perspektiven	Los idiomas son una ventaja para las perspectivas de trabajo.
32	conseguir a/c (e→i)	erreichen	Consiguió que le dieran un empleo mejor.
33	ascender a alg (a a/c) (e→ie)	befördern	Lo ascendieron a capitán.
34	la recomendación	Empfehlung	Me hizo una recomendación muy útil.
35	el/la aprendiz (Pl.: aprendices)	Azubi, Lehrling	
36	el aprendizaje	Lernen, Lehrzeit	el aprendizaje de lenguas extranjeras
37	el amo	Besitzer	el amo de las tierras
38	el/la patrón/patrona	Chef/in, Arbeitgeber/in	▶▶ jefe/jefa
39	el cabeza de	Chef; Oberhaupt	el cabeza de la empresa el cabeza de la familia
40	el/la jefe/jefa	Chef/in	
41	dirigir a/c	leiten; Regie führen	dirigir una empresa; dirigir una película
42	despedir a alg (e→i)	kündigen, entlassen	Es funcionaria y no la pueden despedir.
43	eficaz (ser)	wirksam	un método eficaz, máquinas eficaces
44	eficiente (ser)	tüchtig, leistungsfähig	un empleado eficiente, una jefa eficiente

45	**capaz** de (*ser*)	fähig	Pídeselo a él porque él es capaz de todo.
46	**incapaz** (de)	unfähig; unmündig	ser incapaz de hacer algo
47	**chambón/chambona** *fam.*	stümperhaft; trottelig	
48	**insuficiente** (*ser*)	ungenügend	▶ que no basta
49	**fracasar** (en a/c)	versagen; scheitern	▶ no tener éxito; no alcanzar el objetivo
50	la **misión** (de hacer a/c)	Mission; Auftrag	
51	el **objetivo**	Ziel, Absicht	El objetivo de estas medidas es ahorrar dinero.
52	la **experiencia** (en)	Erfahrung	tener mucha experiencia en algo
53	**profesional** (*ser*)	beruflich; professionell	las perspectivas profesionales
54	**avanzar**	vorankommen	En esta empresa no avanzo.

55	el **contrato**	Vertrag	firmar un contrato, infringir un contrato
56	**contratar** a alg	anstellen	▶ darle a alguien un contrato de trabajo
57	la **firma**	Unterschrift	poner la firma al final de un contrato
58	la **oferta**	Angebot	Le hicieron una oferta que no pudo rechazar.
59	**ocupado/-a** (*estar*)	beschäftigt	En verano estamos menos ocupados.
60	**prosperar**	Erfolg haben; vorankommen	Las negociaciones prosperan. Esta región ha prosperado mucho.
61	el **provecho**	Nutzen	Has sacado mucho provecho de este curso.
62	el **rendimiento**	Leistung	▶▶ utilidad
63	el **pago**	Zahlung	▶ acción de pagar
64	la **propina**	Trinkgeld	Los turistas dejaron tres euros de propina.
65	**extra**	zusätzlich	una paga extra
66	el **sueldo**	Gehalt	
67	la **pensión**	Rente	

68	la **cita**	Termin	tener una cita
69	la **reunión**	Besprechung, Versammlung	
70	la **sesión**	Sitzung	asistir a una sesión, suspender una sesión
71	el **informe**	Bericht	redactar un informe por escrito
72	**revisar** a/c	überprüfen	▶▶ controlar
73	**comprobar** a/c (o→ue)	überprüfen, nachprüfen	Este resultado está comprobado.
74	**imprimir** a/c	drucken, ausdrucken	
75	**copiar** a/c	kopieren	▶ hacer una copia de algo

76	asignar a/c a alg	zuweisen	El profe me asignó una silla en la primera fila.
77	**cargar** a/c (con a/c)	beladen; aufladen	cargar un camión con muebles cargar el móvil
78	encargar a/c a alg	übertragen, anvertrauen	Le encargaron un trabajo muy complicado.
79	facilitar a/c a alg	besorgen	▶▶ proporcionar a/c a alg
80	**disponible** (para) (estar)	verfügbar	No hay dinero disponible para este proyecto.
81	**disponer** de a/c _wie poner_	verfügen	No disponemos de los medios necesarios.
82	preciso/-a (ser)	notwendig	Es preciso que nos ayudes.
83	el procedimiento	Vorgehen	
84	proyectar a/c	entwerfen	proyectar un plan, proyectar una obra
85	la **carga**	Last; Ladung	El coche no soporta tanta carga.
86	descargar a/c	abladen _Waren_	▶◀ cargar
87	fabricar a/c	herstellen	▶▶ producir
88	el/la **emigrante**	Auswanderer/ Auswanderin (_Emigrant_)	▶ persona que se va de su patria en busca de trabajo en otro país
89	el/la **inmigrante**	Einwanderer/ Einwanderin (_Immigrant_)	▶ persona de otro país u otra región que llega a un lugar para vivir y trabajar allí
90	alojar a alg	unterbringen	¿Dónde alojamos a la nueva empleada?
91	el/la **colega**	Kollege/-in	▶ persona que tiene la misma profesión o que trabaja en la misma empresa
92	ejercer a/c	ausüben _Beruf; Druck_	ejercer una profesión
93	responder de a/c	verantwortlich sein für	¿Quién responde de la seguridad laboral en esta empresa?
94	la **obligación**	Pflicht	Es una obligación moral ayudar a los demás.
95	el **servicio**	Dienst; Dienstleistung	
96	el sindicato	Gewerkschaft	Los sindicatos llaman a la huelga.

13.4 Geld und Handel

1	el **dinero**	Geld	Esto cuesta mucho dinero.
2	la **plata** _fam. lat. am._	Geld	▶▶ dinero
3	la **pasta** _fam._	Kohle, Knete (_Geld_)	Este tío tiene mucha pasta.
4	la **moneda**	Münze; Währung	una moneda de dos euros
5	el **billete**	Geldschein	un billete de cien euros
6	la **tarjeta**	Karte	una tarjeta de crédito; una tarjeta telefónica

7	el **euro**	Euro	Mil pesetas equivalían a seis euros.
8	el **céntimo**	Cent (*Europa*), Eurocent	Cien céntimos equivalen a un euro.
9	la **peseta**	Pesete	► la moneda de España antes del euro
10	**no tener* ni un duro** *fam.*	blank sein; keinen Pfennig mehr haben	► quedarse sin dinero
11	el **dólar**	Dollar	
12	la **pobreza**	Armut	►◄ riqueza
13	**necesitado/-a**	bedürftig, arm	una familia necesitada
14	las **deudas**	Schulden	► el dinero que una persona debe a otra
15	**prestar** a/c a alg	ausleihen	¿Me puedes prestar cinco euros?
16	**deber** a/c a alg	schulden *Geld; Respekt*	Me debes cinco euros. Le debemos respeto.
17	la **propiedad**	Eigentum	► lo que le pertenece a una persona
18	**poseer** a/c *wie leer*	besitzen	
19	la **posesión**	Besitz	
20	el/la **dueño/-a**	Eigentümer/in	El dueño de este bar es muy simpático.
21	los **bienes**	Güter; Besitz; Reichtum	
22	los **ingresos**	Einkünfte, Gehalt	No quiere hablar de sus ingresos. ►► sueldo
23	la **cuenta (corriente)**	Konto	abrir una cuenta corriente en un banco
24	**depositar** a/c (en a/c)	anlegen; verwahren	depositar dinero en el banco
25	los **intereses**	Zinsen	
26	el **tesoro**	Schatz	buscar un tesoro, esconder un tesoro
27	**enriquecer** (c→zc)	reich machen	
28	el **negocio**	Geschäft, Unternehmen	hacer negocios, montar un negocio, un negocio sucio
29	**hacerse* rico/-a**	reich werden	Con sus ideas se hizo rico.
30	**rico/-a** (*ser*)	reich	Su familia es muy rica.
31	la **riqueza**	Reichtum	►◄ pobreza
32	la **fortuna**	Vermögen	► las riquezas y posesiones de alguien
33	el **lujo**	Luxus	un coche de lujo
34	la **factura**	Rechnung	►► cuenta
35	el **gasto** (en)	Ausgabe (für), Kosten	el gasto en alimentos
36	**costar** a alg (o→ue)	kosten	El libro me ha costado 20 euros.
37	**barato/-a** (*ser*)	billig	► a bajo precio
38	**caro/-a** (*ser*)	teuer	►◄ barato/-a

pesetas

39	salirle* caro/barato a alg	teuer/billig sein	Si compras tres kilos en vez de uno, las naranjas te salen más baratas.
40	gastar a/c	ausgeben *Geld*	En diciembre gasté mucho dinero.
41	invertir (en) (e→ie/i)	investieren	
42	la inversión (en)	Investition	▶ cantidad de dinero que se invierte en algo
43	el impuesto (sobre)	Steuer (auf)	aumentar el impuesto sobre el tabaco
44	perder a/c (e→ie)	verlieren	¡Tú siempre pierdes tu dinero!
45	la pérdida (de)	Verlust	▶◀ ganancia
46	el daño	Schaden	Las lluvias han causado un daño enorme.
47	la ganancia	Gewinn	
48	ganar a/c	verdienen *Geld*; gewinnen *Preis*	Con el trabajo en el bar gano unos 300 euros al mes.
49	gratuito/-a (*ser*)	kostenlos, gratis	▶ que no tiene que pagarse
50	el aumento	Steigerung	el aumento de los precios
51	cobrar a/c a alg	Geld verlangen, einnehmen	En el museo no cobran a los niños.
52	explotar a/c; a alg	abbauen; ausbeuten	explotar una mina; explotar a los empleados
53	el crecimiento	Wachstum	Estas medidas garantizarán el crecimiento.
54	el valor	Wert	Este anillo tiene gran valor.
55	valioso/-a (*ser*)	wertvoll (*auch figurativ*)	un cuadro valioso, información valiosa
56	el banco	Bank (*Geldinstitut*)	El banco cierra a las dos.
57	el cajero automático	Geldautomat	sacar dinero de un cajero automático
58	la ventanilla	Schalter	hacer cola delante de la ventanilla
59	cambiar a/c (en a/c)	wechseln *Geld*	cambiar euros en pesos
60	el seguro	Versicherung	Este daño lo cubre nuestro seguro.
61	la negociación	Verhandlung	Todavía no se conoce el resultado de las negociaciones.
62	negociar a/c (con alg)	verhandeln	negociar el precio de algo
63	fundar a/c	gründen *Geschäft; Stadt*	La familia fundó una empresa.
64	la compañía	Gesellschaft (*Firma*)	Trabaja en una compañía aérea.
65	la feria	Messe (*Ausstellung*); Jahrmarkt	la feria del libro
66	el catálogo	Katalog	
67	la estrategia	Strategie	Las estrategias de la publicidad surten efecto muy sutilmente.
68	el producto	Produkt	

69	la competencia	Konkurrenz	Entre los bares hay mucha competencia.
70	el **desarrollo**	Entwicklung	el desarrollo del mercado de la vivienda
71	la cooperativa	Genossenschaft	'Coopelibertad' es una cooperativa agrícola.
72	el **resto**	Rest	Tres euros son para las tapas y el resto para la discoteca.
73	la **economía**	Wirtschaft	
74	**económico/-a**	wirschaftlich, Wirtschafts-	una crisis económica
75	importar a/c	importieren, einführen	
76	exportar a/c	exportieren, ausführen	
77	comercial (*ser*)	gewerblich, wirtschaftlich	el uso comercial de un edificio, intereses comerciales
78	la **industria**	Industrie	

13.5 Einkaufen

1	la **tienda**	Laden, Geschäft	
2	el/la **cliente**	Kunde/-in	▶ una persona que compra en una tienda
3	el **comercio** (de)	Handel; Handlung (*Laden*)	el comercio internacional de café
4	el **centro comercial**	Einkaufszentrum	En el centro comercial hay de todo.
5	el escaparate	Schaufenster	▶ donde las tiendas exponen sus productos
6	la bodega	Weingut; Weinkeller	Compramos este vino en una bodega de la Rioja.
7	el rastro *in Spanien*	Flohmarkt	
8	el **mercado**	Markt	comprar fruta en el mercado; el mercado laboral; el mercado negro
9	la **farmacia**	Apotheke	
10	el **supermercado**	Supermarkt	
11	la **caja**	Kasse	pagar en caja
12	la **lista de la compra**	Einkaufszettel	hacer la lista de la compra
13	la **compra**	Einkauf	▶ las cosas que uno ha comprado
14	**hacer* la compra**	einkaufen gehen	La nevera está llena, no hace falta que hagamos la compra.
15	encargar a/c	bestellen	encargar un libro, encargar un ordenador
16	la mercancía	Ware	▶ todo lo que se compra y se vende
17	la característica	Eigenschaft	¿Qué son las características de este producto?

18	la **unidad**	Stück	un paquete con veinticinco unidades
19	la **calidad**	Qualität	compropar la calidad de la mercancía
20	la **garantía** (por)	Garantie	El microondas tiene garantía por tres años.
21	**cambiar** a/c (por a/c)	tauschen (gegen), umtauschen	Volví a la tienda y cambié el jersey por una chaqueta.
22	**devolver** a/c a alg *wie volver* (o→ue)	zurückgeben	¡Tú nunca me devuelves mis cosas!
23	**agotarse**	ausgehen *Waren*	– ¿Tiene peras? – Lo siento, se han agotado.
24	**adquirir** a/c (i→ie)	erwerben	El vecino de abajo adquirió nuestro coche.
25	**envolver** a/c *wie volver* (o→ue)	einpacken	¿Quiere que se lo envuelva?
26	**desenvolver** a/c *wie volver* (o→ue)	auspacken	►◄ envolver
27	**de segunda mano**	gebraucht, aus zweiter Hand	Los chicos venden cedés de segunda mano.
28	**usado/-a** (*estar*)	gebraucht	ropa usada, libros usados
29	**hacer* cola**	Schlange stehen	► esperar en una fila para poder comprar algo
30	la **bolsa**	Tasche; Tüte	
31	la **bolsa de plástico**	Plastiktüte	
32	**abierto/-a** (a)	offen (für)	
33	**cerrar** (e→ie)	schließen	¿A qué hora cierra el supermercado?
34	**cerrado/-a** (a) (*estar*)	geschlossen (für)	El palacio está cerrado al turismo.
35	el **precio**	Preis (*Summe*)	► dinero que hay que pagar por algo
36	la **oferta**	Sonderangebot	Esta semana, las manzanas están en oferta.
37	**ofrecer** a/c (a alg) (c→zc)	anbieten	En la fiesta ofrecían bocadillos y refrescos.
38	**valer***	kosten; wert sein	¿Cuánto vale esta chaqueta? Este cuadro vale una fortuna.
39	**económico/-a** (*ser*)	preiswert, günstig	►► barato/-a
40	**comprar** a/c	kaufen	Siempre compras cosas muy caras.
41	**vender** a/c (a alg)	verkaufen	►◄ comprar
42	**ahorrar** a/c	sparen	ahorrar dinero; ahorrar fuerzas
43	**consumir** a/c	kaufen; verbauchen	Últimamente se consumen muchos móviles.
44	la **cuenta**	Rechnung	Pídele la cuenta al camarero.
45	**pagar** (a/c)	zahlen; bezahlen	Allí tienes que pagar en efectivo.

▶ *Nützliche Wendungen beim Einkaufen und Bezahlen:*

Quisiera medio kilo de patatas.	Ich hätte gern ein halbes Kilo Kartoffeln.
¿Algo más?	Darf's noch etwas sein?
No, ¡ya está!	Nein, das wär's.
¿Cuánto es?	Wie viel macht das?
Tres euros con veinte.	Drei Euro zwanzig.
¿Cuánto vale este libro?	Wie viel kostet dieses Buch?
¿A cuánto están las manzanas?	Wie viel kosten die Äpfel?
¿Hay descuento para alumnos?	Gibt es Schülerrabatt?
¿Hay descuento por tener el interrail?	Gibt es für Interrailer Rabatt?

▶ *Im Restaurant oder einer Bar*

¿Qué va a ser?	Was darf ich Ihnen bringen?
¿Cuánto le debo?	Wie viel bekommen Sie von mir?
¡La cuenta, por favor!	Die Rechnung bitte.
¿Me cobra? *umgangssprachlich*	Ich würde gern zahlen.
¿Quiere pagar con tarjeta o en efectivo?	Möchten Sie mit Karte oder bar zahlen?

13 Arbeitswelt

Allgemeine Begriffe 14

14.1 Zahlen und Maßeinheiten

Los números cardinales – die Kardinalzahlen

0	cero	26	veintiséis
1	uno (un, una)	30	treinta
2	dos	31	treinta y uno (un, una)
3	tres	32	treinta y dos
4	cuatro	40	cuarenta
5	cinco	50	cincuenta
6	seis	60	sesenta
7	siete	70	setenta
8	ocho	80	ochenta
9	nueve	90	noventa
10	diez	100	cien
11	once	101	ciento uno (un, una)
12	doce	200	doscientos/-as
13	trece	300	trescientos/-as
14	catorce	400	cuatrocientos/-as
15	quince	500	quinientos/-as
16	dieciséis	600	seiscientos/-as
17	diecisiete	700	setecientos/-as
18	dieciocho	800	ochocientos/-as
19	diecinueve	900	novecientos/-as
20	veinte	1.000	mil
21	veintiuno, (-ún, -una)	10.000	diez mil
22	veintidós	100.000	cien mil
23	veintitrés	1.000.000	un millón
24	veinticuatro	1.000.000.000	mil millones
25	veinticinco		

▶ *Von 101 bis 199 wird* cien *zu* ciento: ciento cuarenta y tres centímetros – 143 cm.

Die Zahlen auf -ún/-una *passen sich an das Geschlecht des folgenden Wortes an:*
veintiún libros – *einundzwanzig Bücher*   treinta y una casas – *einunddreißig Häuser*

Auch die Hunderter passen sich an das Geschlecht an:
Mi escuela tiene quinient**as** veinte alumn**as** y cuatrocient**os** noventa alumn**os**.
In meiner Schule sind fünfhundertzwanzig Schülerinnen und vierhundertneunzig Schüler.

Los números ordinales – Die Ordinalzahlen

1. el/la primero/-a	der/die erste		6. el/la sexto/-a	der/die sechste
2. el/la segundo/-a	der/die zweite		7. el/la séptimo/-a	der/die siebte
3. el/la tercero/-a	der/die dritte		8. el/la octavo/-a	der/die achte
4. el/la cuarto/-a	der/die vierte		9. el/la noveno/-a	der/die neunte
5. el/la quinto/-a	der/die fünfte		10. el/la décimo/-a	der/die zehnte

▶ *Vor männlichen Substantiven werden* primero *und* tercero *verkürzt:*
"el prim**er** año" – „das erste Jahr"; "el ter**cer** día" – „der dritte Tag".

Bei mehr als zehn verwendet man im Spanischen meist keine Ordinalzahlen mehr:
"mi **dieciocho** cumpleaños" – „mein **achtzehnter** Geburtstag".

2	el **número**	Nummer; Zahl; Anzahl	número de teléfono; los números del 1 al 100
3	**contar** a/c (o→ue)	zählen; rechnen	contar hasta tres; no saber contar
4	los/las **dos**	beide	Tengo dos hermanas, las dos son mayores.
5	el **cuarto**	Viertel	▶ la cantidad que equivale a 0,25
6	**doble** (*ser*)	doppelt, Doppel-	una habitación doble
7	**triple**	dreifach	▶ que existe tres veces
8	la **docena** (de)	Dutzend	una docena de huevos
9	**unos/unas** +*Zahl*	um die …; ungefähr …	En mi clase hay unos treinta chicos. Tardaré unas cinco horas.
10	**en total**	insgesamt	Tres refrescos y una hamburguesa, son siete euros en total.

11	la **medida**	Maß (*Größe*); Maßeinheit	
12	el **milímetro**	Millimeter	
13	el **centímetro**	Zentimeter	La mesa tiene 80 centímetros de largo.
14	el **metro**	Meter	▶ unidad de longitud de 100 centímetros
15	el **metro cuadrado**	Quadratmeter	Rivera pintó un mural de 78 metros cuadrados.
16	el **metro cúbico**	Kubikmeter	▶ volumen equivalente a mil litros
17	el **kilómetro**	Kilometer	Hicimos una caminata de casi veinte kilómetros.
18	**kilómetros por hora**	Stundenkilometer	El coche va a 100 kilómetros por hora.
19	el **peso**	Gewicht	
20	el **gramo**	Gramm	
21	el **kilo**	Kilo	Medio kilo de jamón cortado, por favor.
22	la **tonelada**	Tonne	▶ unidad de peso que equivale a 1.000 kilos
23	el **volumen** (Pl.: *volúmenes*)	Volumen; Lautstärke; Fassungsvermögen	Esta botella tiene un volumen de litro y medio.
24	el **litro** (de)	Liter	un litro de zumo de naranja
25	el **por ciento**	Prozent	El 70 por ciento de la población de Colorado habla castellano.

Un *oder* el … por ciento?

El trece por ciento del alumnado está en contra. **13 %** *der Schülerschaft sind dagegen.*

Un ochenta por ciento está a favor. **Ungefähr 80 %** *sind dafür.*

26	como +*Zahl*	ungefähr, in etwa	Mi escuela tiene como quinientos alumnos.
27	**cierto/-a**	gewisse/r	Hablaron mal de ciertas personas.
28	cerca de +*Zahl*	zirka; ungefähr; in etwa	En la Ciudad de México viven cerca de veinte millones de habitantes.
29	a ... de	entfernt von	El teatro está a quinientos metros de aquí.

14.2 Menge und Größe

1	la **cantidad** (de)	Menge	una cantidad de comida
2	**poco/-a**	wenig/e	Tengo pocas cosas que hacer.
3	**raro/-a** (*vorgestellt*)	selten	Tengo una de estas raras monedas.
4	**un poco** +Adj	etwas, ein bisschen	Félix está un poco loco, pero es muy amable.
5	un **poquito** de	ein bisschen	Solo quiero un poquito de vino.
6	un **par de** +Subst	ein paar +Subst	Invité a un par de amigos.
7	la **falta** de a/c, de alg	Fehlen; Abwesenheit	la falta de dinero; notar la falta de alguien
8	la **escasez** de	Mangel (an)	La escasez de agua supone un grave problema.
9	**escaso/-a**	spärlich, gering	▶▶ poco/-a
10	**carecer** de (c→zc)	nicht haben	carecer de dinero
11	**apenas**	kaum	Apenas la conozco. Apenas bebo café.
12	**solamente**	nur	Solamente estuvimos dos días en Barcelona.
13	**sólo**	nur	Sólo quiero un vaso de agua.
14	**único/-a**	einzige/r, einziges	Por el pueblo de Ollagüe pasa el único tren entre Chile y Bolivia.
15	**leve**	leicht, gemäßigt	un error leve, un dolor leve
16	**pequeño/-a** (*ser*)	klein (*Größe u. Alter*)	una casa pequeña; mi hermana pequeña
17	**vacío/-a** (*estar*)	leer	▶◀ lleno/-a
18	**reducir** a/c (a a/c) *wie conducir* (c→zc)	verkleinern; beschränken auf	▶◀ aumentar
19	**quedarse sin** a/c	nicht mehr haben	El coche ya no arrancó porque nos habíamos quedado sin gasolina.
20	**dividir** a/c (en a/c)	teilen; trennen	▶ separar algo en varias partes
21	el **resto**	Rest	▶ lo que queda de algo
22	**algo más** (de)	etwas mehr (als)	Somos algo más de 30 alumnos en clase.
23	**aumentar**	größer werden, steigen *Preise, Gehälter usw.*	Los precios han aumentado, todo es más caro.
24	**cada vez más**	immer mehr	Tenemos cada vez más deberes.

25	subir	steigen *Preise*	►◄ bajar
26	suficiente	genug	¿Has comido suficiente?
27	bastar a alg (con a/c)	reichen, genug sein	Con 20 euros me basta.
28	bastante	ziemlich viel	Ha llovido bastante. Tienes bastante dinero.
29	varios (*ser*)	mehrere, verschiedene	Aquí hay alumnos de varias nacionalidades.
30	mucho/-a (*ser*)	viel/e	mucha agua, muchos amigos
31	mucho (*Adv.*)	viel; sehr	Hemos aprendido mucho. Te quiero mucho.
32	muchísimo	sehr viel	El fútbol le interesa muchísimo.
33	muy +Adj	sehr	He trabajado mucho y por eso estoy muy cansado.

Muy oder *mucho*?

► *Vor einem Adjektiv oder Adverb benutzt man* muy:

Es **muy lista**.
Lo has hecho **muy bien**.

Sie ist **sehr klug**.
Das hast du **sehr gut** gemacht.

► *In allen anderen Fällen steht* mucho:

Le gustas **mucho** por eso está muy nervioso.   Du gefällst ihm sehr, deshalb ist er sehr nervös.

34	grande (*ser*)	groß; bedeutend	una casa muy grande; una gran actriz
35	sobrar	übrig bleiben; reichlich vorhanden sein	¿Sobra una silla? Lo único que sobra aquí es el tiempo.
36	el montón (de)	Haufen	un montón de libros, un montón de trabajo
37	la muchedumbre	Menschenmenge	► gran cantidad de personas o de cosas
38	enorme (*ser*)	riesig	► de tamaño descomunal
39	inmenso/-a	riesig, immens	una ciudad inmensa, cantidades inmensas
40	centenares de	Unmengen von	► una gran cantidad de
41	la oleada de	Welle; Sturm (*figurativ*)	una oleada de protestas una oleada de violencia
42	la masa (de)	Menge; Masse	masas de turistas
43	de sobra	ausreichend	Hay comida de sobra.
44	innumerable (*ser*)	zahllos	► que no se puede contar
45	infinito/-a (*ser*)	unendlich	► sin fin
46	sobrepasar a/c	überschreiten	sobrepasar un límite, sobrepasar una temperatura, sobrepasar un precio acordado

47	**demasiado/-a** (*ser*)	zu viel	Tengo demasiados deberes para ir a la piscina hoy.

Veränderliches oder unveränderliches *demasiado*?

▶ *Wenn sich* demasiado *auf ein folgendes Substantiv bezieht, wird es angepasst:*

Creo que viste **demasiadas películas** de horror.	Du hast wohl zu viele Horrorfilme gesehen.

▶ *In den anderen Fällen (als Adverb) ist es unveränderlich:*

Es demasiado lista para creer esto.	Sie ist viel zu klug, um das zu glauben.
Trabajas demasiado.	Du arbeitest zu viel.

48	el **tamaño**	Größe	Tu perro tiene un tamaño igual al nuestro.
49	la **altura**	Höhe; Größe	La Torre Picasso tiene 154 metros de altura.
50	**alto/-a** (*ser*)	hoch, groß (*Körpergröße*)	Mide más de 1,80 m (= un metro ochenta). Juan es el más alto de la clase.
51	a **más de** +*Zahl*	höher als	Quito está situado a más de 2.500 metros de altura.
52	**largo/-a** (*ser*)	lang (*örtlich; zeitlich*)	La Calle de Alcalá es la más larga de Madrid.
53	**medir** a/c (e→i)	messen (*groß sein*)	¿Cuántos metros mide la torre?
54	de **ancho**	breit	La calle tiene solamente tres metros de ancho.
55	**entrar** en a/c	Platz haben	En el avión A 380 entran casi 900 personas.

56	**total**	vollständig	Hacen una renovación total del gimnasio.
57	**totalmente**	völlig	Estoy totalmente de acuerdo.
58	**incluir** a/c (i→y)	beinhalten	El precio no incluye las bebidas.
59	**absolutamente**	absolut	Sin gafas no veo absolutamente nada.
60	**entero/-a**	ganz, vollständig	una semana entera, el mundo entero
61	**todo/-a** (*ser*)	der/die ganze; alle; jede/r, jedes	

Todo/-a und der Artikel

¿Comiste **todo el chocolate**?	Hast du **die ganze Schokolade** gegessen?
¿Comiste **todos los caramelos**?	Hast du **alle Bonbons** gegessen?
Todo niño tiene el derecho de decir que no.	**Jedes Kind** hat das Recht, nein zu sagen.
La fiesta fue **toda una catástrofe**.	Die Feier war **eine wahre Katastrophe**.
– ¿Lo entiendes? – **No del todo**.	– Verstehst du das? – **Nicht so ganz**.
Esto es **todo lo que** puedo hacer.	Das ist **alles, was** ich machen kann.

62	la **mayoría** (de)	Mehrheit, Mehrzahl	La mayoría de los extranjeros en EE.UU. son de origen hispánico.

63	la **parte**	Teil	Las ruedas y el motor son partes de un coche.
64	la **pieza**	Stück; Teil	►► la parte
65	**parcialmente**	teilweise	Sus respuestas son parcialmente idénticas.
66	**partir** a/c	teilen	partir un pan en dos trozos
67	la **mitad**	Hälfte	Se comió la mitad de la tarta.
68	**medio/-a**	halb; durchschnittlich	media botella de agua; un alumno medio

---

Veränderliches oder unveränderliches *medio*?

► *Wenn* medio *vor einem Adjektiv steht, ist es ein Adverb und deshalb unveränderlich. Ansonsten passt es sich an das Substantiv an:*

media botella de agua   eine halbe Flasche Wasser
alumnos medios   mittelmäßige Schüler

Isa bebió **media botella** de vino y ahora está **medio borracha**.
Isa hat eine halbe Flasche Wein getrunken, und nun ist sie halb besoffen.

69	**mediano/-a**	mittlere/r, mittleres mittelmäßig	una talla mediana de inteligencia mediana
70	**ambos/-as**	beide	Tengo dos bicis. Ambas están rotas.
71	**otro/-a** (*ser*)	ein anderer/eine andere/ein anderes; noch ein/e	Eso es otro tema. ¿Tienes otra pregunta?

Vor otro/-a *steht niemals ein unbestimmter Artikel* (un, una)*:*

Esa es **mi otra hermana**.   Das ist **meine andere Schwester**.
Estuvimos en **el otro cine**.   Wir waren in **dem anderen Kino**.
► *aber*: Tengo **otra idea**.   Ich habe **eine andere Idee**.

72	el **porcentaje**	Prozentsatz, Anteil	un alto porcentaje de los alumnos
73	**repartir** a/c	verteilen; austragen *Zeitungen*	
74	el **conjunto**	Gruppe; Menge	un conjunto de música
75	**básicamente**	im Wesentlichen	En geografía e historia estudiamos básicamente la cultura de nuestro propio país.
76	**más o menos**	mehr oder weniger	Una Comunidad Autónoma y una Ciudad Autónoma son más o menos lo mismo.
77	**oscilar** (entre)	schwanken; liegen zwischen	La edad de nuestros alumnos oscila entre los 15 y los 17 años.
78	**sobre todo**	vor allem	Escucho sobre todo música rock.
79	**tan** +Adj/Adv	so +Adj/Adv	¡Tú siempre tienes ideas tan buenas!

80	**tan ... como ...**	genauso … wie …	Las naranjas son tan caras como las manzanas.
81	**tanto**	so viel	¡No grites tanto! Comió tanto que se mareó.
82	**tanto/-a**	so viel/e; genauso viel/e	¡Tenemos tantos deberes! Tengo tantos cedés como tú.
83	**tanto ... como ...**	sowohl … als auch …	En Galicia llueve tanto en invierno como en verano.
84	**más**	mehr	¿Quieres más?
85	**más ... que**	mehr … als; *Komparativ* +als	Sara sabe más que su hermana. Sara es más inteligente que su hermana.
86	**más de** +*Zahl*	mehr als	En el Prado hay más de 3.000 obras.
87	**menos**	weniger	Tienes que comer menos.
88	**menos ... que**	weniger … als	Madrid es menos grande que París.

14.3 Beschaffenheit

1	**bonito/-a**	hübsch	►◄ feo/-a
2	**lindo/-a** *lat. am.*	hübsch	►► guapo/-a
3	**precioso/-a** (*ser*)	wunderschön; kostbar	una playa preciosa; joyas preciosas
4	**maravilloso/-a**	wunderbar	Pasamos unas vacaciones maravillosas.
5	**bueno/-a**	gut (*Adj.*)	►◄ malo/-a
6	**bien**	gut (*Adv.*)	¿Has dormido bien?
7	**mejor**	besser; der/die/das beste	Tus notas son mejores ahora. El Prado es el mejor museo de España.
8	**positivo/-a**	positiv	Piensa que prohibir el botellón es positivo.
9	**estupendo/-a**	wunderbar, fabelhaft	Es realmente estupendo que vengas a vernos.
10	**impresionante**	beeindruckend	
11	**fascinante**	faszinierend	
12	**genial** (*ser*)	toll, genial	
13	**ideal** (*ser*)	ideal	
14	**perfecto/-a** (*ser*)	vollkommen, perfekt	
15	**perfectamente**	ganz genau	

Museo del Prado

16	el **defecto**	Defekt	
17	**desagradable**	unangenehm	
18	**negativo/-a**	negativ	
19	**malo/-a**	schlecht (*Adj.*)	►◄ bueno/-a
20	**mal**	schlecht (*Adv.*)	hablar mal de alguien

Te conozco perfectamente.

21	el/la **peor**	der/die Schlechteste	
22	**espantoso/-a**	entsetzlich; grässlich; scheußlich	una catástrofe espantosa; un monstruo espantoso; un vestido espantoso
23	**tremendo/-a** (*ser*)	schrecklich; fürchterlich	¡Cuando llego muy tarde a casa siempre tengo una bronca tremenda!
24	**grave** (*ser*)	ernst; schwerwiegend	No creo que sea un problema tan grave.
25	**horrible**	schrecklich; furchtbar	Hubo un horrible accidente.
26	**terrible**	furchtbar, schrecklich	Tengo una sed terrible.
27	**común**	gemeinsam, gemeinschaftlich	Los latinoamericanos tienen una lengua común.
28	**normal**	normal	▶ sin rasgos especiales
29	**normalmente**	normalerweise	Normalmente salgo de casa a las ocho.
30	**general**	allgemein, generell	▶◀ especial
31	**en general**	normalerweise; insgesamt (gesehen)	En general comemos a las dos. En general es un buen chico, pero a veces…
32	**regular** (*ser*)	mittelmäßig	▶ ni bueno ni malo
33	**nada especial**	nichts Besonderes	El fin de semana no hice nada especial.
34	**sencillo/-a**	einfach, schlicht	
35	**simple** (*ser*)	einfach	▶▶ fácil
36	**usual** (*ser*)	üblich; gebräuchlich	Esta palabra no es muy usual.
37	**especial** (*ser*)	besondere/r, besonders; Sonder-	un día especial un tren especial
38	**curioso/-a** (*ser*)	merkwürdig	▶▶ raro/-a
39	**mágico/-a** (*ser*)	magisch	
40	la **excepción**	Ausnahme	▶ lo que se excluye de lo normal
41	**excepcional** (*ser*)	außergewöhnlich	▶◀ normal
42	**único/-a**	einzige/r, einziges; einzigartig	Laura es mi única hermana.
43	lo **único** *m*	das Einzige	Es lo único que puedo hacer.
44	**extraordinario/-a** (*ser*)	außergewöhnlich; großartig	▶ fuera de lo normal
45	**mismo/-a**	gleich	Hablamos la misma lengua.
46	**igual** (que) (*ser*)	gleich, genauso	El nuevo coche es igual que el otro.
47	**igualmente**	gleichfalls	– ¡Feliz año nuevo! – Igualmente.
48	**idéntico/-a** (a) (*ser*)	identisch	El hijo es idéntico a su padre.
49	el **original**	Original	Este cuadro no es una copia, sino el original.

¡Me gusta la ropa sencilla!

50	equivaler a a/c *wie valer*	entsprechen, gleich(wertig) sein	Un minuto equilvale a sesenta segundos.
51	**parecido/-a** (a) (*ser*)	ähnlich	Tienes una chaqueta parecida a la mía.
52	similar (a) (*ser*)	ähnlich	Nuestra escuela es similar a la vuestra.
53	comparable (con) (*ser*)	vergleichbar	► lo que se puede comparar
54	**comparar** a/c (con a/c)	vergleichen	¿Puedes comparar España con Alemania?
55	coincidir (en a/c)	übereinstimmen	Coincidimos en nuestros deseos.
56	**convertir** a/c en a/c (e→ie/i)	verwandeln, umwandeln	Has convertido la habitación en un desastre.
57	**convertirse** en (e→ie/i)	werden zu	El fuego se convirtió en un auténtico incendio.
58	la **diferencia** (entre)	Unterschied	Hay muchas diferencias entre España y México.
59	diferenciar (a/c de a/c)	unterscheiden	No diferenciamos a las chicas de los chicos.
60	diferenciarse (de)	sich unterscheiden	Raúl se diferencia de sus hermanos.
61	**diferente** (*ser*)	anders, verschieden, unterschiedlich	En los años 60 apareció la frase: "¡España es diferente!"
62	distinguirse de alg (por a/c)	unterscheiden	Helena se distingue de los demás porque habla griego.
63	**distinto/-a** (*ser*)	unterschiedlich	Los chicos y las chicas son distintos.
64	desigual (*ser*)	ungleich	►◄ igual
65	variado/-a	gemischt	una oferta de productos variados
66	la **variedad** (de)	Auswahl (an); Vielfalt	En la tienda hay gran variedad de cedés.
67	**claro/-a** (*ser*)	klar; hell	El agua es clara. El piso es muy claro.
68	clasificar a/c	sortieren	
69	aparentemente	scheinbar	Aparentemente tienes razón.
70	**relevante** (en) (*ser*)	relevant (*maßgeblich*); bedeutend	El dinero no es un aspecto relevante en esta cuestión.
71	contradictorio/-a (con) (*ser*)	widersprüchlich	Tu respuesta es contradictoria con lo que dijiste antes.
72	**falso/-a**	falsch; unaufrichtig	►◄ correcto/-a; honesto/-a
73	la **tontería**	Unsinn; Dummheit	

In der Bedeutung von ‚Unsinn' wird tontería *meistens im Plural gebraucht:*

¡No digas tonterías!	Red' keinen Blödsinn.
► *aber*: la tontería de ese chico	die Dummheit dieses Jungen

74	insignificante	unbedeutend	►◄ importante
75	**lo que sea**	egal was; was auch immer	Necesito un coche, una moto, lo que sea.

76	inútil	nutzlos	▶ que no sirve para nada
77	roto/-a (estar)	kaputt	Mi bici está rota, por eso tengo que ir a pie.
78	oportuno/-a	günstig, angebracht, geeignet	Este no es el momento oportuno para…
79	útil	nützlich	Me dio un consejo realmente útil.
80	significativo/-a (ser)	bedeutend; namhaft	un valor significativo una escritora significativa
81	efectivo/-a (ser)	wirksam, wirkungsvoll	una táctica efectiva, un medicamento efectivo

82	la bola	Kugel	una bola de helado
83	el agujero	Loch	Hay un agujero en el muro.
84	la punta	Spitze; Prise (Menge)	la punta de la nariz; una punta de pimienta
85	estrecho/-a (ser)	eng	una calle estrecha
86	doble (ser)	doppelte/r, doppeltes	doble pared, doble ventana
87	denso/-a	dicht	niebla densa, un programa denso
88	suelto/-a (estar)	locker; offen Haar	
89	el estado	Zustand	La casa está en un estado desastroso.
90	la manera	Art, Art und Weise	Tu manera de explicar las cosas es muy clara.
91	de esa manera	auf diese Art	¡No me contestes de esa manera!
92	una especie de…	eine Art …	Con este disfraz pareces una especie de mono.
93	la naturaleza	Wesen, Natur	El amor es parte de la naturaleza humana.
94	el tipo	Art, Typ	Hay diferentes tipos de enfermedades.

95	rico/-a en (ser)	reich an	Las naranjas son ricas en vitaminas.
96	digno/-a (de) (ser)	würdig	ser digno de algo
97	formal (ser)	formell	un lenguaje formal, una reunión formal
98	intenso/-a (ser)	intensiv; dicht (Verkehr)	un color intenso; tráfico intenso
99	incluso	sogar	La película me gustó incluso a mí.
100	lamentable (ser)	bedauernswert	una situación lamentable
101	trágico/-a (ser)	tragisch	una trágico accidente

14.4 Zugehörigkeit

1	la pertenencia a	Zugehörigkeit (zu)	Probaron su pertenencia a un grupo terrorista.
2	pertenecer a alg, a a/c (c→zc)	gehören	▶ ser propiedad de alguien o formar parte de algo

3	perteneciente a (ser)	zugehörig, zu ... gehörig	un libro perteneciente a la biblioteca municipal
4	asociar a/c con a/c	assoziieren, verbinden	▶ pensar en algo al ver o escuchar algo
5	formar parte de a/c	gehören zu, angehören	Esto no formaba parte del plan.
6	la clase (de)	Sorte, Art	No necesito esta clase de amigos.
7	implicar a alg	einbeziehen; hineinziehen	Nos implicó en el proyecto. No quiero implicaros en este asunto.
8	marcar a/c, a alg	kennzeichnen; bestimmen	Marco todos mis libros con mi nombre. El sol marca nuestro ritmo de vida.
9	propio/-a	eigene/r, eigenes	A los 18 años soñábamos con nuestro propio coche.
10	la contribución (a)	Beitrag (auch finanziell)	la contribución al proyecto
11	tocarle a alg	angehen, betreffen	La protección del medio ambiente nos toca a todos.
12	incluido/-a (en) (estar)	inklusive	Las bebidas no están incluidas en el precio.
13	deberse a a/c	ergeben aus	La contaminación del medio ambiente se debe en buena parte al tráfico.
14	debido a	wegen, auf Grund von	Tenemos retraso debido a la huelga.
15	producir a/c wie conducir (c→zc)	herstellen; verursachen	En esta fábrica producen coches. El alcohol produce cansancio.
16	implicar a/c	bedeuten, implizieren	Las drogas implican problemas.
17	tener* que ver con	zu tun haben	¿Qué tiene que ver mates con mi vida?
18	gracias a	dank (+Gen)	Gracias a tu ayuda, apruebo el examen.
19	el motivo	Anlass	¿Cuál fue el motivo de la disputa?
20	por eso	deshalb	Mañana tengo un examen, por eso estoy estudiando.
21	por lo tanto	deshalb, daher	▶▶ por eso
22	a condición de que +subj	unter der Bedingung, dass	Acepto a condición de que sea la última vez.
23	afuera	draußen; raus	El gato está afuera. ¡Véte afuera!
24	el/la guiri umgs.	Ausländer	▶ palabra coloquial para los turistas extranjeros en España
25	menos	außer	Yo tengo siempre buenas notas menos en mates.
26	prescindir de a/c, de alg	verzichten auf	▶ no hacer uso de algo o alguien
27	dejar a/c, a alg	verlassen	Muchos argentinos dejan el país.
28	corresponder a a/c, a alg	entsprechen	Este comportamiento no corresponde a tu edad.

29	**correspondiente** (a)	entsprechend	El metro está en huelga y hay un caos correspondiente.
30	**respectivo/-a**	jeweilig	En la reunión, todas las clases serán representadas por sus respectivos delegados.
31	**respectivamente**	beziehungsweise	

Vorsicht mit der Satzstellung:

Mi padre y mi hermana tomaron **una cerveza y un zumo de naranja, respectivamente**.

Mein Vater und meine Schwester haben **ein Bier bzw. einen O-Saft** getrunken.

32	la **base**	Grundlage, Basis	La base de una buena alimentación es comer un poco de todo.
33	**específico/-a** (de) (*ser*)	charakteristisch; spezifisch	específico de una época un problema específico de la pobreza
34	**típico/-a** (de) (*ser*)	typisch (für)	La paella es típica de Valencia.
35	el **signo** (de)	Zeichen, Indiz	Bostezar es un signo de cansancio.
36	**exactamente**	exakt	Lo hice exactamente como me lo pediste.
37	**recordar** a/c, a alg (o→ue)	sich erinnern	Todavía recuerdo la primera vez que viajé en avión.
38	el **recuerdo**	Erinnerung	▶▶ memoria
39	**recuperar** a/c	zurückbekommen	▶ volver a tener algo perdido

14.5 Sein und Werden

1	**aparecer** (c→zc)	erscheinen, auftauchen	Tras varias horas de lluvia apareció el sol.
2	**originarse**	entstehen; ausbrechen *Feuer; Streit*	¿Cómo se originó el universo? Anoche se originó un incendio en el ayuntamiento.
3	**hacerse** * **realidad**	Wirklichkeit werden	Aquí se hace realidad el efecto de la globalización.
4	**ocurrir**	geschehen	¿Qué ocurrió en el año 1492?
5	**pasar**	passieren; geschehen	¿Qué pasa aquí? ¿Qué pasó en 1492?
6	**formar** a/c	formen; bilden	formar una bola de nieve; formar un grupo
7	**crear** a/c	schaffen	crear una empresa, crear un problema
8	la **creación**	Schaffung; Kreation	la creación de la tierra; una creación genial
9	**establecer** a/c (c→zc)	aufstellen *Regel*; festlegen *Preis*; einführen	establecer normas establecer nuevas tarifas establecer la democracia
10	**realizar** a/c	verwirklichen; durchführen; machen	realizar una sueño realizar un control; realizar un ejercicio

11	**intentar** a/c, hacer a/c	versuchen	Intentábamos sin éxito ganar el premio.
12	el intento (de)	Versuch	Su intento de dejar de fumar tuvo éxito.
13	el **resultado**	Ergebnis	
14	resultar de a/c	sich ergeben aus	La pelea resultó de un malentendido.
15	la **causa** (de)	Grund (für)	¿Cuál es la causa de su malhumor?
16	**causar** a/c	verursachen	El tabaco causa cáncer.
17	generar a/c	erzeugen; verursachen *Probleme*	Sus declaraciones generaron dudas. El paro puede generar una auténtica crisis.
18	ocasionar a/c (a alg)	zufügen *Schaden usw.*	▶ causar algún mal
19	suscitar a/c	aufwerfen *Streit, Zweifel*	▶▶ provocar, causar, ocasionar
20	**provocar** a/c	verursachen	provocar daños, provocar risa
21	desencadenar a/c	auslösen	desencadenar una enfermedad
22	la repercusión (en/ sobre)	Auswirkung, Folgen	El tráfico tiene graves repercusiones en el medio ambiente.
23	**salir* adelante**	vorankommen	Es importante que nuestra ciudad salga adelante.
24	la garantía	Garantie, Garant	La educación ya no es garantía de futuro.
25	**alcanzar** a/c, a alg	erreichen	Alcanzó un empleo.
26	**existir**	existieren	
27	la existencia	Dasein, Existenz	
28	**ser***	sein; stattfinden	Paco es mi amigo. La fiesta es en el gimnasio.
29	**hay***	es gibt; es sind; es ist	Mañana hay una fiesta. Hay muchas personas en el cine. Hay una botella en la mesa.
30	figurar (en, entre)	erscheinen	Su nombre no figura en la lista.
31	**consistir** en/de a/c	bestehen aus	El libro consiste de dos partes.
32	constituir a/c (i→y)	darstellen (*sein*)	Estos edificios constituyen nuestra escuela.
33	**faltar** (a alg)	fehlen	Nos falta dinero.
34	supuesto/-a	angeblich; mutmaßlich *Täter*	Nadie conoce a su supuesta novia. La policía detuvo a los supuestos terroristas.
35	el **hecho**	Tatsache	Es un hecho que la tierra es redonda.
36	la **cosa**	Sache	Hay muchas cosas que no te he contado.
37	el **objeto**	Objekt	▶▶ cosa
38	el **ser**	Sein, Wesen	
39	la **situación**	Situation	la situación actual de los inmigrantes
40	seguir +Adj/Ort (e→i)	immer noch... sein; bleiben	¿Has dormido doce horas y sigues cansado? ¿Cuánto tiempo sigues en España?

41	**mantener** a/c, a alg *wie tener*	erhalten; versorgen	mantener un edificio mantener una familia
42	**valer** * (para a/c)	gelten	Este billete vale solamente para una persona.
43	**verdadero/-a**	wahr, echt, wirklich	Cuéntame la historia verdadera.
44	el **cambio**	Veränderung, Wechsel	Necesitamos un cambio político.
45	**imprevisto/-a**	unvorhergesehen	un error imprevisto, un final imprevisto
46	**ponerse** * +Adj	… werden	Se ha puesto alegre. ¡No te pongas nervioso!
47	**volver** * **loco/-a** a alg (o→ue)	verrückt machen	Paula siempre nos vuelve locos con sus ideas.
48	**variar** (i→í)	schwanken	En la costa, la temperaturas no varían mucho.
49	**empeorar** (a/c)	sich verschlechtern; etw verschlechtern	La situación está empeorando. La lluvia empeora la situación.
50	**meterse** en a/c	sich in etw bringen	meterse en problemas, meterse en dificultades
51	**modificar** a/c	ändern	►► cambiar
52	**transformar** a/c (en a/c)	verwandeln, umwandeln	La Ruta Quetzal fue una expedición que transformó mi vida.
53	**resultar**	sich herausstellen	Resultó que el acusado era inocente.
54	**resultar** +Adj	sich erweisen als …	El libro resultó aburrido y no seguí leyéndolo.
55	**sustituir** a/c (por a/c) (i→y)	ersetzen	► poner algo en lugar de otra cosa
56	la **reforma**	Reform	El gobierno propone una reforma económica.
57	**mejorar** (a/c)	besser werden; etw verbessern	La situación ha mejorado. Has mejorado tu español.
58	**llamar** a alg	benennen	Luisa llamó a su hijo Salvador.
59	**juntar** a/c, a alg	zusammensammeln; zusammenrücken	juntar cartas juntar las mesas
60	la **mezcla** (de)	Mischung	En México hay una gran mezcla de culturas.
61	**mezclar** a/c (con a/c)	mischen, vermischen	El zumo está muy dulce, mézclalo con agua.
62	**suspender** a/c	ausfallen lassen	Suspendimos la fiesta por el mal tiempo.
63	**suspenderse**	ausfallen (*nicht stattfinden*)	Se suspendió la clase porque la maestra está enferma.
64	el **retroceso**	Rückschritt; Rückschlag	►◄ progreso
65	**desaparecer** (c→zc)	verschwinden	¿Cuándo desaparecerá este problema?
66	el **uso** (de)	Gebrauch	El uso del móvil está prohibido en clase.
67	**aprovechar** a/c	nutzen	Hay que aprovechar el sol e ir a la playa.
68	el **destino**	Schicksal	

69	**servir** a alg; para a/c (e→i)	bedienen; nützen; nützlich sein	Esta respuesta no me sirve en absoluto. ¿Para qué sirve este aparato?
70	**determinar** a/c, a alg	bestimmen	Al delegado de clase lo determinamos en una elección.
71	**revelar** a/c	offenbaren; enthüllen; entwickeln *Fotos*	Me reveló un secreto. Se revelaron muchos detalles del escándalo.
72	**Se trata** de a/c	Es handelt sich um …, Es geht darum, …	Se trata de un problema serio. Se trata de solucionar el problema.

14.6 Möglichkeit und Notwendigkeit

1	la **posibilidad**	Möglichkeit	
2	**posible** (*ser*)	möglich	Es posible que pueda ayudarnos.
3	**imposible**	unmöglich	Es absolutamente imposible que venga hoy.
4	**Puede que…** +subj	möglicherweise; Es kann sein, dass	Puede que te pida un favor.
5	**quizá(s)**	vielleicht	Quizá venga Luis, pero no lo sé.
6	**a lo mejor**	vielleicht	▶▶ quizá(s), tal vez
7	**igual** *fam.*	vielleicht	Igual me voy al cine hoy.
8	**probable** (*ser*)	wahrscheinlich	Es probable que mañana llueva.
9	**probablemente** +subj	möglicherweise	Probablemente no tenga ganas.
10	**dudoso/-a** (*ser*)	zweifelhaft	Es dudoso que ganemos el partido.
11	la **casualidad**	Zufall	Es mera casualidad que haya aprobado.
12	**por casualidad**	zufällig, aus Zufall	La vi en el centro por casualidad.
13	la **ocasión**	Gelegenheit	Tengo que bajar al sótano y en esta ocasión también bajo la basura.
14	la **oportunidad** (de)	Gelegenheit	Con nuestro voto tenemos la oportunidad de decidir.
15	la **opción** (de)	Möglichkeit; Chance; Option	poder elegir entre varias opciones nuestra última opción; la mejor opción
16	la **ventaja**	Vorteil; Vorsprung	¿Qué ventajas tiene la Unión Europea para ti?
17	la **suerte**	Glück	Has tenido suerte. ¡Buena suerte!
18	el **riesgo**	Risiko	La energía nuclear comporta serios riesgos.
19	**correr un riesgo**	ein Risiko eingehen	
20	**estar* en juego**	auf dem Spiel stehen	Está en juego el futuro del planeta.
21	**claro/-a** (*estar*)	klar, eindeutig	¿Está claro lo que quiero decir?
22	**tener* de todo**	alles haben	Madrid tiene de todo pero no hay mar.

23	**realmente**	wirklich	¿Esta historia realmente ocurrió?
24	**evidente** (*ser*)	offensichtlich	Es evidente que no has estudiado.
25	**innecesario/-a** (*ser*)	unnötig	una pregunta innecesaria
26	**asegurar** a/c a alg	versichern	Te aseguro que es verdad.
27	**confirmar** a/c (a alg)	bestätigen	confirmar una reserva, confirmar una sospecha
28	**ser* capaz** de hacer a/c	fähig sein (zu)	Ella es capaz de hacer muchas cosas.
29	**por poco**	beinahe, fast	
30	**casi**	fast, beinahe	

Auf **por poco** *und* **casi** *folgt im Spanischen das Präsens, auch wenn sich der Satz auf die Vergangenheit bezieht:*

Por poco nos pillan pero al final no nos vieron.
Beinahe hätten sie uns erwischt, aber dann haben sie uns doch nicht gesehen.

Casi lo consigo pero no tuve el tiempo necesario.
Ich hätte es fast geschafft, aber ich hatte nicht genügend Zeit.

31	**en vano**	umsonst, vergeblich	luchar en vano contra algo, intentar algo en vano
32	**condenado/-a** a (*estar*)	verurteilt, verdammt	Nadie está condenado a vivir solo.
33	**forzar** a alg a hacer a/c (o→ue)	zwingen	►► obligar
34	**necesario/-a** (*ser*)	nötig, notwendig	¿Es necesario que hagas tanto ruido?
35	**necesitar** a/c, a alg; que +subj	brauchen; nötig haben	No necesito mucho dinero. Necesito que me ayudes.
36	**requerir** a/c (e→ie/i)	erfordern	►► exigir a/c
37	**hacer* falta** (a alg)	fehlen, notwendig sein	A los campesinos, les hace falta mucha lluvia.
38	**hay que**	man muss	Para ser biólogo hay que estudiar mucho.
39	**depender** de a/c, de alg	abhängen, abhängig sein	depender de una decisión depender de drogas
40	**importante** (*ser*)	wichtig	Es importante que hagas lo que te digo.
41	**indispensable** (*ser*)	unerlässlich	Es indispensable que... (+*subjuntivo*)
42	**decisivo/-a** (para) (*ser*)	entscheidend	
43	el **permiso** (para, de)	Erlaubnis; Genehmigung	Mi padre no me da permiso para salir. Necesita un permiso de trabajo.
44	la **alternativa** (a)	Alternative (zu)	No nos queda otra alternativa.
45	**estar* a disposición** de alg	zur Verfügung stehen	Si tiene preguntas, estoy a su disposición.

14 Allgemeine Begriffe

46	**por todos los medios**	mit allen Mitteln	intentar algo por todos los medios
47	**inspirar** a alg	inspirieren	Este paisaje me inspiró a pintar.
48	**influir** en alg (i→y)	Einfluss haben auf	La familia influye en las decisiones de los niños.

14.7 Handeln

1	la **acción**	Aktion	
2	**actuar** (u→ú)	handeln	¡No hables tanto, actúa de una vez!
3	**acto**	Tat; Handeln, Handlung	Cometieron un acto terrorista. Eres responsable de tus actos.
4	**por equivocación**	aus Versehen	▶ sin querer
5	**meter** a/c en a/c	hineintun	Mete tus juguetes en casa, que va a llover.
6	**emplear** a/c	anwenden; benutzen	
7	**poner*** a/c a a/c	dazutun	No pongas tanta sal a la salsa.
8	**coger** a/c	nehmen	coger el autobús, coger una galleta
9	**proceder**	verfahren, vorgehen	¿Cuál es el modo más útil de proceder?
10	**dejar** a/c a alg	geben	Oye, Carlos, ¿me dejas el lápiz?
11	**dejar hacer** a/c a alg	machen lassen	Mis padres no me dejan salir hoy.
12	**no dar*** ni golpe *umgs.*	keinen Finger krumm machen	Mi madre dice que antes los hombres no daban ni golpe en casa.
13	**echar**	werfen, wegwerfen	
14	**empujar** a/c, a alg	stoßen; schieben; drängeln	¡No empujes! Allí entramos todos.
15	**lanzar** a/c (a alg)	werfen, zuwerfen	¡Lánzame la pelota!
16	**precipitarse** (desde)	sich überstürzen; sich stürzen von	¡No te precipites, piensa antes! Se precipitó desde el puente.
17	**saltarse** a/c	überspringen (*beim Lesen*); überfahren *rote Ampel*; brechen *Regeln*	Te has saltado una línea. Lo vi como se saltó un semáforo en rojo. No te saltes las reglas del juego.
18	**quitar** a/c (de a/c)	wegnehmen (*entfernen*); wegmachen	¡Quita tus manos de mi comida! Necesito jabón para quitar esta mancha.
19	**sacar** a/c (de a/c)	herausnehmen, herausholen	Sacad vuestros libros.
20	**tirar** a/c (a alg)	werfen, zuwerfen; wegwerfen	Tírame las llaves, por favor. El pan está podrido, tenemos que tirarlo.
21	**abrir*** a/c	öffnen	¿Puedes abrir la ventana por favor?
22	**cerrar** (a/c) (e→ie)	schließen	cerrar la puerta, cerrar el libro
23	**bajar** a/c a alg	herunterholen	¿Me puedes bajar aquel libro de la estantería?

24	colgar (a/c en) (o→ue)	hängen, aufhängen	colgar un cuadro en la pared
25	levantar a/c	heben, hochheben	levantar la mano
26	derrumbar a/c	abreißen	▶▶ derribar
27	golpear a/c	schlagen; klopfen	▶ dar golpes a alguien o algo
28	el golpe (contra)	Schlag	dar un golpe, repartir golpes
29	destruir a/c (i→y)	zerstören	El huracán destruyó varios edificios.
30	romper* a/c	kaputt machen; brechen	romper un ordenador romperle el corazón a alguien
31	hacer* trizas a/c, a alg fam.	kaputt machen; jdn fertig machen	
32	pegar a/c (en a/c)	ankleben; einkleben	pegar un póster en la pared
33	cortar a/c	schneiden	cortar pan
34	recortar a/c	abschneiden; ausschneiden	
35	quitar a/c a alg	wegnehmen	▶◀ regalar a/c a alg
36	pasarse	zu weit gehen; es übertreiben	¡No te pases! Esta vez, te has pasado.
37	meter ruido	Lärm machen, laut sein	Siempre metes ruido cuando vuelves a casa.
38	fastidiar a/c (a alg) fam.	verbocken; versauen	Fastidió mi plan. La lluvia nos fastidió las vacaciones.
39	joder a/c, a alg vulg.	versauen; schrott machen; nerven	Nos ha jodido toda la fiesta. Sigue así y vas a joder el ordenador. ¡No me jodas!
40	en secreto	insgeheim, heimlich	Los golpistas se reunían en secreto.
41	unir a/c	verbinden; zusammenfügen	
42	cubrir* a/c	bedecken	Los campos están cubiertos de nieve.
43	ocultar a/c (a alg)	verbergen; vorenthalten	Ocultó su cara con una máscara. Creo que me oculta la verdad. ¿No me ocultas nada?
44	oculto/-a (estar)	verborgen; verdeckt	grabado con cámara oculta
45	la operación	Operation	una operación quirúrgica
46	la preparación (de)	Vorbereitung (auf); Zubereitung	la preparación de un examen la preparación de un pastel
47	apretar (e→ie)	drücken	
48	fijar a/c	befestigen, ankleben	
49	colocar a/c (en un lugar)	stellen, legen, setzen	colocar libros en la estantería
50	sujetar a/c	festhalten	▶◀ soltar

51	**atar** a/c, a alg	festbinden; schnüren	atarle las manos a alguien
52	**desatar** a/c	auslösen	desatar un conflicto, desatar alegría
53	**soltar** a/c, a alg (o→ue)	loslassen; freilassen	soltar los perros; soltar un preso
54	**presionar** a/c, a alg	drücken; Druck ausüben auf	▶ ejercer presión
55	**tratar** de +Inf	versuchen	Traté de encontrarlo pero ya se había ido. ▶▶ intentar hacer a/c
56	**tratar** a alg	behandeln	¡No me trates como si fuera un bebé!
57	**procurar** hacer a/c	bemühen, etw zu tun	Procura no hacer tanto ruido cuando vuelvas.
58	**procurar** a/c a alg	besorgen, verschaffen	
59	**simular** a/c	vortäuschen	▶▶ fingir
60	**en busca de**	auf der Suche nach	Colón llegó en busca de oro.
61	**negar** a/c a alg (e→ie)	verweigern	Me negaron la beca. Nos niegan su ayuda.
62	**rebelarse** (contra)	rebellieren	El cura animó a los campesinos a rebelarse contra los latifundistas.
63	**vengarse** (de a/c)	sich rächen	
64	**mostrar** a/c (a alg) (o→ue)	zeigen	¿Puedes mostrarme cómo usar el ordenador?
65	**organizar** a/c	organisieren	El ayuntamiento organiza visitas por Madrid.
66	**preferir** hacer a/c (e→ie/i)	lieber machen	Juan prefiere hacer dos años de formación profesional.
67	la **sorpresa**	Überraschung	Tengo una sorpresa para ti.
68	**prestar ayuda** a alg	Hilfe leisten	▶▶ ayudar
69	**satisfacer***	erfüllen *Wünsche*; stillen *Hunger, Durst*	
70	el **recurso**	Mittel	emplear los recursos disponibles
71	la **práctica**	Ausübung (*Sport*); Übung; Praxis	la práctica de un deporte; adquirir práctica en algo; prácticas ilegales, en la práctica
72	el **cuidado**	Vorsicht, Sorgfalt	tener cuidado, actuar con cuidado
73	**de alguna manera**	irgendwie	No sé cómo lo hizo, pero de alguna manera lo consiguió.
74	**dicho y hecho**	gesagt, getan	Anunció que nos ayudaría, y dicho y hecho. Al día siguiente todo estaba arreglado.

1 Hilfsverben

infinitivo	ser	estar	haber
modo indicativo **presente**	soy	estoy	he
	eres	estás	has
	es	está	ha **!** hay
	somos	estamos	hemos
	sois	estáis	habéis
	son	están	han
gerundio	siendo	estando	habiendo
participio	sido	estado	habido
pretérito imperfecto	era	estaba	había
	eras	estabas	habías
	era	estaba	había
	! éramos	estábamos	habíamos
	erais	estabais	habíais
	eran	estaban	habían
pretérito indefinido	fui	estuve	hube
	fuiste	estuviste	hubiste
	fue	estuvo	hubo
	fuimos	estuvimos	hubimos
	fuisteis	estuvisteis	hubisteis
	fueron	estuvieron	hubieron
futuro	seré	estaré	habré
	serás	estarás	habrás
	será	estará	habrá
	seremos	estaremos	habremos
	seréis	estaréis	habréis
	serán	estarán	habrán
condicional	sería	estaría	habría
	serías	estarías	habrías
	sería	estaría	habría
	seríamos	estaríamos	habríamos
	seríais	estaríais	habríais
	serían	estarían	habrían
presente de subjuntivo	sea	esté	haya
	seas	estés	hayas
	sea	esté	haya
	seamos	estemos	hayamos
	seáis	estéis	hayáis
	sean	estén	hayan
imperfecto de subjuntivo	fuera	estuviera	hubiera
	fueras	estuvieras	hubieras
	fuera	estuviera	hubiera
	fuéramos	estuviéramos	hubiéramos
	fuerais	estuvierais	hubierais
	fueran	estuvieran	hubieran
imperativo [tú]	sé	está	
[vosotros]	sed	estad	
[usted/es]	sea/n	esté/n	

2 Regelmäßige Verben

2.1 Verben auf -ar

infinitivo		charlar	
modo indicativo		charlo	
presente		charlas	
		charla	
		charlamos	
		charláis	
		charlan	
gerundio		charlando	
participio		charlado	
pretérito imperfecto		charlaba	
		charlabas	
		charlaba	
		charlábamos	
		charlabais	
		charlaban	
pretérito indefinido		charlé	**!** *-car:* busqué, buscaste …
		charlaste	**!** *-gar:* llegué, llegaste …
		charló	**!** *-zar:* organicé, organizaste …
		charlamos	
		charlasteis	
		charlaron	
futuro		charlaré	
		charlarás	
		charlará	
		charlaremos	
		charlaréis	
		charlarán	
presente de subjuntivo		charle	**!** *-car:* busque, busques …
		charles	**!** *-gar:* llegue, llegues …
		charle	**!** *-zar:* organice, organices …
		charlemos	
		charléis	
		charlen	
imperfecto de subjuntivo		charlara	
		charlaras	
		charlara	
		charláramos	
		charlarais	
		charlaran	
imperativo	[tú]	charla	**!** *-car:* busque
	[vosotros]	charlad	**!** *-gar:* llegue
	[usted/es]	charle/n	**!** *-zar:* organice

2.2 Verben auf *-er*

infinitivo	**comprender**	
modo indicativo *presente*	comprend**o** comprend**es** comprend**e** comprend**emos** comprend**éis** comprend**en**	❗ *coger:* cojo, coges …
gerundio	comprend**iendo**	
participio	comprend**ido**	
pretérito imperfecto	comprend**ía** comprend**ías** comprend**ía** comprend**íamos** comprend**íais** comprend**ían**	
pretérito indefinido	comprend**í** comprend**iste** comprend**ió** comprend**imos** comprend**isteis** comprend**ieron**	
futuro	comprender**é** comprender**ás** comprender**á** comprender**emos** comprender**éis** comprender**án**	❗ *coger:* coja, cojas … ebenso: *recoger, proteger*
presente de subjuntivo	comprend**a** comprend**as** comprend**a** comprend**amos** comprend**áis** comprend**an**	
imperfecto de subjuntivo	comprend**iera** comprend**ieras** comprend**iera** comprend**iéramos** comprend**ierais** comprend**ieran**	
imperativo [tú] [vosotros] [usted/es]	comprend**e** comprend**ed** comprend**a/n**	❗ *coger:* coja/n ebenso: *recoger, proteger*

2.3 Verbos en -ir

infinitivo		*vivir*
modo indicativo presente		vivo
		vives
		vive
		vivimos
		vivís
		viven
gerundio		viviendo
participio		vivido
pretérito imperfecto		vivía
		vivías
		vivía
		vivíamos
		vivíais
		vivían
pretérito indefinido		viví
		viviste
		vivió
		vivimos
		vivisteis
		vivieron
futuro		viviré
		vivirás
		vivirá
		viviremos
		viviréis
		vivirán
presente de subjuntivo		viva
		vivas
		viva
		vivamos
		viváis
		vivan
imperfecto de subjuntivo		viviera
		vivieras
		viviera
		viviéramos
		vivierais
		vivieran
imperativo	[tú]	vive
	[vosotros]	vivid
	[usted/es]	viva/n

3 Gruppenverben

3.1 Diphthongierende Verben: *e → ie*

infinitivo		*pensar*	*perder*
modo indicativo presente		pienso	pierdo
		piensas	pierdes
		piensa	pierde
		pensamos	perdemos
		pensáis	perdéis
		piensan	pierden
gerundio		pensando	perdiendo
participio		pensado	perdido
pretérito imperfecto		pensaba	perdía
pretérito indefinido		pensé	perdí
futuro		pensaré	perderé
presente de subjuntivo		piense	pierda
imperfecto de subjuntivo		pensara	perdiera
imperativo	[tú]	piensa	pierde
	[vosotros]	pensad	perded
	[usted/es]	piense/n	pierda/n

ebenso: *cerrar, empezar, entender, fregar, recomendar, defender*

! *empezar:*
indefinido: empe**c**é, empezaste …
presente de subjuntivo: empi**ec**e, empi**ec**es …
ebenso: *comenzar*

3.2 Diphthongierende Verben:

		o → ue	*u → ue*
infinitivo		*encontrar*	*jugar*
modo indicativo presente		encuentro	juego
		encuentras	juegas
		encuentra	juega
		encontramos	jugamos
		encontráis	jugáis
		encuentran	juegan
gerundio		encontrando	jugando
participio		encontrado	jugado
pretérito imperfecto		encontraba	jugaba
pretérito indefinido		encontré	jugué
futuro		encontraré	jugaré
presente de subjuntivo		encuentre	juega
imperfecto de subjuntivo		encontrara	jugara
imperativo	[tú]	encuentra	juega
	[vosotros]	encontrad	jugad
	[usted/es]	encuentre/n	juega/n

ebenso: *aprobar, contar, acordarse, llover, soñar, demostrar, moverse, probar, recordar*

3.3 Verben mit Stammvokalwechsel:

Anexo ■ Los verbos

infinitivo		$e \rightarrow i$ **pedir**	$e \rightarrow ie/i$ **sentir**	$o \rightarrow ue/u$ **dormir**
modo indicativo presente		pido pides pide pedimos pedís piden	siento sientes siente sentimos sentís sienten	duermo duermes duerme dormimos dormís duermen
gerundio		pidiendo	sintiendo	durmiendo
participio		pedido	sentido	dormido
pretérito imperfecto		pedía	sentía	dormía
pretérito indefinido		pedí pediste pidió pedimos pedisteis pidieron	sentí sentiste sintió sentimos sentisteis sintieron	dormí dormíste durmió dormimos dormisteis durmieron
futuro		pediré	sentiré	dormiré
presente de subjuntivo		pida pidas pida pidamos pidáis pidan	sienta sientas sienta sintamos sintáis sientan	duerma duermas duerma durmamos durmáis duerman
imperfecto de subjuntivo		pidiera	sintiera	durmiera
imperativo	[tú] [vosotros] [usted/es]	pide pedid pida/n	siente sentid sienta/n	duerme dormid duerma/n

3.4 Verben des Typs *conocer (c → zc)*

infinitivo		**conocer**
modo indicativo presente		conozco conoces conoce conocemos conocéis conocen
gerundio		conociendo
participio		conocido
pretérito imperfecto		conocía
pretérito indefinido		conocí
futuro		conoceré
presente de subjuntivo		conozca
imperfecto de subjuntivo		conociera
imperativo	[tú] [vosotros] [usted/es]	conoce conoced conozca/n

ebenso: *nacer, ofrecer, parecer, aparecer, crecer, desaparecer, reconocer*

3.5 Verben des Typs *construir*: *i → y*

infinitivo		**construir**
modo indicativo		construyo
presente		construyes
		construye
		construimos
		construís
		construyen
gerundio		construyendo
participio		construido
pretérito imperfecto		construía
pretérito indefinido		construí
		construiste
		construyó
		construimos
		construisteis
		construyeron
futuro		construiré
presente de subjuntivo		construya
imperfecto de subjuntivo		construyera
imperativo	[tú]	construye
	[vosotros]	construid
	[usted/es]	construya/n

ebenso: *concluir, constituir, construir, contribuir, destruir, excluir, fluir, huir, incluir, influir, sustituir*

3.6 Verben mit Endungsbetonung:

	i → í	*u → ú*
infinitivo	**variar**	**continuar**
modo indicativo	varío	continúo
presente	varías	continúas
	varía	continúa
	variamos	continuamos
	variáis	continuáis
	varían	continúan
gerundio	variando	continuando
participio	variado	continuado
pretérito imperfecto	variaba	continuaba
pretérito indefinido	varié	continué
futuro	variaré	continuarás
presente de subjuntivo	varíe	continúe
	varíes	continúes
	varíe	continúe
	variemos	continuemos
	variéis	continuéis
	varíen	continúen
imperativo [tú]	varía	continúe
[vosotros]	variad	continuad
[usted/es]	varíe/n	continúen

4 Unregelmäßige Verben

infinitivo		abrir	andar	caber	caer	conducir
modo indicativo presente		abro	ando	**quepo**	**caigo**	conduzco
		abres	andas	cabes	caes	conduces
		abre	anda	cabe	cae	conduce
		abrimos	andamos	cabemos	caemos	conducimos
		abrís	andáis	cabéis	caéis	conducís
		abren	andan	caben	caen	conducen
gerundio		abriendo	andando	cabiendo	**cayendo**	conduciendo
participio		**abierto**	andado	cabido	**caído**	conducido
pretérito imperfecto		abría	andaba	cabía	caía	conducía
		abrías	andabas	cabías	caías	conducías
		abría	andaba	cabía	caía	conducía
		abríamos	andábamos	cabíamos	caíamos	conducíamos
		abríais	andabais	cabíais	caíais	conducíais
		abrían	andaban	cabían	caían	conducían
pretérito indefenido		abrí	**anduve**	**cupe**	caí	**conduje**
		abriste	**anduviste**	**cupiste**	caíste	**condujiste**
		abrió	**anduvo**	**cupo**	**cayó**	**condujo**
		abrimos	**anduvimos**	**cupimos**	caímos	**condujimos**
		abristeis	**anduvisteis**	**cupisteis**	caísteis	**condujisteis**
		abrieron	**anduvieron**	**cupieron**	**cayeron**	**condujeron**
futuro		abriré	andaré	**cabré**	caeré	conduciré
		abrirás	andarás	**cabrás**	caerás	conducirás
		abrirá	andará	**cabrá**	caerá	conducirá
		abriremos	andaremos	**cabremos**	caeremos	conduciremos
		abriréis	andaréis	**cabréis**	caeréis	conduciréis
		abrirán	andarán	**cabrán**	caerán	conducirán
presente de subjuntivo		abra	ande	quepa	caiga	conduzca
		abras	andes	quepas	caigas	conduzcas
		abra	ande	quepa	caiga	conduzca
		abramos	andemos	quepamos	caigamos	conduzcamos
		abráis	andéis	quepáis	caigáis	conduzcáis
		abran	anden	quepan	caigan	conduzcan
imperfecto de subjuntivo		abriera	**anduviera**	**cupiera**	**cayera**	**condujera**
		abrieras	**anduvieras**	**cupieras**	**cayeras**	**condujeras**
		abriera	**anduviera**	**cupiera**	**cayera**	**condujera**
		abriéramos	**anduviéramos**	**cupiéramos**	**cayéramos**	**condujéramos**
		abrierais	**anduvierais**	**cupierais**	**cayerais**	**condujerais**
		abrieron	**anduvieran**	**cupieran**	**cayeran**	**condujeran**
imperativo	[tú]	abre	anda	cabe	cae	conduce
	[vosotros]	abrid	andad	cabed	caed	conducid
	[usted/es]	abra/n	ande/n	quepa/n	caiga/n	conducza

infinitivo	cubrir	dar	decir	escribir	freír
modo indicativo **presente**	cubre	**doy**	**digo**	escribo	frío
	cubres	das	**dices**	escribes	fríes
	cubre	da	**dice**	escribe	fríe
	cubrimos	damos	decimos	escribimos	freímos
	cubrís	dais	decís	escribís	freís
	cubren	dan	**dicen**	escriben	fríen
gerundio	cubriendo	dando	diciendo	escribiendo	friendo
participio	**cubierto**	dado	**dicho**	**escrito**	**frito**
pretérito imperfecto	cubría	daba	decía	escribía	freía
	cubrías	dabas	decías	escribías	freías
	cubría	daba	decía	escribía	freía
	cubríamos	dábamos	decíamos	escribíamos	freíamos
	cubríais	dabais	decíais	escribíais	freíais
	cubrían	daban	decían	escribían	freían
pretérito indefinido	cubrí	**di**	**dije**	escribí	freí
	cubriste	**diste**	**dijiste**	escribiste	freíste
	cubrió	**dio**	**dijo**	escribió	**frió**
	cubrimos	**dimos**	**dijimos**	escribimos	freímos
	cubristeis	**disteis**	**dijisteis**	escribisteis	freísteis
	cubrieron	**dieron**	**dijeron**	escribieron	**frieron**
futuro	cubriré	daré	**diré**	escribiré	freiré
	cubrirás	darás	**dirás**	escribirás	freirás
	cubrirá	dará	**dirá**	escribirá	freirá
	cubriremos	daremos	**diremos**	escribiremos	freiremos
	cubriréis	daréis	**diréis**	escribiréis	freiréis
	cubrirán	darán	**dirán**	escribirán	freirán
presente de subjuntivo	cubra	**dé**	diga	escriba	fría
	cubras	**des**	digas	escribas	frías
	cubra	**dé**	diga	escriba	fría
	cubramos	**demos**	digamos	escribamos	friamos
	cubráis	**deis**	digáis	escribáis	friáis
	cubran	**den**	digan	escriban	frían
imperfecto de subjuntivo	cubriera	**diera**	**dijera**	escribiera	friera
	cubrieras	**dieras**	**dijeras**	escribieras	frieras
	cubriera	**diera**	**dijera**	escribiera	friera
	cubriéramos	**diéramos**	**dijéramos**	escribiéramos	friéramos
	cubrierais	**dierais**	**dijerais**	escribierais	frierais
	cubrieran	**dieran**	**dijeran**	escribieran	frieran
imperativo [tú]	cubre	da	**di**	escribe	fríe
[vosotros]	cubrid	dad	decid	escribid	freíd
[usted/es]	cubra/n	dé / den	diga/n	escriba/n	fría/n

Anexo ▪ Los verbos

infinitivo		hacer	ir	inscribir	leer	morir
modo indicativo		hago	voy	inscribo	leo	muero
presente		haces	vas	inscribes	lees	mueres
		hace	va	inscribe	lee	muere
		hacemos	vamos	inscribimos	leemos	morimos
		hacéis	vais	inscribís	leéis	morís
		hacen	van	inscriben	leen	mueren
gerundio		haciendo	yendo	inscribiendo	leyendo	muriendo
participio		hecho	ido	inscrito	leído	muerto
pretérito imperfecto		hacía	iba	inscribía	leía	moría
		hacías	ibas	inscribías	leías	morías
		hacía	iba	inscribía	leía	moría
		hacíamos	íbamos	inscribíamos	leíamos	moríamos
		hacíais	ibais	inscribíais	leíais	moríais
		hacían	iban	inscribían	leían	morían
pretérito indefinido		hice	fui	inscribí	leí	morí
		hiciste	fuiste	inscribiste	leíste	moriste
		hizo	fue	inscribió	leyó	murió
		hicimos	fuimos	inscribimos	leímos	morimos
		hicisteis	fuisteis	inscribisteis	leísteis	moristeis
		hicieron	fueron	inscribieron	leyeron	murieron
futuro		haré	iré	inscribiré	leeré	moriré
		harás	irás	inscribirás	leerás	morirás
		hará	irá	inscribirá	leerá	morirá
		haremos	iremos	inscribiremos	leeremos	moriremos
		haréis	iréis	inscribiréis	leeréis	moriréis
		harán	irán	inscribirán	leerán	morirán
presente de subjuntivo		haga	vaya	inscriba	lea	muera
		hagas	vayas	inscribas	leas	mueras
		haga	vaya	inscriba	lea	muera
		hagamos	vayamos	inscribamos	leamos	muramos
		hagáis	vayáis	inscribáis	leáis	muráis
		hagan	vayan	inscriban	lean	mueran
imperfecto de subjuntivo		hiciera	fuera	inscribiera	leyera	muriera
		hicieras	fueras	inscribieras	leyeras	murieras
		hiciera	fuera	inscribiera	leyera	muriera
		hiciéramos	fuéramos	inscribiéramos	leyéramos	muriéramos
		hicierais	fuerais	inscribierais	leyerais	murierais
		hicieran	fueran	inscribieran	leyera	murieran
imperativo	[tú]	haz	ve	inscribe	lee	muere
	[vosotros]	haced	id	inscribid	leed	morid
	[usted/es]	haga/n	vaya/n	inscriba/n	lea/n	muera/n

infinitivo		oír	oler	poder	poner	prohibir
modo indicativo		**oigo**	**huelo**	puedo	**pongo**	**prohíbo**
presente		oyes	**hueles**	puedes	pones	**prohíbes**
		oye	**huele**	puede	pone	**prohíbe**
		oímos	olemos	podemos	ponemos	prohibimos
		oís	oléis	podéis	ponéis	prohibís
		oyen	**huelen**	pueden	ponen	**prohíben**
gerundio		oyendo	oliendo	pudiendo	poniendo	prohibiendo
participio		**oído**	olido	podido	**puesto**	prohibido
pretérito imperfecto		oía	olía	podía	ponía	prohibía
		oías	olías	podías	ponías	prohibías
		oía	olía	podía	ponía	prohibía
		oíamos	olíamos	podíamos	poníamos	prohibíamos
		oíais	olíais	podíais	poníais	prohibíais
		oían	olían	podían	ponían	prohibían
pretérito indefinido		oí	olí	**pude**	**puse**	prohibí
		oíste	oliste	**pudiste**	**pusiste**	prohibiste
		oyó	olió	**pudo**	**puso**	prohibió
		oímos	olimos	**pudimos**	**pusimos**	prohibimos
		oísteis	olisteis	**pudisteis**	**pusisteis**	prohibisteis
		oyeron	olieron	**pudieron**	**pusieron**	prohibieron
futuro		oiré	oliré	**podré**	**pondré**	prohibiré
		oirás	olirás	**podrás**	**pondrás**	prohibirás
		oirá	olirá	**podrá**	**pondrá**	prohibirá
		oiremos	oliremos	**podremos**	**pondremos**	prohibiremos
		oiréis	oliréis	**podréis**	**pondréis**	prohibiréis
		oirán	olirán	**podrán**	**pondrán**	prohibirán
presente de subjuntivo		oiga	**huela**	pueda	ponga	**prohíba**
		oigas	**huelas**	puedas	pongas	**prohíbas**
		oiga	**huela**	pueda	ponga	**prohíba**
		oigamos	olamos	podamos	pongamos	prohibamos
		oigáis	oláis	podáis	pongáis	prohibáis
		oigan	**huelan**	puedan	pongan	**prohíban**
imperfecto de subjuntivo		oyera	oliera	pudiera	pusiera	prohibiera
		oyeras	olieras	pudieras	pusieras	prohibieras
		oyera	oliera	pudiera	pusiera	prohibiera
		oyéramos	oliéramos	pudiéramos	pusiéramos	prohibiéramos
		oyerais	olierais	pudierais	pusierais	prohibierais
		oyeran	olieran	pudieran	pusieran	prohibieran
imperativo	[tú]	oye	**huele**	puede	**pon**	**prohíbe**
	[vosotros]	oíd	oled	poded	poned	prohibid
	[usted/es]	oiga/n	**huela/n**	pueda/n	ponga/n	**prohíba/n**

infinitivo		*querer*	*reír*	*romper*	*saber*	*salir*
modo indicativo		quiero	río	rompo	**sé**	**salgo**
presente		quieres	ríes	rompes	sabes	sales
		quiere	ríe	rompe	sabe	sale
		queremos	reímos	rompemos	sabemos	salimos
		queréis	reís	rompéis	sabéis	salís
		quieren	ríen	rompen	saben	salen
gerundio		queriendo	**riendo**	rompiendo	sabiendo	saliendo
participio		querido	**reído**	**roto**	sabido	salido
pretérito imperfecto		quería	reía	rompía	sabía	salía
		querías	reías	rompías	sabías	salías
		quería	reía	rompía	sabía	salía
		queríamos	reíamos	rompíamos	sabíamos	salíamos
		queríais	reíais	rompíais	sabíais	salíais
		querían	reían	rompían	sabían	salían
pretérito indefinido		**quise**	reí	rompí	**supe**	salí
		quisiste	reíste	rompiste	**supiste**	saliste
		quiso	**rio**	rompió	**supo**	salió
		quisimos	reímos	rompimos	**supimos**	salimos
		quisisteis	reísteis	rompisteis	**supisteis**	salisteis
		quisieron	**rieron**	rompieron	**supieron**	salieron
futuro		**querré**	reiré	romperé	**sabré**	**saldré**
		querrás	reirás	romperás	**sabrás**	**saldrás**
		querrá	reirá	romperá	**sabrá**	**saldrá**
		querremos	reiremos	romperemos	**sabremos**	**saldremos**
		querréis	reiréis	romperéis	**sabréis**	**saldréis**
		querrán	reirán	romperán	**sabrán**	**saldrán**
presente de subjuntivo		quiera	ría	rompa	**sepa**	salga
		quieras	rías	rompas	**sepas**	salgas
		quiera	ría	rompa	**sepa**	salga
		queramos	riamos	rompamos	**sepamos**	salgamos
		queráis	riáis	rompáis	**sepáis**	salgáis
		quieran	rían	rompan	**sepan**	salgan
imperfecto de subjuntivo		quisiera	**riera**	rompiera	supiera	saliera
		quisieras	**rieras**	rompieras	supieras	salieras
		quisiera	**riera**	rompiera	supiera	saliera
		quisiéramos	**riéramos**	rompiéramos	supiéramos	saliéramos
		quisierais	**rierais**	rompierais	supierais	salierais
		quisieran	**rieran**	rompieran	supieran	salieran
imperativo	[tú]	quiere	ríe	rompe	sabe	**sal**
	[vosotros]	quered	reíd	romped	sabed	salid
	[usted/es]	quiera/n	ría/n	rompa/n	**sepa**/n	**salga**/n

infinitivo	satisfacer	tener	traer	valer	venir
modo indicativo **presente**	satisfago	tengo	traigo	valgo	vengo
	satisfaces	tienes	traes	vales	vienes
	satisface	tiene	trae	vale	viene
	satisfacemos	tenemos	traemos	valemos	venimos
	satisfacéis	tenéis	traéis	valéis	venís
	satisfacen	tienen	traen	valen	vienen
gerundio	satisfaciendo	teniendo	trayendo	valiendo	viniendo
participio	satisfecho	tenido	traído	valido	venido
pretérito imperfecto	satisfacía	tenía	traía	valía	venía
	satisfacías	tenías	traías	valías	venías
	satisfacía	tenía	traía	valía	venía
	satisfacíamos	teníamos	traíamos	valíamos	veníamos
	satisfacíais	teníais	traíais	valíais	veníais
	satisfacían	tenían	traían	valían	venían
pretérito indefinido	satisfice	tuve	traje	valí	vine
	satisficiste	tuviste	trajiste	valiste	viniste
	satisfizo	tuvo	trajo	valió	vino
	satisficimos	tuvimos	trajimos	valimos	vinimos
	satisficisteis	tuvisteis	trajisteis	valisteis	vinisteis
	satisficieron	tuvieron	trajeron	valieron	vinieron
futuro	satisfaré	tendré	traeré	valdré	vendré
	satisfarás	tendrás	traerás	valdrás	vendrás
	satisfará	tendrá	traerá	valdrá	vendrá
	satisfaremos	tendremos	traeremos	valdremos	vendremos
	satisfaréis	tendréis	traeréis	valdréis	vendréis
	satisfarán	tendrán	traerán	valdrán	vendrán
presente de subjuntivo	satisfaga	tenga	traiga	valga	venga
	satisfagas	tengas	traigas	valgas	vengas
	satisfaga	tenga	traiga	valga	venga
	satisfagamos	tengamos	traigamos	valgamos	vengamos
	satisfagáis	tengáis	traigáis	valgáis	vengáis
	satisfagan	tengan	traigan	valgan	vengan
imperfecto de subjuntivo	satisficiera	tuviera	trajera	valiera	viniera
	satisficieras	tuvieras	trajeras	valieras	vinieras
	satisficiera	tuviera	trajera	valiera	viniera
	satisficiéramos	tuviéramos	trajéramos	valiéramos	viniéramos
	satisficierais	tuvierais	trajerais	valierais	vinierais
	satisficieran	tuvieran	trajeran	valieran	vinieran
imperativo [tú]	satisfaz (auch -face)	ten	trae	vale	ven
[vosotros]	satisfaced	tened	traed	valed	venid
[usted/es]	satisfaga/n	tenga/n	traiga/n	valga/n	venga/n

infinitivo		ver	volver
modo indicativo		veo	vuelvo
presente		ves	vuelves
		ve	vuelve
		vemos	volvimos
		veis	volvís
		ven	vuelven
gerundio		viendo	volviendo
participio		**visto**	**vuelto**
pretérito imperfecto		**veía**	volvía
		veías	volvías
		veía	volvía
		veíamos	volvíamos
		veíais	volvíais
		veían	volvían
pretérito indefinido		**vi**	volví
		viste	volviste
		vio	volvió
		vimos	volvimos
		visteis	volvisteis
		vieron	volvieron
futuro		veré	volveré
		verás	volverás
		verá	volverá
		veremos	volveremos
		veréis	volveréis
		verán	volverán
presente de subjuntivo		vea	vuelva
		veas	vuelvas
		vea	vuelva
		veamos	volvamos
		veáis	volvais
		vean	vuelvan
imperfecto de subjuntivo		viera	volviera
		vieras	volvieras
		viera	volviera
		viéramos	volviéramos
		vierais	volvierais
		vieran	volvieran
imperativo	[tú]	ve	vuelve
	[vosotros]	ved	volved
	[usted/es]	vea/n	vuelva/n

Index Spanisch

E

M

U

V

Y

Z

L

N

O

Index Deutsch

T

U